영아발달의 이해

김연진 · 이경화 · 김지혜

태영출판사

인간의 발달에는 영유아기의 발달과 성장을 토대로 그 후의 삶이 결정된다. 특히 영아기 발달은 그 영향력이 다른 시기보다 매우 큰 만큼 각계의 관심도 높아지고 있으며 영아발달에 대한 많은 연구도 활발히 이루어지고 있다.

지금까지 영유아 발달 또는 아동발달책에서 하나의 파트로만 다루어졌던 영아발달을 한 권의 책으로 엮음으로써, 발달에 대한 기초 이론과 함께 영아기 발달 특징에 대해 자세히 소개할 수 있게 되었다. 1, 2장은 발달에 대한 기본적인 이론들이며 3장은 태내발달에 대한 내용, 4장은 출산과 신생아, 5장부터 9장은 각 영역의 발달에 대한 내용을 자세히 다루었다. 또한 10장은 영아의 발달장애 부분을 소개하였고 마지막 11장은 0~2세의 발달특성에 따른 교육활동의 실제를 다루었다.

이 책이 영유아와 관련된 학문을 전공하는 학생들은 물론 영아들의 보육과 교육에 애쓰시는 현장의 원장과 교사 그리고 영아발달에 관심을 갖고 있는 모든 분들에게 도움이 되었으면 한다.

끝으로 이 책이 나오기까지 많은 도움을 주신 분들에게 감사드리며 특히 원고가 늦을 때마다 열정적인 모습으로 자극을 주신 태영출판사 모든 여러분께 진심으로 감사의 마음을 전한다.

2014. 2.
저자 일동

제1장

발달의 기초

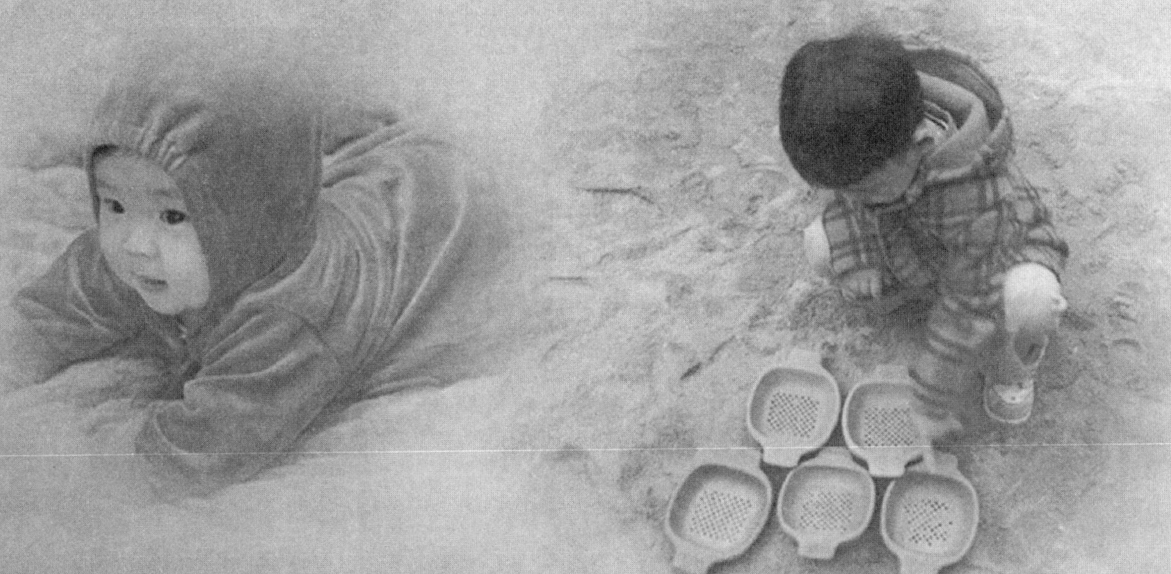

1. 발달의 의미 및 단계
2. 발달 연구의 역사
3. 발달의 연구방법

인간은 전 생애를 통해서 발달한다. 발달의 구체적인 모습에 있어서 연령별 차이는 있으나 인간은 끊임없이 변화를 겪고 있다. 발달이란 바로 이러한 변화를 의미한다. 신체, 인지, 언어, 정서 및 사회적 그리고 도덕성 등 다양한 발달영역에서 변화를 거듭하고 있다. 발달은 개인 간의 차이가 약간은 있으나 대개 태아 때부터 성인이 될 때까지 거의 모든 사람에게 있어서 여러 발달영역 간에 밀접한 상관관계를 유지하며 지속적이고 일정한 형태로 진행된다(Kwon, 2004; Park, 1985). 특히 영아기는 인간의 일생에서 급격한 발달의 속도와 변화가 이루어지는 중요한 시기다.

영아의 발달이 언제, 어떤 방식으로 이루어지는지에 대한 발달의 원리를 잘 숙지하고 이에 기초한 보육 및 교육을 실행하는 것은 영아의 발달 촉진에 있어 매우 중요하다. 따라서 본 장에서는 영아의 발달의 의미와 발달연구의 역사, 연구방법에 대해 알아보며 발달에 관한 기초지식을 습득하도록 한다.

1. 발달의 의미 및 단계

1) 발달의 의미

발달(Development)이란 수정에서 사망에 이르기까지 일생 전반에 걸친 변화의 추이이며, 궁극적으로 변화를 의미한다. 여기에서 변화는 체계적인 변화를 의미하는데 그것이 질서정연하게 일어남을 뜻하는 것으로 일시적인 변화나 무작위적 사건들은 제외된다. 원래 발달의 개념은 출생에서부터 영아기, 유아기, 아동기, 청년기에 이르는 변화과정에 초점을 맞추어 좁은 의미로 사용되어 왔으나, 근래에는 전 생애적인 관점에서 수태의 순간부터 죽음에 이르기까지의 전 생애동안 일어나는 연속적인 변화과정으로 인식되고 있다(박성연 · 도연심, 1999). 발달의 개념에 대해서 여러 학자들이 다양한 정의를 내리고 있는데, E. B. Hurlock(1953)은 발달을 크기의 변화, 양적 증대, 신체비율의 변화, 낡은 특징의 소멸(반사 기능, 젖니, 노쇠에 따른 체중 감소 등), 새로운 특성의 획득으로 보았다. 그래서 그는 발달은 질서정연하고 일관성 있는 형태의 진보적인 변화의 연속이라고 정의 내렸으며, 이는 개체의 전 생애를 통해서 일어나는 계속적인 변화라고 하였다. K. Koffka(민영순, 1982)는 발달이란 유기체와 그 기관이 양적으로 증대하고, 구조적으로 정밀화하고, 기능적으로 유능해지는 과정이라고 정의하였다. 이와 같은 발달에는 본질적으로 서로 다른 두 가지의 과정이 있다. 즉, 크기에 있어서 작은 것에서 큰 것으로 진행하는 양적인 변화과정과, 기능적인 면에 있어서 미숙하고 낮은 수준에서 성숙하고 높은 수준으로 진행하는 질적인 변화과정이다. 인간의 이러한 발달과정은 인간의 전 생애에 걸쳐 일어나는데, 이 때 긍정적인 변화와 더불어 양적으로 감소되고 기능이 쇠퇴하는 부정적인 변화가 모두 포함된다. 여기에서 발달과 밀접하게 관련된 개념으로서는 성장(Growth)과 성숙(Maturation) 그리고 경험(Experience)을 들 수 있다. 이 중 발달은 가장 상위의 개념으로 성장과 성숙, 경험의 영향을 받아 이루어진다고 말할 수 있다.

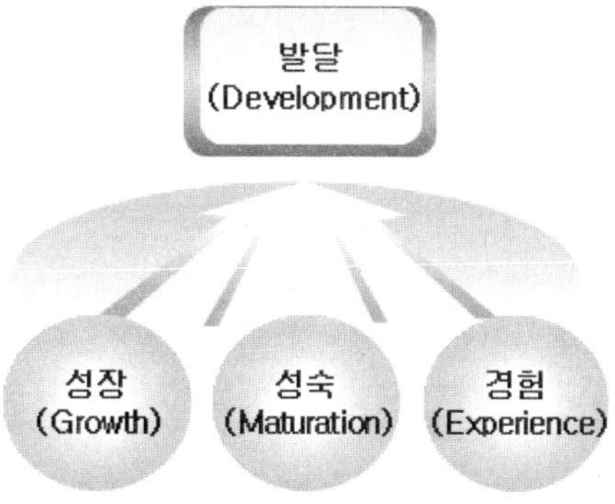

[그림 1-1] 성장, 성숙, 경험과 발달과의 관계

성장은 키, 몸무게, 근육 등 신체 각 부분의 크기의 증가로 인한 단순한 양적인 변화만을 말하며 주로 신체적 특성의 긍정적인 변화를 뜻하는 개념으로 받아들여

졌다. 그러므로 어떤 특징들은 연령이 증가함에 따라 감소하기 때문에 이러한 의미에서 발달과 차이가 있다.

성숙은 유전적 기제에 의해 나타나는 신체적 · 심리적 변화를 의미한다. 그러므로 성숙은 외부의 환경이나 경험, 학습 등과 같은 외적인 작용에 의해서 이루어지는 것이 아니라 부모로부터 받은 유전 인자가 지닌 정보에 따라서 자연적으로 일어나는 변화이다. 성숙이 이루어지지 못한 영유아를 미숙아(Immature), 조기 분만된 유아를 조산아(Premature)로 일컫는 사실은 어떤 기준점에 도달한 전체로서의 성장 또는 완전한 성장을 의미하는 것으로, 유전인자가 발달과정을 방향짓는 기제를 뜻한다. 따라서 성숙은 환경의 영향과는 전적으로 무관한 유전적 특성에 이루어지는 변화를 의미한다. 성숙은 어떤 학습을 할 때에 필요로 하는 신체적 · 신경적 발달 수준을 의미하여 학습 준비성의 기초가 되므로 이를 잘 이해할 필요가 있다. 성숙의 예로 태아의 발달이나 뇌기능의 분화, 영구치의 돌출, 사춘기의 이차 성징의 출현, 초경 · 폐경기의 도래 등이 있다.

한편, 경험이란 생물학적 환경과 심리적 환경의 영향에 의해 일어나는 변화를 의미한다. 경험은 성장, 성숙 및 발달에 중요한 역할을 하며 성장과 성숙은 인간의 경험 없이 이루어질 수 없다. 하등동물의 행동은 거의 유전계획에 따라 일어나며 환경의 영향을 그리 크지 않으나 인간의 유전계획의 발현은 융통성이 높아 환경적 영향을 많이 받고 있다(성영혜 외 1998).

2) 발달의 단계

인간의 발달단계에 대한 견해는 학자마다 많은 차이를 보이고 있다. 이는 발달 자체에 대한 견해의 차이라기보다 분류하는 관점의 차이에 기인한다고 볼 수 있다. 실제로 연령에 따라 인간의 발달 특징을 단계별로 분류하는 것은 개인마다 발달과정이나 발달속도가 다르고 각 사회의 구조가 독특하기 때문에 단순하지가 않다. 그러나 개인마다 발달과정이나 발달속도가 다르더라도 발달 주기를 다음과 같이 10단계로 묶어서 전반적인 발달 단계를 살펴볼 수 있다(성영혜 외, 1998).

(1) 태내기(수정~출생)

수정 이후 약 280일 동안 태아는 어머니의 체내에서 자라게 된다. 이 기간 동안 태아의 여러 신체기관이 형성되고 기능이 시작되며, 기관의 크기와 무게가 급속히 증가한다. 이 과정은 발아기, 배아기, 태아기를 거쳐 이루어지는데 발아기는 수정란이 자궁벽에 착상할 때까지, 즉 수정 후 2주까지를 의미한다. 배아기는 수정 후 약 2~8주 사이에 해당되는 시기로서 이 기간 동안에 중요한 신체기관과 신경계가 형성된다. 태아기는 태내의 마지막 단계로서 수정 후 9주경부터 출생까지를 태아기라 한다.

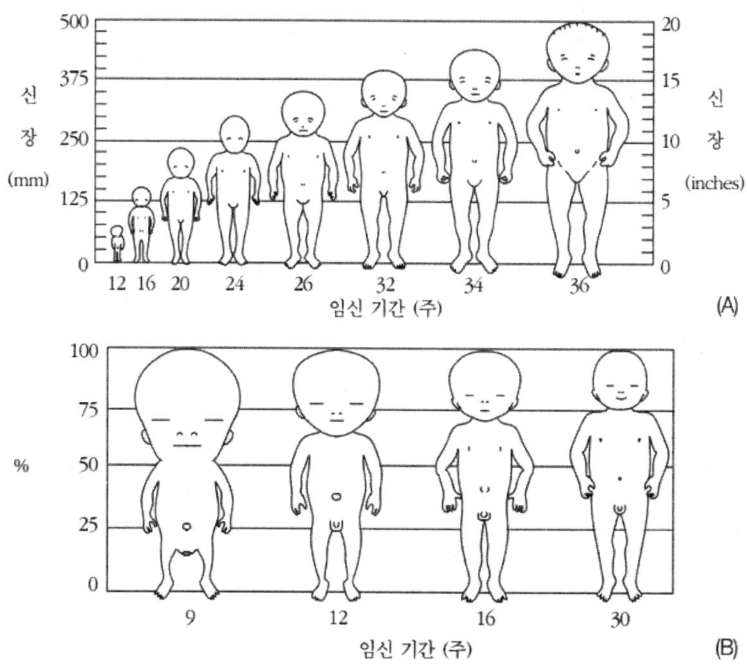

[그림 1-2] 임신 9주부터 출생까지 태아의 신체 크기(A)와 신체 비율(B)의 급격한 변화
출처: The Developing Human, K. L. Moore & T. V. N. Persaud. Copyright © 1993 by Elsevier. Reprinted with Permission.

(2) 신생아기(출생~4주)

갓 태어난 아기를 신생아라 하는데 신생아기의 한계를 언제까지로 보느냐 하는 문제는 학문 분야에 따라 조금씩 다르나 대체로 출생 후 약 4주까지의 기간을 신생아기로 본다. 이 시기의 신생아는 다양한 자극에 반응하며 비록 미숙한 형태이지만 주요 신체구조와 모든 뇌세포가 형성되어 있다.

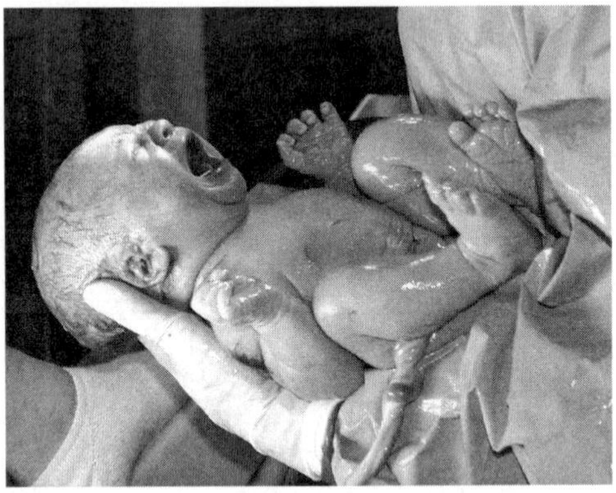

[그림 1-3] 신생아 출생 모습

(3) 영아기(4주~15개월)

영아기는 생후 4주부터 15개월까지로 이 시기 동안에는 짧은 기간이지만 급격한 발달상의 변화가 일어난다. 그리고 영아들은 신체적, 정서적으로 성인에게 많이 의존하게 되며 이 시기에 양육자와의 기본적인 신뢰감과 애착형성이 무엇보다 중요하다.

(4) 걸음마기(15개월~2년 6개월)

이 시기에는 걸을 수 있게 되어서 상호교류의 대상이 확장되며 지속적이지는 않지만 스스로 결정하고 행동하려는 자율성을 가지려고 애쓴다. 걸음마기는 영아기와는 달리 걷고, 말하고, 자기주장을 하며, 자신이 타인과는 분리된 개체임을 인식하게 되고 대소변 조절과 같은 자아통제력이 증가한다.

(5) 유아기(2년 6개월~5세)

유아기는 걸음마기를 지난 2년 6개월 무렵부터 만 5세까지를 말하는데 흔히 취학 전 시기(Preschool age)로 언급되는 시기다. 이 시기에는 유아의 많은 능력들이 꽃피기 시작하며 특히 급속한 언어발달이 이루어져서 사고의 범위가 넓어지고 부모 외에 또래와의 상호작용이 활발히 이루어지므로 기본적인 사회화가 이루어진다.

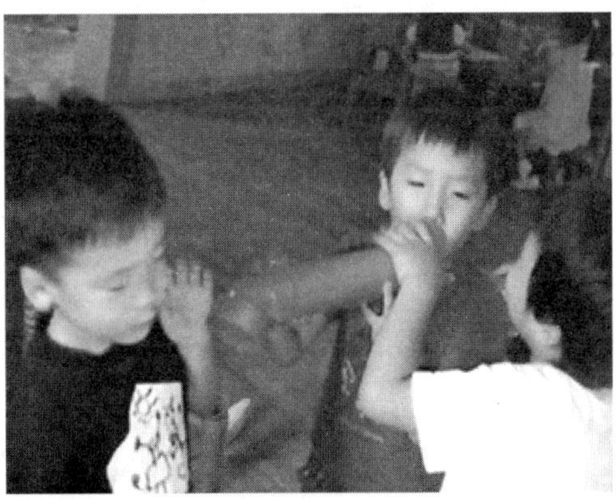

[그림 1-4] 또래와 함께 놀이하는 유아의 모습

(6) 아동기(6세~12세)

이 시기는 공식적인 교육이 시작되어 초등학교에 다니는 시기다. 보통 이 시기는 표면적으로 유아기에 비해 커다란 변화 없이 조용히 거치는 평온기로 보이나 실은 많은 변화와 발달을 겪는 시기다. 학령기의 신체적 성장은 다른 시기보다는 다소 느리지만 운동능력의 발달과 언어 및 인지의 능력에서는 훨씬 큰 변화를 겪는다. 또한 학교라는 보다 더 큰 사회화의 경험이 시작되어 보다 넓은 세상과 문화를 접하게 된다.

(7) 청년기(13세~20세)

급속한 신체적 성장이 이루어지는 사춘기로서 성적으로 성숙되고 생식능력을 갖게 된다. 또한 자아정체감을 확립하고 독립적인 성인으로서의 삶을 준비하기 위한 시기다.

(8) 성인 전기(20세~35세)

이 시기에는 부모로부터 독립하여 배우자를 선택하게 되고 새로운 가정을 형성하며 자녀를 양육하고 독립된 직업인으로서의 새로운 역할을 형성하는 시기다.

(9) 성인 중기(35세~60세)

이 시기는 흔히 중년기라고 불린다. 직장인으로서의 책임이 막중하게 되며 시민으로서의 의무와 사회적 의무를 완수해야 하는 책임이 있다. 또한 가정에서 자녀들을 책임감 있고 행복한 성인이 되도록 도와주며 배우자와 인간적인 관계 또한 유지해야 한다.

(10) 성인 후기(60세~사망)

이 시기는 노년기로서 신체적 힘과 건강이 대체로 쇠퇴해지는 시기다. 직장에서의 은퇴로 인해 경제적 능력이 상실되는 것과 배우자나 친구의 죽음에 적응해야 한다. 또한 동년배와 유대관계를 다시 수립하며, 사회적 · 시민적 의무를 수행하며 생활에 적합한 물리적 환경을 조성해야 한다.

3) 발달과업

앞에서 대략 살펴본 바와 같이 발달단계의 이해는 각 단계가 지닌 발달 특성과

단계마다 성취해야 할 과업들에 관한 이해를 필요로 한다. Havighurst(1953)는 발달의 각 단계에서 환경에 적응하기 위해 반드시 성취해야 하는 기술과 능력이 있다고 가정하고 이를 발달과업(Developmental task)이라고 하였다. 즉, 일생의 각 시기에 반드시 획득해야 하는 개인의 과업으로 유아가 적절한 시기에 발달과업을 성공적으로 성취하면 다음 단계의 성공을 위한 기초를 마련하나, 그렇지 못하면 다음 단계의 발달에 지장을 초래하게 된다.

발달과업은 몇 가지의 특징이 있는데 첫째는 특정한 시기에 기대되는 과업이라는 점이다. 둘째는 달성해야 할 결정적 시기가 있는 것이다. 셋째는 과업에 따라 시기와 적응정도를 결정해야 하는 것이다. 넷째는 순서 있게 연관성을 가지고 나타난다는 점이고 다섯째는 다음 발달단계의 행동에 영향을 주는 것이다.

발달과업에 관한 이해는 곧 단계별 발달의 특성을 이해하는 지름길이다. 이와 같은 관점을 기초로 하여 영유아기의 발달과업은 다음과 같다.

- 걸음걸이를 학습한다.
- 단단한 음식을 먹는 것을 학습한다.
- 말하기를 학습한다.
- 배변통제를 학습한다.
- 부모, 형제 자매와 안정적 애착을 형성하고 다른 사람과 정서적인 관계를 맺는 방법을 학습한다.
- 생리적인 안정을 유지한다.
- 성차를 알고 성에 대한 기본적 예의 및 태도를 학습한다.
- 사회적 · 물리적인 현실에 관한 단순개념을 형성한다.
- 옳고 그름을 판단하는 것을 배우며 도덕성 및 양심이 발달된다.

이러한 발달단계는 교육에 몇 가지 시사점을 준다. 첫 번째, 교육의 목표와 관련기능 및 태도 습득에는 적절한 시기 혹은 결정적 시기가 있다는 점을 부각시킨다. 둘째, 각 교육단계에서의 교육목표는 그 연령 단계에서 달성해야 할 발달과업을 참고하여 결정하는 것이 바람직하다. 셋째, 전 단계의 과업을 성취하지 못했을 경우에는 다음 단계의 과업을 행할 수 없으므로, 발달과업은 교육과정 계획에서 어떤 과제의 '가장 잘 가르칠 수 있는 시기'를 알려 준다.

4) 발달의 기본 원리

영아 및 유아의 발달에는 기본적인 원리가 있으며, 이는 모든 영유아에게서 나타나는 공통적인 현상이다. 영유아나 문화 등에 따라 예외가 있긴 하지만 대개의 경우 모든 영유아에게서 나타나는 보편적이고 일반적인 발달의 현상을 말한다. 그러므로 영유아 발달을 이해하려면 우선 발달의 기본적인 원리를 알아야 하는데 이를 소개하면 다음과 같다.

(1) 발달은 유전과 환경의 상호작용에 의해 이루어짐

영유아의 여러 영역에서의 발달은 부모로부터 물려받은 유전적 요인과 외부로부터 주어지는 환경 요인간의 상호작용의 결과로 이루어진다. 그러므로 유전과 환경을 독립된 별개의 것으로 간주하거나 양자택일의 입장으로 이해하는 데는 어려움이 따른다. 그래서 현대 심리학에서는 대부분 발달을 유전과 환경의 상호작용에 의해 이루어지는 것으로 보고 있다. 즉, 부모로부터 전해받은 유전인자는 환경이라는 제한된 범위 안에서 그 잠재력을 발휘할 수 있으며, 환경 또한 영유아가 지닌 유전인자의 본질이 제한하는 범위 안에서 발달에 영향을 주게 된다. 그러므로 발달을 이해할 때 유전과 환경을 서로 분리해서 보아서는 안 된다. 또한 환경적 요인과 유전적 요인 중 어떤 것이 더 중요한가에 대한 질문보다는 이들 두 요인이 어떻게 상호작용하는가에 대해 묻고 대답하는 것이 더 중요하다. 예를 들어 우리가 아무리 많이 먹는다고 하더라고 3m 이상 자랄 수 없는 것처럼 유전적 요인은 좀처럼 능가할 수 없는 성장의 한계를 설정한다. 반면, 환경적 요인은 유전적 잠재력이 실현될 수 있는 정도와 범위를 절대적으로 제한한다. 예를 들어

지능의 성장과 발달은 유전에 의해 그 대략적인 한계가 결정되지만, 환경에 의해 달라질 수 있는 여지도 많아서 보통 IQ 점수도 15점 정도의 범위 내에서 변화가 가능한 것으로 보인다(임승권, 1994; 정옥분, 2003 재인용). 다시 말해서 유전적 요인이 잠재적 발달의 한계를 규정하지만 환경적 요인에 의해서 이러한 발달의 한계가 실현되는 정도는 달라질 수 있다는 사실이다. 따라서 유전적인 잠재능력이 최대한 발휘될 수 있도록 최적의 환경을 만들어 주어야만 발달이 성공적으로 이루어질 수 있다.

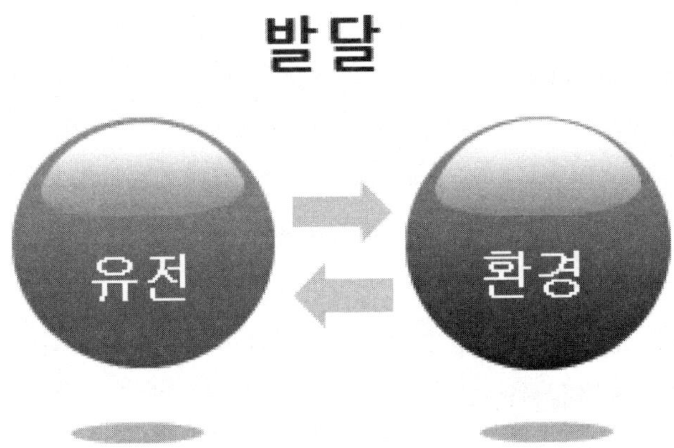

[그림 1-5] 발달에서의 유전과 환경과의 상호적 관계

(2) 발달에는 일정한 순서가 있으나, 속도는 일정하지 않음

발달은 개인에 따라 속도나 상태가 일정하지 않으나 그 순서는 일정하다. 즉, 두-미 방향(Cephalo-Caudal direction)으로 발달이 진행된다. 두미발달의 원칙은 발달이 머리에서 발 방향으로 진행되는 것, 즉 머리 부분이 몸통이나 사지보다 일찍 발달한다는 것을 말한다.

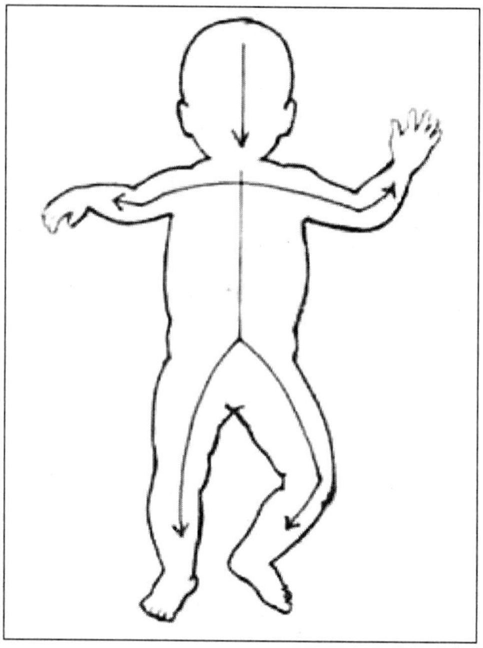

[그림 1-6] 두미발달의 원칙

또한 발달은 중심부-말초방향(Proximo-Distal direction)으로 진행된다. 이는 근원발달원칙이라고도 하는데, 중심부가 말초신경보다 먼저 발달한다는 것이다. 즉, 팔, 손목, 손, 손가락의 순서대로 발달이 이루어짐을 의미한다.

전체-세부방향(Mass-Specific direction)으로 진행되는 발달은 세분화원칙이라고도 하는데 일반적인 것에서 특수한 것으로 발달이 진행되는 것으로, 영아의 행동은 몸 전체를 사용하는 행동에서 점차 분화되고, 정밀한 행동으로 변화되어 가는 것을 의미한다. 즉, 영유아가 물건을 잡으려 할 때, 처음에는 무작정 마구 잡다가 차차 손목, 손가락을 사용하여 잡게 되며, 걸음걸이도 처음에는 부자연스러운 운동을 수반하지만, 점차적으로 보행에 필요한 근육과 팔다리만을 사용하게 된다. 이러한 발달은 영유아가 속한 문화권의 환경이나 성숙의 정도에 관계없이 예정된 순서대로 진행되는 특성이 있으며, 이러한 발달의 순서는 일정하지만 발달의 속도에는 개인차가 존재한다.

(3) 발달은 연속적 · 점진적 과정이며 변화의 폭은 일정한 간격으로 이루어지지 않음

발달은 연속적이며 점진적인 과정으로 낮은 단계에서 높은 단계로 이행하면서 보다 높은 차원으로 발달이 이루어진다. 발달은 계속적으로 이루어지는 것으로 전 단계의 발달은 다음 단계의 발달에 기초가 된다. 그러나 발달 과정에서 이루어지는 변화의 폭은 일정한 간격으로 이루어지는 것은 아니다. 즉, 특정 시기에 특정 영역의 발달이 급격히 이루어지나, 어느 시기에는 천천히 발달하기도 한다. 예를 들어 신장은 유아기까지 급격한 성장을 보이지만, 아동기에 들어가서는 다소 그 속도가 떨어지고 청년기에 다시 급속한 성장을 보인다. 또한 어휘력은 학령전의 수년간에 가장 급격히 발달하나, 추리력은 청년기에 들어가서야 급속도로 발달한다.

(4) 발달에는 개인차가 있음

발달에는 보편적인 순서가 있으나 그 속도나 상태는 개인에 따라 차이가 있다. 영유아에 따라 신체적, 정신적 발달이 출생에서부터 빠른 속도를 보이는 경우도 있으나 반면 그 속도가 느린 영유아도 있다. 이는 영유아 개개인의 유전적 배경이 다르고 또 영유아를 둘러싸고 있는 환경적 요인, 즉 가정환경, 경제적 상태, 사회적 · 문화적 조건 등이 다르므로 발달에서도 개인차가 나타나는 것이다. 인간은 유전과 환경과의 상호작용을 통해 발달하므로 모두 독특한 양과 질, 그리고 다른 속도로 발달하게 되는 것이다.

(5) 발달에는 결정적 시기가 있음

결정적 시기(Critical period)의 개념은 생물학에서 도입되었는데 이는 발달이 가장 급격하게 이루어지는 최적의 시기를 말한다. 이 시기에 적절한 발달이 이루어지지 못하거나 부정적인 영향을 받게 되면 치명적이고 심각한 결손을 가져오게 된다.

인간 발달단계 중 생의 초기 단계인 영유아기의 경험은 이후의 모든 단계의 발달을 좌우한다. 즉, 인간발달의 결정적 시기인 영유아기의 발달적 경험은 성인기 발달에 지속적인 영향을 미친다는 것이다. 예를 들어 영아기에 어머니와 안정적인 애착을 형성하지 못하면 나중에도 적절한 대인관계를 형성하는 데 어려움을 겪게 된다.

(6) 발달의 각 영역은 서로 밀접한 관련이 있음

영유아의 발달영역은 각기 독립적으로 발달하지 않고 상호간에 서로 밀접하게 연관되어 있으므로 한 영역의 발달이 다른 영역의 발달에 직접적인 영향을 미친다. 영아가 걸음마를 시작하고 점차 움직임이 자유로워지면 주변을 탐색하고 또래와 어울려 놀 수 있기 때문에 사회적 행동이 점차 발달하게 된다. 또한 또래와 놀이를 하면서 다양한 어휘 및 문장을 사용하여 상호작용을 함으로써 언어발달이 자연스럽게 이루어지고, 놀이 속에 숨어 있는 수 개념을 이해하게 되며 다양한 정서의 발달 등이 이루어진다. 이와 같이 발달은 서로 유기적인 관계를 맺으면서 밀접하게 관련을 이루고 있다.

2. 발달 연구의 역사

오늘날 영유아에 대한 개념은 고대나 중세 사회와는 달리 많은 변화를 맞이하였으며 영유아의 지위도 시대에 따라 변화되어 왔다. 인간의 오랜 역사 동안 지속되어 왔던 영유아에 대한 태도는 단지 부모의 부속되는 존재로서 그들의 욕구나 흥미에 대해 특별한 관심을 갖지 않고 성인 생활의 일부분으로만 인식되어 왔다. 이러한 영유아에 대한 태도는 점차 바뀌게 되어 오늘날 영유아를 성인과는 다른 뚜렷한 특성을 지닌 하나의 독립된 인격체를 가진 존재로서 보게 되었다. 이렇게 영유아의 존재에 대한 인식의 변화를 발달연구의 역사를 통해 살펴보는 것은 영유아를 이해하는 데 매우 도움이 될 것이다.

1) 19세기 후반 : 발달 연구의 초기

(1) 고대

고대에는 영유아에 대해서 특별한 관심이나 연구를 하지 않았으며, 부모의 부속물로 취급되어 단지 경제적 가치로서 인식되는데 그쳤다. 이는 부족과 종족의 안전이 무엇보다 중요시되는 사회분위기에서 영유아는 한 인간으로서 당당한 권리를 가진 인격적인 존재라기보다 종족보존을 위한 수단적인 존재였으며 심지어 영유아의 이름도 노동이 가능하게 되는 7~8세경에 주어졌다고 할 정도로 영유아의 존재는 매우 미비하였다. 또한 아동에 대한 가치와 존엄성이 무시되는 사회적 배경 속에서 아동학대나 영아살해 등에 대해서도 도덕적으로 죄책감을 인식하지 못했다. 다만 플라톤은 영유아의 개인차를 인정했고 그 개인차에 따라 지도방법을 달리해야 한다고 주장하였다. 따라서 유아의 적성에 따른 훈련과 유아 훈련을 위한 국가의 전담기구 설치를 제안하였으나 현실적으로 실천되지는 못하였다. 플라톤(Platon)은 놀이는 인간의 본성을 충분히 발산시키기 위해 절대적으로 필요한 것으로 보았으며, 영유아가 놀이를 할 때 개성이 유감없이 나타나고 아름다움을 사랑하고 추함을 멀리하는 기본적인 태도는 놀이 속에서 길러지는 것으로 보았다. 이는 인간본성에 대한 깊은 통찰을 바탕으로 놀이에 대한 견해를 나타낸 것으로 볼 수 있다.

아리스토텔레스도 각 영유아마다 서로 다른 잠재력을 지니고 있다고 보았고 국가보다는 가정에서 영유아의 잠재능력 훈련에 관심을 가져야 한다고 주장하였다. 또한 인생에서 최초에 보고 들은 것은 영유아에게 큰 영향을 미치므로, 가정과 사회 환경의 영향을 절대적인 것인 것으로 보았다. 따라서 가정과 사회의 교육적 환경 정화는 시급히 이루어져야 할 과제로서, 세심한 주의를 기울여 영유아의 환경을 정화해야 한다고 하였다.

(2) 중세

중세는 서로마 제국이 멸망하던 때(476년)부터 동로마 제국이 멸망하고(1453년) 르네상스운동이 전개되기 전까지의 1,000년 동안을 일컫는다. 중세에는 영유아를 성인의 축소판으로 간주하였고 영유아기를 성인이 수행하는 기술을 습득하는 기간 혹은 성인의 책임을 다 할 수 있도록 하기 위한 준비기간으로 인식하였다. 또한 아동 사망률이 높아서 부모들은 자녀에 대해 애착을 형성하거나 양육하는 데에 관심을 두지 않았으므로 부모나 사회로부터 특별한 양육이나 보호를 받지 못하였다. 특히 이 당시 부모들은 이유식이 이루어지는 2세경에 영유아들을 거칠고 가혹하게 훈육하였다. 왜냐하면 아동들이 성인처럼 선과 악을 구별할 수 있고 이성적으로 행동할 수 있다고 생각하여 엄격한 훈련이나 체벌로 아동을 길들이는 것을 최고의 아동양육법으로 여겼다. 그래서 2~7세 영유아들은 가정에서 자신의 성별에 적합한 노동을 수행하였으며, 7세경에 이르면 대부분의 유아들은 성인의 활동을 수행하였다.

[그림 1-7] 중세 시대에 성인의 일을 하는 영유아들의 모습

(3) 르네상스 시대

르네상스 시대(14~16세기)에 들어서 그리스와 로마에서 철학에 대한 관심이 되살아났고 인간중심 문화의 영향으로 인간의 자유와 존엄을 중요시하게 되었으며, 영유아에 대한 사고가 점차적으로 변화되기 시작하였다. 이러한 영향은 영유아에 대한 관심을 불러일으켰고 영유아기를 성인과는 다른 하나의 독립된 발달단계로서 인정하기 시작하였다.

(4) 17~19세기 후반

17세기에 코메니우스(Comenius)는 영유아를 성인과는 다른 독특한 흥미와 능력을 지닌 존재로 생각하고 연구한 최초의 사람이다.

그는 영유아의 개성이나 자연성을 강조하였으며 그들의 능력을 이해하고 감각적 경험을 중시하였다. 「대교수학」이라는 교육서를 통해 영유아의 능력에 따라 양육시킬 것을 주장하였다. 성인의 교육방법을 지양하고 영유아의 능력이나 양육에 있어서 영유아의 본질적 성향과 능력을 이해하고 그에 적합한 방법으로 교육해야 함을 강조하였다.

17세기 말엽에 로크(Locke)는 영유아의 마음은 백지(Tabla Rosa)와 같아서 출생 후의 학습과 경험에 의해 어떤 인간형이 만들어질 것인가가 결정된다고 주장하였다. 즉 인간의 마음은 태어날 때에는 아무것도 그려져 있지 않은 백지(白紙)와 같은 상태이며, 출생 후에 비로소 주변 환경과의 상호작용을 통해 정신이 채워져 성숙한 인간이 된다는 주장이다. 이는 유전적 요인보다 환경적 요인이 중요하다는 것을 의미한다.

루소(Rousseau)는 그의 저서 「에밀」(Emile, 1762)에서 영유아는 옳고 그름에 대한 선천적 감각을 지니고 태어나므로 영유아 자신의 속도에 맞춰 스스로 경험하게 하는 것이 최상의 학습이라고 강조하였다(김태련, 1996). 루소는 기존의 아동교육방식이 영유아가 이해하지도 못할 내용을 전달하려는 것을 적극적 교육이라고 규정하고, 이에 대한 반발로 소극적 교육이라는 용어를 사용하였다. 교육이 소극적어야 한다는 것은 자연 상태의 영유아에게 교과과목과 같은 인위적인 지식을 억지로 집어넣는 노력을 지양하고, 경험을 통하여 앎을 깨우칠 수 있도록 감각을 일깨워 주는 것을 지향하는 것이다(곽영숙, 2006).

18세기 후반에 많은 철학자, 교육학자, 생물학자들의 유아 전기(Baby Biography)가 출간되면서 영유아에 대한 과학적 연구가 시작되었다. 이는 의학의 발달로 아동의 신체적 건강이 중요시되고 아동을 양육하는 방법에 대한 과학적인 접근을 시작하면서 유아관련 전기물들이 발표되기 시작한 것이다.

스위스의 교육학자 페스탈로치(Pestalozzi)는 3년 6개월 된 자신의 아들을 관찰하여 1774년에 관찰기록을 출간하였다. 이것은 영유아 발달에 관한 최초의 관찰기록으로 간접적 연구보다는 직접적 관찰방법이 보다 더 유용하다는 것을 입증하였다. 그 후 독일의 의사 티데만은 체계적인 관찰방법을 통해 자신의 아들을 대상으로 관찰, 기록하여 '아동의 정신능력 발달에 관한 관찰'을 1787년에 발표하였다. 이것은 19세기에 크게 유행한 영유아 연구법의 하나인 전기법의 시초가 되었다.

19세기 후반에 들어서는 아동발달 연구가 매우 활발하게 진행되었다. 1877년에 다윈(Dawin)이 아동의 전기적 기록을 발간하였다. 그는 영유아 관찰을 통해 종족 자체의 발달에 대한 중요한 단서를 발견할 수 있다고 함으로써 진화론의 입장에서 영유아에 대한 과학적 흥미를 발견했을 뿐만 아니라, 자신의 아들을 관찰하고 기록함으로써 아동 발달의 연구방법에도 큰 공헌을 하였다. 그리고 그의

역저 「종의 기원」(1859)은 아동의 연구를 포함하여 지식의 많은 분야에 지대한 영향을 주었다.

또한 유아심리학의 아버지로 불리는 프레이어(Preyer)는 1882년에 출간한 「아이의 마음」(The Mind of the Child)이라는 저서에서 자신의 아들을 대상으로 출생 후 4년 간을 치밀하게 관찰하여 발달과정을 자세히 기록해 놓았다. 특히 그는 자아(self) 개념의 출현에 관해 언급하면서 아들의 감각발달, 운동발달, 언어 그리고 기억에 관해 아주 자세하게 기록하였다. 그는 그것을 토대로 인간의 발달 특징을 밝히고 이로써 계획적인 관찰과 경험의 기초를 닦는 데에 획기적인 업적을 남겨 유아연구를 관찰의 방향으로 인도하였으며, 최초로 유아연구에서의 과학적 관찰법과 실험법의 기초를 마련하였다. 비록 그는 다윈을 포함한 이전의 아동 전기학자들처럼 관찰방식에서 문제가 있기는 했지만, 그는 아동에 대한 관찰이 체계적으로 그리고 과학적으로 수행되어야 한다고 주장하였다. Preyer는 아동의 연구에 과학적 기법의 적용을 주장함으로써 나중에 미국에서 일어난 '아동연구운동(Child Study Movement)'의 시작을 가져오게 하였다.

이와 때를 같이하여 미국의 심리학자 스탠리 홀(Stanley Hall)은 아동은 성인의 축소판이 아니며 인간을 이해하기 위해서는 아동발달을 연구해야 한다고 주장하였다. 인간발달에 있어서 유전적 측면을 강조한 그는 교육이 아동의 자연적 성장 단계에 맞추어 실시되어야 한다고 하였다. 그는 최초로 질문지법을 개발하여 아동발달에 관한 객관적이고 과학적인 연구를 시작하였다.

그는 「유아의 정신 내용」(1883)이라는 저서를 통해서 유아의 발달을 연구하는 것이 인간의 이해에 있어서 핵심적임을 주장하였다. 그는 다양한 주제에 대한 아동들의 신념과 감정의 연령 추세를 조사하는 많은 연구를 수행하였고 심리학의 발견을 대중화시켰다. Stanley Hall은 Preyer와 함께 유아심리학의 기반을 형성하는데 쌍벽을 이루었다.

19세기 말에 들어와서는 유아연구가 절정에 이르러 많은 유아연구협회가 조직되었고 유아에 관한 간행물도 많이 나오게 되었으며, 유아의 복지를 위한 조직과 단체도 속속들이 설립되기 시작하였다. 또한 1879년 분트(Wundt)가 라이프치히 대학에 심리실험실을 창설하고 실험적 연구의 기초를 닦게 되었으며, 아동발달 연구에 실험법을 새로 받아들였다. 이를 계기로 과학적 연구의 기틀이 마련되었다.

2) 20세기 이후 : 발달 연구의 전성기

20세기는 영유아 연구의 세기라 할 정도로 이들에 관한 연구가 도약의 단계에 들어선 시기라 할 수 있다. 이 시기의 영유아 발달 연구의 주된 목적은 영유아 발달의 규준을 마련하는 것이었다. 20세기 초에는 주로 이론적인 측면에 치중하여 연구들이 이루어졌으나 프랑스의 심리학자 비네(Binet)는 최초로 지능검사를 고안함으로 지능 발달을 체계적으로 연구하는 계기를 마련하였으며 이후 지능검사를 사용한 연구들이 활발히 이루어졌다. 이러한 검사운동은 지능연구에서부터 다른 영역에 이르기까지 전 영역으로 확대되었다. 즉, Binet는 영유아에 관한 경험적 자료의 질적 수준을 높이는 데 있어서 큰 공헌을 하였다.

1920년대에 이르러서는 아동연구의 과학적 토대가 이루어지고 연구 분위기가 확산되었으며 록펠러 재단을 중심으로 한 많은 연구소들이 설립되면서 아동연구는 더욱 활발히 이루어질 수 있었다.

한편 독일의 레빈(Lewin)은 아동의 정신발달에 있어서 환경 역학적 구조를 밝혔으며 워너(Werner)도 유아의 정신구조를 연구하여 유아심리학 및 발달이론 연구에 큰 영향을 미쳤다. 이와 같은 연구방법에 기초하여 영유아 연구는 더욱 활발히 진행되었다. 그 중 Hall의 제자인 Gesell은 예일대학에 임상연구소를 설치하고

활동 촬영법을 응용해서 주의 깊게 통제된 실험실 상황에서 아이들이 관찰받는 사실을 알지 못하게 하는 일방시(一方視) 창문을 통해 숨김없는 모습을 화면에 담았다.

이런 방법으로 나이와 발달 수준이 다른 1만 2,000명 가량의 어린이를 관찰함으로써 갓난아이부터 10대 후반까지의 아이들의 기록을 모았다. 이러한 관찰로 그가 내린 결론은 학습이 어린이의 행동에 영향을 미치려면 어린이들이 일정 수준의 발달단계에 있어야 하며, 운동기능과 적응행동, 언어발달, 개인적 · 사회적 기능 등 4가지 영역의 발달에는 유전적인 틀이 있다는 것이었다. 그는 영유아 발달 연구에서 종단적 접근법을 사용한 개척자로서 영유아의 연령별 평균 발달 정도인 규준(norm)을 마련하였다.

또한 오늘날 영유아 발달 연구에 가장 크게 공헌한 학자로 피아제(Piaget)를 들 수 있는데, 그는 임상적 방법이라는 독자적인 연구방법을 사용해서 인지발달에 대한 새로운 개념들을 제시하였다. 임상적 방법은 연구자가 아동에게 문제들을 제시한 다음에 아동이 어떻게 반응하는지를 관찰하고 아동이 지니고 있는 지식의 한계를 탐색하는 기법이다. 즉, 임상적 방법은 관찰과 개별화된 면접을 병행하는 연구방법으로 연구과제에 대한 수행 여부만이 아니라 연구가 진행될 때 유아의 사고 내용을 면접을 통해 조사하였다. Piaget가 제시한 이러한 유아의 인지발달에 관한 새로운 연구방법과 인지이론은 전 세계적으로 인정을 받게 되었다.

이상에서 말한 이러한 지적, 사회적인 관점을 대부분이 서구 문명사회의 영향을 받은 학자들로부터 나온 것이다. 이들 이론들은 오랫동안 아동발달의 분야에서 사고를 지배하였다. 그러나 현재는 아동과 가족들 사이의 발달적 · 문화적 다양성에 대한 정보를 포함하기 위하여 이들 지식의 체계를 확장시킬 필요성이 인식되기 시작하였다(Black, Puckett, 1996).

3) 최근 동향

최근 영유아에 대한 연구는 다양한 이슈들을 포함하고 있는데, 이들 연구 동향을 살펴보면 다음과 같다(정옥분 외, 1990).

첫째, 정보처리 이론의 영향이다. 정보처리 이론은 인간이 외부로부터 받은 정보를 어떻게 지각하고 이해하고 기억하는가를 연구하는 이론이다. 1960년대 이후 인지에 대한 관심이 증가하고 점차 정보처리 이론이 인지발달 연구의 이론적 모델로 자리를 잡아감에 따라 이는 발달이론 및 전반적인 발달연구에 영향을 미쳤다. 따라서 지각, 기억, 사고, 지능 및 문제해결 등의 인지분야 뿐 아니라 사회성 발달, 정서발달 및 인성발달에서도 정보처리 이론의 영향이 부각되고 있다.

둘째, 신(新)피아제 학파의 출현이다. 피아제 이론의 한계점이 1970년대 이후 인식되면서 이러한 문제점을 수정·보완하기 위한 이론들이 나타났다. 즉, 피아제의 발달이론을 좀 더 정확하고 일관성 있게 개념화하고자 하였고, 신(新)피아제 학파는 발달은 매우 한정되고 부분적으로 분리된 개념으로부터 응집된 구조를 향해 정보를 통합하는 방향으로 나아간다고 보았다.

세 번째 동향은 인지발달의 연구에서의 비고츠키(Vygotsky)의 영향이다. 즉, 비고츠키에 대한 최근의 관심은 발달에서 사회적 영향 요인과 개인 내의 영향을 분리시키지 않고 함께 이해하는 데 있다. 비고츠키는 사회적 상호작용 특히, 아동과 성인간의 대화가 아동이 특정문화에 적절하게 사고하고 행동하는 법을 습득하는 데 필수적이라고 말했다. 아동의 인지발달을 사회가 중재하는 과정으로 보기 때문에, 아동발달의 결정요인으로서 문화를 강조한다. 또한 인지기능을 이해하기 위해서는 그것을 중재하는 도구를 연구하는 것이 필요한데, 언어가 가장 중요한 도구라 하였다. 왜냐하면 인지기술은 정신 활동을 용이하게 해 주는 도구인 언어에 의해 중재된다고 보았기 때문이다.

이 밖에도 인지발달과 정서발달을 하나의 발달영역으로 통합하려는 경향과 사회인지발달에 대한 관심과 연구가 활발히 이루어지고 있는 점 등이 최근의 영유아 발달과 관련된 연구 경향이다.

이상에서 기술한 영유아 발달 연구의 역사를 통해 보면 지금까지 수많은 교육학자, 심리학자들에 의해서 영유아 발달은 하나의 독립된 학문으로 발전되어 왔으나 이는 발달심리학 또는 유아교육뿐만 아니라 인접 학문과 밀접한 관련을 가지고 발전해 왔다.

따라서 앞으로도 영유아 발달 연구에 있어서 생물학, 정신의학, 임상심리학, 소아의학, 문화인류학, 가족 사회학, 심리학 등 광범위한 인접 학문과의 연계를 통하여 다양한 접근 방법들을 시도하는 노력들이 이루어질 것이다.

3. 발달의 연구방법

영유아에 관한 이해는 과학적인 연구를 통해 이루어진다. 또한 다른 학문분야와 마찬가지로 영유아 발달 영역에 있어서도 연구방법에 관한 이해가 필요하다. 연구방법이란 구체적인 이론들은 실제 상황에 접목·응용시킴에 있어 사용되는 과학적 도구를 말한다. 따라서 동일한 인문·사회과학 분야라고 하여도 연구대상이나 목적 또는 관점에 따라 방법론 또한 다양한 형태를 취하게 된다.

여기에서는 영유아를 대상으로 한 연구에 있어서 주요 목적을 제시하고 그에 따른 연구방법과 연구의 한계에 대해 살펴보기로 한다(성영혜 외, 1998).

1) 연구목적

영유아 발달 연구의 대상은 제한된 의미에서는 그 대상으로 국한되지만 광의의 의미로 해석할 경우 영유아 발달에 영향을 미치는 모든 요인들(가족, 이웃, 미디어, 법률 등)로 규정된다. 그러나 어떠한 의미에서건 이 분야에서 가장 중요한 연구대상은 영유아 그 자체이다. 영유아는 인지구조가 이미 발달해 있는 청소년 및 성인과 명확하게 구분되며, 바로 이와 같은 이유로 인해 영유아 발달 연구는 독립성을 지닌다. 영유아 발달연구의 기본 목적은 연령의 증가 및 상황 변화에 따라 발생하게 되는 영유아의 신체 및 인지구조의 변화 형태를 분석하고, 이를 바탕으로 영유아 발달에 대한 일반론을 구성함에 있다. 이는 기술, 설명, 예측, 통제의 4가지 목적에 기인한다.

(1) 기술(Description)

기술은 있는 그대로 현상을 정확하고 객관적으로 묘사하는 것이다. 마치 소설을 쓰거나 동영상을 촬영하듯 지금 여기에 보여지는 모든 것들을 그 상태 그대로 그려내는 것이 기술이다. 이는 연구대상 및 그 대상이 들어가 있는 모든 상황들의 중요 요인들을 파악하고 객관적으로 이해할 수 있도록 한다. 영유아 발달 연구는 기술을 통해 영유아 발달 과정에 대한 전반적인 이해를 돕는데 그 목적이 있다.

(2) 설명(Explanation)

연구에서 중요하게 생각하는 두 번째 목적은 현상이 지니고 있는 원인과 결과의 관계를 파악하는 것이다. 현상을 일으킨 원인이 무엇인지, 또한 그로부터 산출된 결과는 무엇인가 등의 질문에 명확한 답변을 하는 것이 바로 설명이다. 이는 영유아 발달 연구의 또 다른 목적이 된다.

(3) 예측(Prediction)

예측이란 하나의 현상에 뒤이어 발생하게 될, 앞으로의 현상에 대한 지표를 제시하는 것이다. 연구에 있어서 예측이라는 것이 없었다면 오늘날과 같은 삶의 출현도 불가능했을 것이다.

(4) 통제(Control)

통제란 조건에 대한 조작을 통해 예상된 결과를 얻어 내는 것을 말한다. 영유아 발달에 있어서 기존의 연구를 통해 이루어진 일반론적 지식들을 바탕으로 부정적 요인 또는 조건들을 미리 통제하여 영유아 발달의 효과를 증대시키고자 하는 경우가 있는데, 이것이 통제라고 하는 목적에 해당된다.

2) 연구방법

영유아 발달 연구의 방법은 크게 접근방법과 자료수집방법으로 구분하여 살펴볼 수 있다(성영혜 외, 1999).

(1) 접근방법

영유아를 대상으로 한 연구에 있어서 무엇보다 우선 결정해야 하는 것은 연구의 목적이다. 무엇을 알아보기 위한 연구인지 목적에 대한 연구자의 명확한 인식이 이루어져야 한다. 목적을 이루기 위해서 어떠한 연구방법이 연구의 효과를 최대화할 수 있는지 적절한 기본 관점을 선택하여야 한다. 이와 같은 연구의 기본 관점은 그 방향성에 따라 크게 양적 · 질적 접근방법, 양적 · 질적 통합적 접근방법과 종단적 · 횡단적 접근방법, 종 · 횡단의 통합적 접근방법으로 살펴볼 수 있다.

1 양적 접근방법

양적 접근방법의 기본 원리는 인간 현상에 대한 수량화에 있다. 즉, 인간 현상에 대한 분석에 있어서 모든 요인들은 수량화할 수 있다는 신념 하에 통계적 방법을 사용하여 연구 대상에 대한 분석 · 설명을 시도하려는 관점이다. 흔히 접하게 되는 여론 조사 결과들(선호도 조사, 이혼율 조사, 비행 발생률 등)은 바로 이와 같은 접근방법을 대표하는 좋은 예이다.

영유아 사교육서비스의 종류 자료 : 한국교육개발원

유아교육기관

- 유치원 특별활동 • 어린이집 특별활동

유아교육기관 밖

• 학원	영어, 놀이, 예체능, 보습
• 개발교육	문화센터 · 주민센터, 학습지 방문과외(예체능 포함), 교구교육(은물 · 가베 등)
• 기타	교재 · 교구(테이프 · DVD 등), 체험학습

사교육받는 비율

자료 : 한국교육개발원(2011년 2월 전국 취학 전 유아 2866명 조사보고서

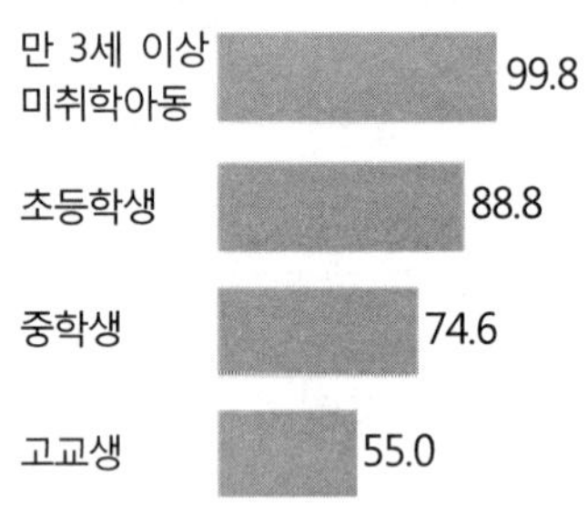

[그림 1-8] 양적 접근의 예

출처: 경향신문, [영유아 병드는 사교육–말문 트이면 곧바로 사교육 시작], 2013. 5

양적 접근은 모든 현상들의 원인과 결과를 수량화함으로써 현상에 대한 명확한 설명을 제시해 줄 수 있다. 그러나 모든 인간 현상들을 수량화시킴으로 인해 복잡하고 모호한 인간 현상들의 특징을 지나치게 단순화시킬 수 있다는 단점을 지닌다.

2 질적 접근방법

질적 접근방법의 토대는 연구자의 직관적인 통찰력에 있다. 마치 형사가 사건을 추리해 나가고 소설가가 이야기를 이끌어 나가듯이 연구자는 연구대상에 대해 가지게 되는 직관을 이용해 현상의 본질에 대한 이해를 펼쳐 나가게 된다. 질적 접근은 일반화를 목적으로 하는 양적 접근과는 달리 각 개인 특유의 경험세계가,

있는 그대로 의미 있고 가치 있게 연구되고 이해되어야 함을 목적으로 한다(황해익, 2004). 그러나 질적 접근은 대상과 현상에 대한 본질적 이해라고 하는 장점에도 불구하고 연구자 개인의 직관에 많은 의존을 함으로써 주관성이 개입될 수도 있다는 단점을 지닌다.

3 양적 · 질적 통합적 접근방법

통합적 접근방법은 양적 접근방법과 질적 접근방법이 지니고 있는 장점과 단점을 파악하여 연구대상에 따라 두 가지 관점 모두를 적절히 혼합 · 사용하는 방법이다. 예를 들어 2013년 한국 여성의 이혼율에 대한 연구에 있어 이혼율에 대해서는 통계적 분석방법이 유용할 수 있지만 그와 같은 통계적 결과가 나오게 된 원인에 대해서는 질적인 분석이 유리할 수 있다.

4 종단적 접근방법

종단적 접근은 한 집단의 아동을 장기적으로 반복 측정함으로써 시간의 경과에 따른 발달과 변화를 연구하는 방법을 말한다(황해익, 2004). 어느 한 시점에서의 발달 상태보다는 발달과정의 전반적인 모습에 대한 정보를 보다 정확히 제공할 수 있다. 그러나 이와 같은 종단적 연구는 일정한 연구대상을 일정 기간 동안 지속적으로 연구해야 하기 때문에 비용, 인력, 시간 등 여러 가지 측면에서 많은 인내와 노력이 필요하다는 단점이 있고 연구대상의 여러 사정으로 인해 중도에 관찰이 불가능해질 수 있다는 문제점이 있다.

5 횡단적 접근방법

연령이 다른 여러 집단을 한꺼번에 조사하여 얻은 자료를 토대로 일정한 기간 동안의 발달과정을 기술하는 연구방법이다. 이 방법은 단기간에 걸쳐 여러 조사대상자들에 대한 연구가 이루어지 때문에 연구 결과의 일반화가 용이하며 연구 자체 또한 비교적 용이하다는 장점이 있다. 그러나 종단적 접근보다 시간, 노력, 비용이 적게 들고 연구대상자의 중도탈락이나 이탈도 막을 수 있다는 장점이 있는 반면, 집단에 속한 개인별 발달 양상을 정확히 파악하기 어렵고 각 연령별

집단의 속성을 동일하게 통제하기 어렵다는 단점이 있다.

6 종 · 횡단의 통합적 접근방법

이 방법은 종단적 접근방법과 횡단적 접근방법의 장 · 단점을 파악하여 이들로부터 연구 목적에 적합한 방법을 적절히 선택하여 사용하는 방법이다. 예를 들어 2012년도 1월 현재 서울의 A동에 거주하는 만 4세부터 6세 사이의 취학 전 유아 20명을 대상으로 5주에 걸쳐 교육프로그램을 실시해 보고 그 결과에 대한 종합 및 분석을 실시할 경우, 5주라고 하는 단기 종단성과 2012년도 1월 현재 서울의 A동에 거주하는 만 4세부터 6세 사이의 취학 전 유아 20명이라고 하는 횡단성이 결합된 통합적 방법이라고 할 수 있다. 이 연구방법은 연구대상의 선택과 방법의 구성에 있어 다양성과 유연성이 증가된다는 장점이 있으나, 종단적인 방법과 횡단적인 방법을 접목시킬 때 서로 다른 차원의 결합으로 인해 일련의 방법론적인 오류가 발생할 수 있다. 따라서 이를 피하기 위해서는 연구자의 높은 자질이 요구된다고 할 수 있다.

(2) 자료수집방법

영유아를 위한 실질적인 연구방법은 앞에서 살펴본 몇 가지의 기본 관점 및 접근방법들을 바탕으로 다음과 같이 관찰법, 실험법, 조사연구법, 내용분석법 등의 네 가지 범주로 구분될 수 있으며, 이들은 다시 연구의 목적과 대상의 특성, 그리고 연구자의 의도 등에 따라 여러 가지의 하위 범주로 구분된다.

1 관찰법

관찰법은 영유아가 지니고 있는 발달의 특성(언어적 의사소통의 어려움, 반응의 애매모호함, 예측의 어려움 등)으로 인해 영유아 연구에 있어 가장 유용한 방법이다. 관찰이란 영유아의 발달을 이해하기 위해 일상생활 속에서 이루어지는 자연스러운 행동을 관찰하여 기록하는 것이다. 그러므로 관찰법은 이러한 관찰을 통해 일련의 정보를 수집하는 측정방법이다. 관찰법은 연구자의 개입 여부에 따라 조직적 관찰

(통제적 관찰, 참여관찰)과 비조직적 관찰(자연적 관찰, 비참여관찰) 등으로 크게 구분된다.

조직적 관찰은 영유아 연구에 있어서 환경조작과 같은 실험조작을 한다든가 또는 영유아들의 교사로서 직접 참여하여 관찰하는 경우가 있다.

비조직적 관찰은 연구대상에 대해 아무런 제한이나 조작을 가하지 않은 채, 있는 그대로의 자연스러운 상태에서 이루어지는 연구자의 직접적인 참여가 배제되어 있는 관찰을 말한다. 이 방법은 조직적 관찰에 비해 관찰을 통한 정보 획득이 상대적으로 쉽지 않다는 단점이 있다.

관찰법의 하위방법을 표로 제시하면 다음과 같다.

표 1-1 **관찰법의 하위방법**

관찰법의 하위방법	내용
일화기록법	개인의 특성을 이해하기 위해 개인이 나타낸 구체적인 행동사례나 어떤 사건과 관련된 관찰을 사실적이고 객관적으로 기록하는 방법
표본기록법	지속적 관찰방법이라고도 하며 관찰자가 관찰대상이나 장면을 미리 정해 놓고 그 장면에서 일어나는 영유아의 행동과 상황을 모두 집중적으로 기술하는 방법
시간표집법	미리 선정된 관찰 대상의 행동들을 정해진 시간 동안 인정 간격을 두며 반복적으로 관찰하는 방법. 비교적 짧은 시간 사이에 행동이 얼마나 자주 발생하는가를 양적으로 측정하는 방법
사건표집법	자연스러운 상태에서 일어나는 행동의 원인과 결과를 알고자 하거나 특정행동이 언제 출현하는지를 알아보기 위하여 이들이 발견될 때만 관찰하는 방법
평가척도법	미리 구성된 행위에 대한 다양한 척도나 범주의 기준표를 가지고 관찰된 영유아의 행위의 정도에 대해 표시하는 방법
체크리스트	미리 구성된 아동발달 단계표에 관찰된 영유아의 발달 상태를 표시하는 방법

2 실험법

실험법이란 일련의 행위나 현상을 대상으로 원인과 결과의 관계를 규정하기 위해 서로 다른 방식으로 두 개 또는 그 이상의 집단에 대해 조작을 가하는 연구방법을 말한다. 첫 번째 집단은 통제집단으로 연구자로부터 어떠한 조작도 받지 않고 두 번째 집단은 실험집단으로 연구자에 의해 특별히 의도된 일련의 조작을 받게 된다.

두 집단은 각각 사전검사를 통해 실험 시작에 있어서 유의미한 차이가 없음을 밝힌다. 이후 실험 기간 동안 실험집단에게만 교육적 조작을 실시한 후 사후 검사를 통해 조작이 두 집단에게 어떠한 유의미한 차이를 만들어 냈는지를 알아보는 방법이다. 예를 들어 악기를 활용한 음률활동이 영아의 음악적 발달에 어떠한 영향을 주는지를 그 효과를 입증하고 싶다면 동일조건(성별, 월령, 사회 · 문화적 배경, 부모의 양육 방식 등)의 영아들을 통제집단, 실험집단의 두 그룹으로 나눈 후, 사전검사를 통해 두 집단 간의 유의미한 차이가 없음을 살펴볼 수 있다. 이후 악기를 활용한 음률활동을 실험집단에게만 3개월을 실시한 후, 사후검사를 통해 두 집단을 비교함으로써 악기를 활용한 음률활동이 영아의 음악적 발달에 미치는 효과를 알아볼 수 있다.

3 조사연구법

조사연구법이란 다른 연구방법들과는 달리 연구자가 직접 연구대상이 되는 영유아들에게 다양한 형식의 질문을 하고 그로부터 획득된 정보를 기술하거나, 또는 이미 구성된 일련의 가설들을 검증하는 데 사용하는 방법이다. 이와 같은 연구방법은 질문의 형식과 획득된 정보에 대한 분석유형에 따라 면접법, 질문지법, 사회성 측정법 등으로 나눌 수 있다.

4 내용분석법

내용분석법이란 이미 구성되어져 있는 영유아와 관계된 자료들을 대상으로, 수량화하거나 구조화하여 그 의미를 분석하고자 하는 방법이다. 예를 들면 영유아

들이 그린 그림이나 자주 갖고 노는 장난감, 즐겨 찾는 색깔 등을 연구자의 기준에 의해 빈도나 강조를 수량화 또는 구조화하여 그러한 내용의 방향, 가치, 특성, 기원 등에 대해 분석하는 것이다.

3) 발달연구의 윤리적 측면

영유아 발달의 연구는 인간발달의 경향을 예측하고 통제하며, 아울러 인간행동의 이해에 공헌할 수 있다는 데에 의의를 가진다. 그리고 실제적인 측면에서의 의의를 살펴보면 다음과 같다.

첫째, 영유아를 양육하는 부모나 다른 양육자들에게 도움을 준다. 영유아 발달에 관한 연구는 인간의 행동에 미치는 초기 경험의 효과에 큰 관심을 갖는다. 따라서 이와 같은 연구결과는 영유아를 양육하는 부모나 다른 양육자들에게 바람직한 양육방법의 지침을 제공해 주며 문제행동의 가능성을 최소화시키거나 예방할 수 있는 효과적인 방법과 문제행동을 치료하는 데 중요한 지식을 제공해 준다.

둘째, 사회사업가, 교사, 소아정신과 의사, 간호사 등과 같이 직접 관련이 있는 분야에 종사하는 사람들에게 도움을 준다. 즉, 영유아 발달의 연구결과를 토대로 전반적인 발달 특성을 이해함으로써 이들이 담당하고 있는 영유아 교육과 치료에 활용할 수 있다.

셋째, 교육 프로그램의 구성 및 영유아와 관련된 법적 · 제도적인 정책 수립에 도움을 준다. 즉, 교육 프로그램의 구성이나 교육정책 수립 시 영유아 발달 특성에 대한 이해가 요구되므로 이에 대한 기초를 제공할 수 있다.

넷째, 사회에 이익을 가져다 준다. 왜냐하면 현대사회에 만연되어 있는 중요한 사회문제들 중 많은 문제들은 영유아기에 그 근원을 두고 있다. 그러므로 청소년 문제와 사회문제들은 영유아 발달의 연구를 통해 보다 잘 이해되고 문제를 미연에 방지할 수 있는 효과가 있다.

요약하자면 영유아 발달을 연구하는 이유는 이 시기의 발달을 설명하는 이론화 작업을 위해서이고, 인간을 깊이 있게 이해하며 영유아와 관련된 일을 하는 사람들에게 영유아를 다루는 효과적인 방법을 제시하기 위함이다. 발달연구는 영유아의 복지를 향상시키고 교육적이고 인도적인 목표를 달성하는 데 크게 기여할 수 있고 나아가 전 인류에게 큰 도움을 줄 수 있다. 그러나 그 연구대상이 영유아라는 점에서 연구 과정상 윤리적인 측면을 고려하지 않을 수 없다. 영유아는 성인보다 지식과 경험이 제한되어 있어 쉽게 좌절하거나 상처받기 쉬우며, 그 결과 정상적 발달이 저해될 수 있으므로 영유아의 건강이나 안녕 혹은 존엄성을 손상시키는 연구는 수행되면 안 된다. 연구결과가 아무리 인류에게 지대한 공헌을 할지라도 연구과정에서 연구대상자에게 어떤 불이익을 초래했다면 그 연구는 정당한 것으로 평가받을 수 없다. 그러므로 연구자를 연구대상이 되는 모든 사람의 복지와 권리를 반드시 지켜야 할 것이다.

미국에서는 일찍부터 연구대상이 되는 영유아의 권익옹호를 위해 노력하였고 미국심리학회의 아동발달연구회(Society for Research in Child Development)에서는 22개의 윤리강령을 제정하여 이에 준하여 영유아 연구가 이루어지도록 하고 있다.

또한 연구결과 보고서에서는 윤리강령이 엄격히 지켜지고 있는지를 평가하고 있다. 그러나 우리나라에서는 아직 영유아 발달 연구의 윤리강령이 제정되지 않았으므로 우리나라 문화에 적합한 영유아 연구의 윤리강령을 제정하는 것이 무엇보다도 시급한 과제라고 할 수 있다.

〈미국 심리학회의 아동발달연구회에서 제정한 윤리강령〉

원칙 1〉 연구자는 아동에게 신체적으로나 심리적으로 피해를 줄 수 있는 연구절차라면 절대로 적용하지 말아야 한다.

원칙 2〉 연구자는 연구절차와 내용에 대해 아동이 이해할 수 있는 수준으로 설명해 주어야 하며 동시에 연구 참여에 대한 동의도 구해야 한다.

원칙 3〉 연구자는 아동의 부모나 보호자 또는 교사나 학교장의 동의를 구한 후 연구를 실시해야만 한다.

원칙 4> 연구자는 아동과 상호관계를 맺고 있는 사람을 연구에 포함시킬 경우 그 사람에게도 연구의 전반적인 특성에 관한 정보를 제공해 주고 연구 참여에 대해서도 동의를 구해야 한다.

원칙 5> 연구에 참여하는 사람에 대한 보상은 정해진 범위 내에서 공정하게 이루어져야 한다.

원칙 6> 연구자는 원칙적으로 아동에게 연구절차와 내용에 대해 알려주어야 하지만 연구의 성격상 알리는 것이 연구결과에 긍정적 또는 부정적인 영향을 끼칠 수 있다면 연구내용을 알려주지 않거나 일부를 속이는 등의 필요한 조치를 취할 수 있다.

원칙 7> 학교나 기관으로부터 아동에 관한 기록을 얻고자 할 경우에는 담당자의 허락을 받아야 하며, 아동의 신상에 관한 정보는 익명으로 취급해야 하고, 수집된 정보는 연구목적을 위해서만 사용해야 한다.

원칙 8> 연구의 시작부터 종료까지 연구자, 부모 및 아동은 각자의 책임 한계에 대해 분명하게 서로 동의해야 하며, 동의된 모든 상황과 약속은 반드시 지켜야 한다.

원칙 9> 연구 도중 연구자가 아동의 복지를 위협하는 정보를 발견하는 경우에는 이를 부모나 보호자에게 알려주고 해당 분야 전문가와 상의하여 아동을 도와줄 수 있는 적절한 방법을 모색해야 한다.

원칙 10> 연구가 진행되는 도중 예측하지 못한 바람직하지 않은 결과가 아동에게 영향을 미친다면 연구자는 즉시 이런 결과를 수정할 수 있는 적절한 방법을 모색하고 연구절차를 다시 설계해야 한다.

원칙 11> 연구자는 연구대상에 관한 모든 정보에 대한 비밀을 지켜야 한다.

원칙 12> 연구자는 자료를 수집한 후 아동에게 이에 대해 분명하게 설명해 주어야 하며, 연구의 일반적인 결과에 대해서도 아동이 이해할 수 있는 수준으로 알려주어야 한다.

원칙 13> 부모나 아동에게 연구결과를 알려줄 때 아동에 대한 평가적 진술이나 제언 및 의견을 신중하게 제시해야 한다.

원칙 14> 연구결과를 보고할 때 연구자는 자신의 연구가 사회적 · 정치적 · 인간적 측면에서 갖는 의미를 고려해야 한다.

제2장

발달 이론

1. 생태학적 접근
2. 정신분석적 접근
3. 행동주의적 접근
4. 인지발달이론
5. 인본주의적 접근

발달(Development)이란 인간이 출생하여 사망하기까지 전 생애에 걸쳐서 신체, 성격, 사회성, 인지 등에서 계속적인 변화가 일어나며 적응해 가는 것을 말한다. 따라서 인간 발달 연구의 초점은 이러한 변화의 양상과 그 과정을 밝혀 내는 것이다. 많은 발달심리학자들은 인간 발달에 있어서 결정적인 시기, 중요한 시기로 유 · 아동기를 들고 있다. 이 시기에 신체적, 정서적, 인지적인 측면에서의 기초가 형성될 뿐만 아니라 일생에서 가장 심하게 변화가 일어나기도 한다. 따라서 이 시기의 발달적 특징을 정확하게 파악하기 위해서 다양한 관점에서의 이론들은 점검해 볼 필요가 있다.

'발달 이론'이란 유아가 어떻게 발달하고, 왜 행동하는가에 관한 사실을 통합시켜 설명하는 것이다. 우리는 이론을 통해 유아의 성장을 특별한 패턴에 비추어 바라볼 수 있다.

10여 년 동안 발달심리학자들 간에 논쟁의 대상 중 두 가지 중심이 되는 쟁점은 첫째로 발달이 경험에 대해 영향받는다는 것이며, 둘째로 발달이 단계별로 진행되는지에 관한 의문이다. 발달이 출생 시에 미리 결정되는 것인지, 유전이나 생물학적 요인에 의한 것인지 혹은 경험과 다른 환경적 요인에 영향을 받는 것인가라는 의문들에 대해 Berk(2001), Elkind(1994), Fabes와 Matin(2000)과 같은 많은 발달심리학자들은 유전(자연 ; nature)과 환경(육성 ; nurture)이 조화를 이루면서 발달에 영향을 미치며, 생물학적 요인들은 신체발달과 같은 측면에 강하게 영향을 미치고, 환경적 요인들은 도덕성 발달과 같이 또 다른 측면에 강한 역할을 하며 작용한다고 믿는다. 두 번째 논쟁점인 어떻게 변화가 발생되는지에 대해서는 발달은 기술의 발달과 같이 순조롭게 변화가 진행되고, 경험은 부모와 환경에 의해 제공되는 것이라고 가정하는 발달의 연속성 이론(Continuous theory)과 아동들은 일련의 예상 가능하고 불변의 발달단계를 거쳐서 발전된다고 가정하는 발달의 불연속성 이론(Discontinuous theory)이 있다.

따라서 본 장에서는 인간 발달에 관해 연구한 다양한 접근방법에 의한 이론들 중 생태학적 이론, 정신분석적 이론, 행동주의적 이론, 인지론적 이론 그리고 인본주의적 이론에 대해 살펴보기로 한다.

1. 생태학적 접근

생태학적(Ecological) 접근은 가족, 지역사회, 문화 등 인간 개개인이 몸담고 있는 실제 삶의 맥락 내에서 그 생태환경을 보다 체계적으로 구조화하고, 이들 환경체계와 개인 간의 관계를 이해하고자 하는데 연구의 초점을 둔다. '실험실에서 삶에로(from lab to life)'라는 말은 생태학적 접근이 지향하는 발달연구의 방향을 명료하게 보여주는 것인데, 이러한 경향은 최근 발달심리학의 여러 영역에서 강하게 부각되고 있다. 지각, 성격 및 사회성 발달 연구영역에서 특히 이러한 경향이 중시되고 있다(송명자, 1997).

여기에서는 생태학적 접근을 행동생물학적 관점에서 본 로렌츠(Lorenz)의 각인 이론과 최근 인간 환경을 생태학적 접근으로 구조화한 바 있는 브론펜브레너(Bronfenbrenner)의 이론으로 나누어 살펴보겠다.

1) Lorenz(로렌츠)의 행동생물학적 이론

(1) Lorenz의 생애

Konrad Lorenz는 1903년에 태어나 1989년 세상을 떠날 때까지 오스트리아에서 살았다. 그는 Darwin의 진화론적 관점을 도입하여 행동생물학(Ethology)의 독자적인 이론을 Tinbergen과 함께 구축하였는데, 이는 1960년대에 이르러 처음으로 아동발달 연구에 적용되기 시작하였다.

Lorenz는 '현대 비교행동학의 아버지'라고 불리고 있으며, 생태이론을 처음으로 제안한 학자이다. 그는 동물연구의 방법으로 각인설(imprinting)을 주장하였고, 자연환경 속에서만 동물을 제대로 이해할 수 있다고 생각하였다. 따라서 자연관찰로써 동물의 고유한 행동유형을 관찰해야 함을 주장하였다.

(2) 각인이론

Lorenz는 자연관찰을 통해 동물의 고유한 행동유형을 살펴봄으로써 동물을 제대로 이해할 수 있다고 하였다. 다시 말해, 종 특유(Species-specific)의 행동패턴을 알면 이 행동이 그 종의 고유한 적응행동에 어떤 역할을 하는지도 알아낼 수 있기 때문이라는 것이다.

Lorenz는 거위새끼들을 어미거위 없이 손수 키웠다. 그랬더니 새끼거위들은 그를 어미인줄 알고 어미거위를 무시한 채 그가 가는 곳마다 열심히 줄지어 따라다녔고, 심지어는 교미 대상으로 택하려는 경향도 보였다. 이 실험을 통하여 Lorenz는 각인설을 주장하게 되었다.

[그림 2-1] 로렌츠의 각인이론

각인설은 생의 어떤 결정적 시기(Critical period) 동안에 각인현상이 일어난다는 주장이다. 즉 각인현상은 생의 초기 중, 어떤 행동을 결정하는 과민한 결정적 시기에 형성되어 그 이후에는 지울 수 없는 행동으로 되는 강력한 작용을 하기 때문에 학습의 과정과는 다르다는 것이다. 본능으로 설명될 수 있는 새끼 때의 추종반응만이 아니라 그 이후의 사회적 행동도 결정한다는 이론이다.

적응, 생존, 행동의 가치 그리고 진화론적 역사 등에 관심을 갖는 행동생물학에 의해 제안된 각인과 결정적 시기의 개념은 아동 초기의 특정한 시기에 습득되어야 할 인지적 · 사회적 행동과 관련된 것이다. 이는 인간 행동을 볼 수 있는 새로운 관점을 제시하였다. 즉, 새로운 개념과 신비로운 행동결정의 시기에 대한 시사를 한다. 인간에게도 어떤 특정 행동패턴이 각인되는 결정적 시기가 있는가, 그런 시기가 있다면 그것이 동물의 시기처럼 생의 초기 특별히 과민한 일정 기간이 되는가, 또한 인간의 수많은 행동은 각인되는 결정적 시기가 서로 다른가, 아니면 모두 인생의 초기에 집중되어 있는가 등이다.

많은 학자들은 Lorenz의 각인설이 학습과 경험의 역할은 무시했다고 비판하였다. 그러나 그럼에도 불구하고 그의 이론은 동물행동 연구를 통해 상대적 본능이 환경과 어떻게 상호작용을 거쳐서 그 종류 특유의 행동패턴을 형성 발달시키는가를 규명하려는 시도로서 그 의의가 크다고 본다(유안진, 1997).

2) Bronfenbrenner(브론펜브레너)의 생태학적 이론

(1) Bronfenbrenner의 생애

Urie Bronfenbrenner는 1942년에 미시간 대학에서 발달심리학 박사학위를 획득하였고, 현재는 코넬대학 인간생태학 학부(Department of Human Ecology)의 교수로 재직 중이다. 그는 발달 과학의 미개척 분야에 대한 연구설계와 탐색 연구를 계속하고 있으며, 정책과 실제 분야에 연구결과와 이론을 접목시키는 노력을 하고 있다.

그가 주장하는 생태학적 접근에서의 주요과제는 가족, 지역사회, 문화 등의 생태환경을 보다 체계적으로 구조화하고 이들 환경체계와 개인 간의 관계를 이해하는 것이다. 여기서 생태학이란 개인이나 유기체가 경험하고 있는 혹은 개인과 직접, 간접으로 연결되어 있는 환경적 상황을 의미한다. 그러므로 아동발달 연구는 아동이 생활하는 사회적, 물리적 환경과 그 고유 특성간의 관계를 분석하는 것이다(이옥형, 1997).

(2) 생태학적 이론

생태이론(Ecological theory)은 행동생물학을 보완해 주는 이론으로, 인간의 생태환경에서 직계가족의 관계에서부터 보다 넓은 사회적 환경에 이르기까지 환경의 다양한 측면들이 어떠한 방식으로 아동의 발달에 영향을 주는지를 보여 준다(임규혁, 1996, p. 40). 그는 아동의 발달을 보다 정확히 이해하고 그들에게 도움을 주기 위해서는 아동에게 영향을 주는 환경의 개념이 보다 확장되어야 하며, 그렇게 확장된 환경과 아동 간에는 단순히 영향을 주거나 받는 관계로서가 아니라 상호작용적 관계가 형성되어야 한다고 주장한다.

Bronfenbrenner는 인간을 둘러싸고 있는 생태학적 환경을 가장 가까운 것에서부터 가장 먼 것에 이르기까지 다섯 개의 층으로 구분하였다(송명자, 1997). 이 다섯 가지의 환경적 체계는 서로 상호작용하여 발달에 영향을 미친다.

[그림 2-2]에 제시된 바와 같이 가장 가까운 층인 미시체계(Microsystem)는 가정, 학교, 또래집단, 놀이터처럼 아동들의 발달에 직접적으로 영향을 미치는 환경맥락이다. 이 수준에서는 직접적으로 접하는 환경에 대한 아동의 능동성과 상호작용 패턴에 관심을 갖는다. 미시체계가 아동발달에 미치는 영향은 유아기와 아동기에 중시되던 가정의 존재가 청년기에 그 중요성을 잃게 되는 것처럼 아동이 성장함에 따라 변화한다.

다음 층인 중간체계(Mesosystem)는 영유아가 적극적으로 참여하는 미시체계 맥락들 간의 상호관계를 포함한다. 예를 들어, 영유아가 다니는 교육기관과 영유아의 또래집단의 특성, 그리고 가정변인은 상호관계를 가지며 영유아기의 중간체계를 형성한다. 가정과 중간체계의 각종 기관들은 상호 연계되어 밀접한 관계를 이루어져야 바람직한 영유아발달을 도모할 수 있을 것이다.

세 번째 층인 외체계(Exosystem)는 영유아의 발달에 영향을 미치지만 직접적인 역할은 하지 않는 생태환경을 의미한다. 부모의 직장, 이웃, 교회, 보건소 등은 아동기 외체계의 대표적인 예이다. 예를 들어 집을 자주 비우는 아버지의 직업은 영유아가 직접 몸담고 있지는 않으나 영유아의 발달에 중요한 영향을 미치는 외체계의 기능을 가진다.

네 번째 층인 거시체계(Macrosystem)는 중간체계와 외체계를 포괄하는 체계로서 각 문화권 특유의 가치, 태도, 신념, 이데올로기, 법률 그리고 관습 등이 이에 속한다. 예를 들어, 한국에서 태어난 아이가 한국에서 자라는 것과 일찍이 미국으로 이민 가서 자라는 경우에 그 아이가 보여주는 여러 발달적 특성들은 두 문화권의 차이에 의해 크게 달라질 것이다. 이와 같이 거시체계가 영유아발달에 미치는 영향을 생각할 때 영유아발달 연구에 있어서 거시체계에 대한 고려는 중요하다.

다섯 번째 체계는 시간체계(Chronosystem)이다. 이는 사회역사적 상황에 의해 형성된 것으로, 영유아의 환경에서 발생하는 사건들의 양식과 생애에 있어 전환점이 되는 사건들을 의미한다. 즉, 환경과 상호작용하는 영유아를 이해하는 데는 시간이라는 변인이 중요하게 작용한다. 예를 들어, 부모의 이혼이 자녀들에게 미치는 부정적인 영향은 매우 크며, 이를 극복하기에 걸리는 시간도 거의 1년 이상이 필요하다고 본다. 약 2년이 경과했을 경우에야 비로소 혼자가 된 부모도 안정을 찾게 되고, 자녀들과 대화하는 가운데 많은 문제를 해결할 수 있다고 한다. 따라서 영유아발달을 이해함에 있어서 이러한 시간의 경과라는 변인의 효과란 대단히 중요한 의미를 갖는다.

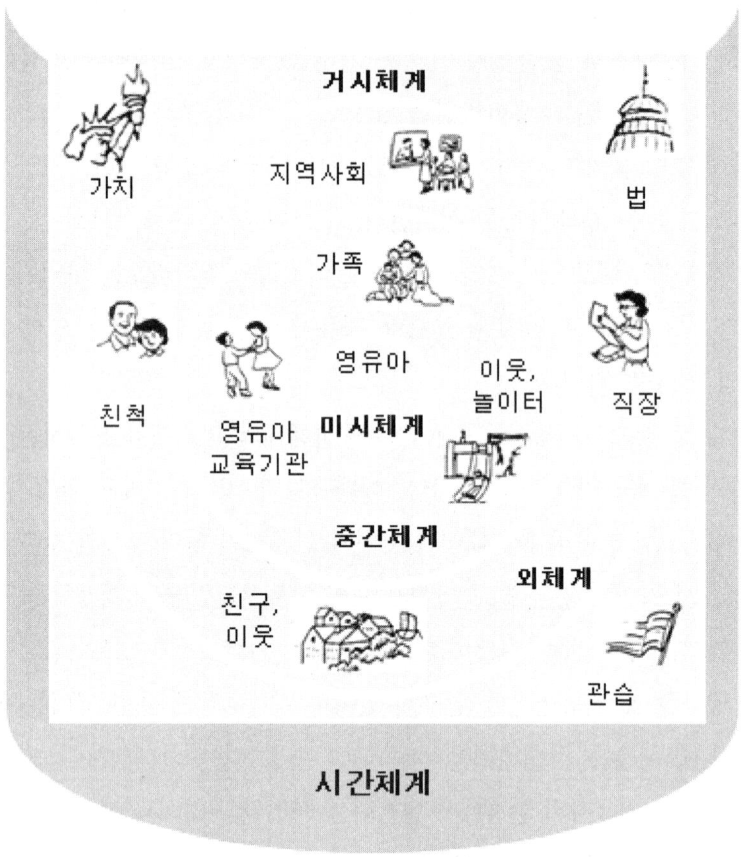

[그림 2-2] 생태학적 접근에 따른 인간 환경의 다섯 가지 체계

이와 같은 생태이론은 발달이 환경과 개인 간의 상호작용에 의해 이루어지는 것임을 강조함으로써 아동발달에 있어서의 환경의 중요성을 부각시켰다. 그리고 인간발달의 중요한 국면인 아동기를 이해하는데 그 폭을 확장시킨 이론으로써 Bronfenbrenner 이후 현재까지 인간발달 연구에 많은 함의를 제공하는 주요한 하나의 틀을 제시하고 있다.

위에서 살펴본 바와 같은 행동생물학적 접근과 생태학적 접근은 동일하게 개인과 환경 맥락간의 관계를 검토하고 있다. 그러나 행동생물학적 관점은 모든 문화권에 공통적인 발달적 뿌리를 찾으려는데 반해 생태학적 접근은 각 문화권 특유의 발달적 양상을 식별해 내려는 점에서 차이가 있다.

2. 정신분석적 접근

모든 인간의 행동기반이 성적 동기에 의해 이루어진다는 Freud의 주장은 1800년대에서 1900년대에 걸친, 그 당시의 많은 사람들에게 충격을 주었다. 더욱 충격적인 점은 유아에게 성적 욕구가 있으며, 그것이 개인의 적응에 중요한 결정적 요인으로 작용한다는 주장이다. 또한 Freud는 우리가 행한 행동의 원인은 이성적 존재로서가 아니라 원시적 충동이나 그가 명명한 무의식(Unconscious)이 잠재해 있는 과거의 정신적 외상(Trauma)에 의해 구사되고 처리되는 것으로 보았다. 정신분석학은 Freud가 제기한 리비도(Libido)나 무의식에 대한 개념들로 인해 많은 논쟁을 일으켰지만, 그 후 Freud 외 그를 신봉하는 많은 학자들에 의해 개정된 이후 미국의 발달이론 가운데 중요한 위치를 굳힌 이론이다. 그리고 현재 심리학에서도 정신분석적 접근이 주요한 한 분야로 영향을 미치고 있다.

1) Freud(프로이드)의 정신분석학 이론

(1) Freud의 생애

Sigmund Freud는 1856년 모라비아의 프라이버그에서 태어나 1939년 런던에서 사망하였으며, 1873년 고등학교 졸업 후 '자연에 대하여'라는 강연을 듣고 Darwin의 '진화론'에 깊은 감명을 받아 의학을 공부하기로 결심하였다.

Freud는 정신과 의사였던 Breuer와 함께 최면술(Hypnosis)에 대해 연구하고 임상실험을 하였다. Freud는 최면술의 한계성을 자각하고 특유의 자유연상법(Free association)을 개발하게 되었다.

(2) Freud 이론의 기본 개념

1 본능적 욕구(Instinctual Drive)

Freud는 모든 행동에는 원인이 있음을 믿었던 엄격한 결정론자(Determinist)였다. 즉, 사고와 감정뿐 아니라 행동도 우연히 일어나는 것은 아니라고 생각했다. 그는 인간 내부에 있는 충동적인 힘과 인간 행동에 영향을 주는 경험을 제대로 밝히기는 어렵다고 보아 어떤 행동을 추진하게 하는 행동이면의 동기(Motivational forces)를 의미하는 본능적 욕구개념을 제시하였다.

정신분석 이론은 인간의 본능을 유기체를 움직이는 원천적인 어떤 힘으로 생각하지만 아직도 인간에게 어떤 본능이 내재되어 있는가에 대한 명확한 해답을 내리지는 못하고 있다. 다만 크게 나누어 본다면 원초아적 본능(Id-instincts)과 자아본능(Ego-instincts)으로 분류된다. 성욕, 적대행위욕, 공격욕 등은 원초아적 본능에 속하고, 식욕, 갈증, 쾌락욕 등은 자아본능에 속한다.

Freud는 특히 삶의 본능에 유래하는 에너지를 리비도(Libido)라고 했다.

2 성격의 구조(Structure of personality)

Freud는 인간의 정신세계, 즉 마음을 의식(Conscious), 전의식(Preconscious), 무의식(Unconscious)으로 나누어 설명하였다. 즉, 인간이 감각기관을 통하여 알아차리는 모든 것이 바로 의식세계이며, 마음 깊은 곳에 감추어져 있어서 기억하지 못하는 정신세계가 바로 무의식이다. 이 무의식은 실제로 억압된 관념을 포함하는 데, 성격의 저항력에 의해 고의적으로 억압되어 버린다. 또한 의식과 무의식 사이에 존재하는 정신생활을 전의식이라 표현했는데, 전의식은 비록 억압되어 있지만 주의를 집중하고 노력하면 의식으로 회복시킬 수 있다고 보았다.

Freud는 인간의 정신적 생활이 실현되는 장치로서 의식수준을 설정하고, 정신

적 세계에서 주요한 세 가지 요소가 나타나 각각 수행달성을 위해 경쟁적이고 동시에 협동적으로 작용한다고 보았다. 이것이 인간 성격 구조를 형성하는 Id(원초아), Ego(자아), Superego(초자아)의 세 요인인데, 정신적으로 건강한 사람은 이 세 요인이 통일되어 조화로운 조직을 형성한다고 했다.

① 원초아(Id)

원초아는 완전히 무의식적이며 모든 리비도(Libido)의 원천이다. 원초아로부터 생기는 리비도의 에너지는 충족을 호소하는 욕구의 형태를 나타낸다. 이 때 리비도의 충족은 영아에게 쾌감으로써 경험되며, 리비도의 불충족은 고통으로 경험되어진다. 이와 같이 원초아는 내적 또는 외적 자극에 의해 유기체 내부에서 발생되는 흥분 에너지 또는 긴장의 양을 그대로 외부로 배출하는 기능이 있는데, Freud는 이 원리를 쾌락의 원리(Pleasure principle)라고 불렀다. 이 쾌락 원리의 목적은 보다 많은 쾌감을 가능한 한 빠른 속도로 외계의 인물이나 사물을 사양하지 말고 획득하라고 명령함으로써 긴장으로부터 벗어나는 것이다.

Freud는 가치라든가 도덕, 윤리 따위를 지니고 있지 않고 다만 쾌락의 원리에 따라 본능적 욕구를 만족시키려고 움직이는 이드야말로 진정한 인간의 심리적 실체라고 말한다.

② 자아(Ego)

원초아로부터 분리되어 나타나고, 인간의 본능적 욕구를 충족시키기 위해 현실 세계를 상당히 고려하여 에너지의 방출을 조절하는 성격 체계이다. 원초아를 의식적으로 통제하고 이를 적절한 방향으로 돌려서 현실에 맞추어 적절히 쾌락을 구하도록 조정한다. 그래서 자아는 쾌락 원리 대신에 현실 원리(Reality principle)에 의해 지배된다. 현실 원리는 Freud가 말하는 이른바 2차 과정에 의해 지켜지는데, 이는 대상을 찾거나 만들어 내는 과정, 즉 그 대상을 현실적 존재로 만드는 과정이다. 흔히 2차 과정을 문제해결 과정 또는 사고 과정이라고 한다. 자아는 4, 5세까지는 발달하지 않는 원초아와 본능 사이의 중개적인 역할을 한다.

③ 초자아(Superego)

초자아는 인간행동의 도덕적 규제와 판단의 기능을 맡은 곳으로 현실적이라기보다는 이상적인 것을 대신하며, 현실이나 쾌락보다는 완전성을 지향한다. 즉, 초자아는 인간의 도덕률로서 부모나 다른 성인들이 아동에게 그 사회의 가치관과 규범을 전수하는 과정에서 발달하게 된다. 초자아의 기능은 원초아와 자아를 비판하여 사회규범에 맞는 생활을 해 나가게 하는 것이다. 초자아는 부모에 의한 어떤 갈등의 해결, 지나치게 이성적인 자아만으로는 대처할 수 없는 환경의 욕구 그리고 영유아가 부모와 지낸 오랜 기간을 통해 가진 경험에서 발달한다.

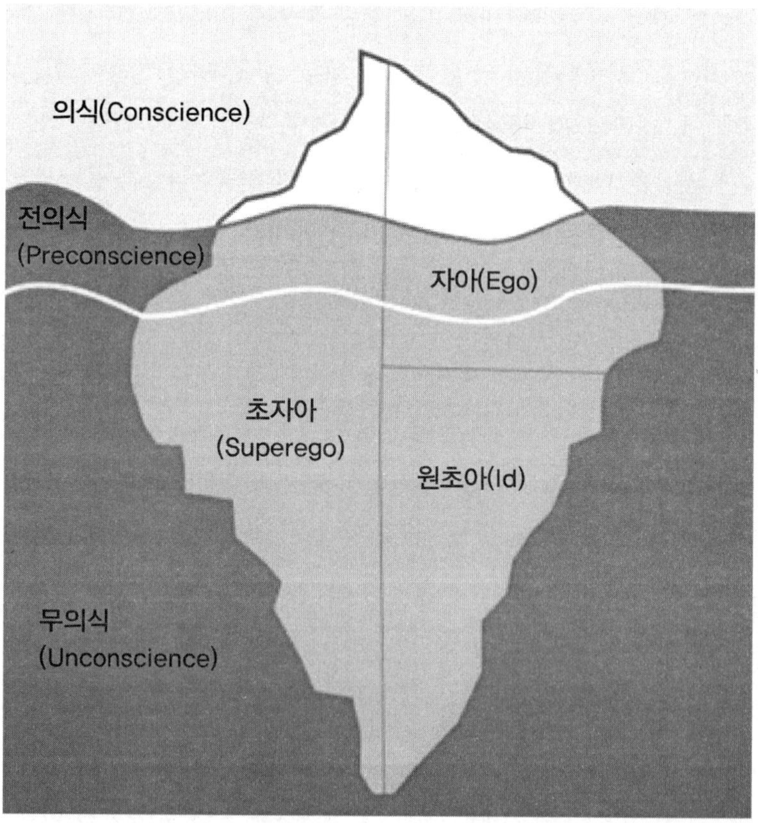

[그림 2-3] 원초아, 자아, 초자아

(3) 방어기제

인간은 본능적 에너지가 방출되지 않아 높은 긴장상태가 되었을 때에 사회적으로 수용될 수 없는 내부의 충동을 억제하는 '방어기제(Defence mechanism)'가 작용하여 위험과 불안을 피할 수 있다. 몇 가지 중요한 방어기제에 대해 살펴보면 다음과 같다.

1 억압

억압(Repression)은 가장 기본적인 방어기제로서, 불쾌하거나 바람직하지 않은 충동, 생각, 감정이나 기억들은 불안을 일으킬 수 있기 때문에 무의식으로 밀어 넣어 버린다. 억압되어 있는 사람들의 행동특성을 보면 이들의 대외접촉은 한정되어 있고, 긴장되어 늘 위축되어 있으며 융통성이 없다. 한편 육체적인 기능을 방해하기도 하는데, 이들은 성적 충동을 두려워하기 때문에 성적으로 무능하거나 냉담하며, 때에 따라서는 히스테리성 실명이나 히스테리성 마비를 일으키기도 한다.

2 투사

사람이 불안감을 느낄 때 그는 자신이 수용하지 못하는 특성을 타인에게로 돌림으로써 그런 특성을 제거하고자 한다. "나는 그를 미워한다.", "내 양심이 나를 괴롭힌다."고 말하는 대신에 "그가 나를 괴롭힌다."고 사람들은 말할 수 있다.

사람들은 성장해 오면서 자신의 나쁜 행동에 대해서 그럴 듯한 구실과 알리바이만 꾸며내면 벌과 자책감을 면할 수 있음을 배우게 되고, 사실을 왜곡시킬 경우에 칭찬을 받기도 한다.

3 반동형성

본능들과 그 파생물들은 대립적인 쌍으로 조절될 수 있다. 이를테면 삶 대(對) 죽음, 사랑 대 미움, 건설 대 파괴, 능동 대 수동, 지배 대 복종들이다. 본능의 하나가 압력을 주어 불안을 일으킬 때 그 불안을 야기하는 충동, 생각이나 감정이 의식의 수준에서 그 반대의 것으로 대체됨으로써 불쾌한 충동을 피하려 한다. 예를 들면, 어떤 영유아는 더러움을 피해 자주 손을 씻고 옷을 갈아입는 등 강박적으로 청결하려는 행동을 하는 경우가 있다. 이는 청결한 것을 바라고 있는 것이라기보다는 그 아동은 더러움이나 배설물을 휘저어서 더럽게 하고 싶지만, 그러한 욕망을 나타내는 것은 부모에게 벌은 받는 것이고 기본적으로 나쁜 행동이라고 생각하므로 그 충동을 억제하기 위해 반동적 행동을 취하는 것이라 해석할 수 있다.

이와 같이 반동형성은 불안에 대한 비합리적 조절이므로 기만적이고 위선적인 목적에 에너지를 소모하고, 결국 현실을 왜곡하며 완고하고 융통성 없는 성격을 만들기 쉽다.

4 고착

정상적인 사람들은 일생을 통해 진보적인 발달을 하면서 한 단계에서 다른 단계로 이동을 한다. 그러나 때때로 이러한 발달이 정지되어 다음 단계로 옮겨가지 못하고 일정한 단계에서 머물러 있게 되는 경우가 있다. 이러한 일이 심리적 발달과정에서 일어날 때 우리는 그 사람이 '고착(Fixation)'되었다고 말한다.

고착은 불안에 대한 또 다른 방어기제인데, 너무 많은 욕구불만이나 다음 단계로 진보하는 것에 대한 지나친 불안은 그 단계에 머물려고 함으로써 자신을 방어하게 되는 원인이 된다.

5 퇴행

문제에 적응하기 위해 초기보다 더 원시적인 형태로 되돌아가는 방어기제를 '퇴행(Regression)'이라 한다. 발달상 진보된 행동방식에서 적응되지 못하는 문제에 직면하고 이를 효율적으로 처리하지 못했을 경우, 이런 불편한 상황에 대한 방어 때문에 그 사람은 이전 발달단계의 특징적인 행동으로 퇴행하게 된다.

때때로 건강하며 잘 적응하고 있는 사람들도 불안을 줄이기 위해서 또는 스트레스를 해소하기 위해서 퇴행한다. 예를 들면, 동생을 보아서 스트레스를 받는 유아가 동생처럼 기저귀에 소변을 보려한다거나 젖병에 우유를 넣어 먹으려 하는 것이 대표적인 영유아들에게서 나타나는 퇴행행동이다. 이와 같이 통제되거나 현실적인 사고로부터 벗어나게 되면 퇴행이 언제나 일어날 수 있다.

6 합리화

바람직하지 못한 행동에 그럴듯한 이유를 붙여 정당화하는 것을 '합리화(Rationalization)'라고 한다. 예를 들면, 부모가 아이를 때리면서 사랑하기 때문에 때린다고 하는 경우다.

합리화의 대표적 기제를 신포도(Sour grapes)를 들 수 있다. 이솝이야기 중 포도넝쿨이 높아 포도를 못 따먹게 된 여우의 변명에서 온 것으로 자기의 약점을 감추려는 무의식적인 변명이다.

(4) Freud의 심리성적 발달이론

Freud는 인성이란 생의 초기 몇 년 동안에 아이들이 생물학적이고 성적으로 관련된 충동과 사회의 요구 사이에서의 갈등을 처리하면서 결정적으로 형성된다고 믿었다. 그러므로 태어나서 5세까지 유아기의 경험을 중요시하고 있다. 이 기간 동안 유아는 여러 단계의 심리성적 발달(Psychosexual development) 단계를 거치게 된다. 발달단계의 구분은 성적 에너지인 리비도가 집중적으로 모이는 성감대의 변화에 따라 나뉜다. 각 단계에서 어떤 경험을 하느냐에 따라 개인의 성격형성이 결정된다. 각 단계에서 아동이 추구하는 성적 쾌감을 충분히 느끼지 못하거나 지나치게 몰두하면 고착 현상을 일으켜 다음 단계로의 발달이 순조롭지 않다고 본다.

Freud는 인간의 성격발달을 구강기(Oral stage : 출생부터~1.5세), 항문기(Anal stage : 1.5~3세까지), 남근기(Phallic stage : 3~6세), ④ 잠복기(Latent stage : 6~11, 12세), 생식기(Genital stage : 11, 12세 이후)라는 5단계로 구분하였다.

표 2-1 **Freud의 심리성적 발달단계**

단계	특징
구강기	입으로 할 수 있는 활동에서 즐거움을 느낀다. (젖이나 손가락 빨기, 먹는 것 등)
항문기	대소변 훈련의 시기로서 리비도가 항문 주위에 집중된다. 배설물을 보유하고 방출하는 것에서 쾌감을 느낀다.
남근기	리비도가 성기 부위에 집중된다. 성적 애착이 이성의 부모에게 향한다. 이 시기에 영유아의 성격이 대부분 형성된다.
잠복기	리비도가 무의식 속에 잠복하는 시기이다. 동성 친구나 외부 세계에 관심이 집중된다.
생식기	사춘기시기로 신체적인 성숙이 이루어짐에 따라 진정한 의미의 성욕이 나타난다. 자아정체성이 확립된다.

2) Erikson(에릭슨)의 심리사회적 이론

Erikson은 Freud의 기본개념을 사회 · 환경적 상황과 연계시키려고 노력했다. 오랜 기간에 걸쳐서 Erikson은 Freud 이론을 확대시켰다. 그의 정신분석적 이론은 발달과정의 이해에 중요한 영향을 미쳤으며, 인간의 전 생애를 다루었다는 점에 의의가 있다.

(1) Erikson의 생애

Erik Erikson(1902~1994)은 1902년 6월 15일 독일의 프랑크푸르트 근처 마인에서 태어났다. 빈 대학에서 Anna Freud와 함께 정신분석학을 공부했다.

Erikson은 국민저술상 수상자로서 20세기의 가장 저명하고 영향력 있는 심리학자 중의 한 사람으로 꼽힌다. 생물학적으로 결정되고 사회 · 문화라는 환경에

의해 형성되는 인간 발달단계에 관한 그의 이론은 임상과 정신분석학, 윤리학, 역사학, 문학, 정치학, 사회과학, 육아, 가족관계 등 여러 분야의 이론과 실제에 응용되고 있다.

(2) Erikson의 심리사회적 발달이론

Erikson은 개인의 발달이 단지 생물학적 요인과의 관계에서 뿐만 아니라 심리사회적인 측면에서 일생을 통해 계속하여 이루어지는 과정이라고 설명했다. 그는 일생을 통한 각 발달은 그 자체의 목적을 가지고 있으며, 사회의 요구에 적응하기 위하여 각 단계마다 겪어야 하고, 겪어낼 수밖에 없는 심리사회적 위기(Psychosocial crisis)가 있다고 보았다.

따라서 발달은 각 단계에서의 위기를 다루고 직면하는 경험에 의해 향상되거나 지연된다. 뿐만 아니라 이러한 위기의 극복 여부가 정상과 이상을 결정짓는다고 보았다.

Erikson은 개인이 하나의 특별한 발달단계에서 심리사회적 위기에 적절하게 대처하는 방법에서 나타나는 태도 혹은 일반적 감정 등을 심리사회적 감각(Psychosocial senses)이라고 하며 일생을 8단계로 나누어 유형별로 설명하였다. 즉, 개인도 그의 경험의 결과로서 이 감각을 발달시킨다.

그는 신뢰감을 형성시키는 인생의 초기단계를 가장 중요한 시기로 보았다. Freud의 심리성적 발달단계를 확장하여 Erikson이 제시한 심리사회적 발달의 8단계는 다음 〈표 2-2〉와 같다.

표 2-2 Erikson의 심리사회적 발달단계

단계	시기	심리 사회적 위기	중요관계	심리·사회적 양식	심리 사회적 미덕	부적응
1	출생~18개월 (구강기)	신뢰감 VS 불신감	어머니	받고 : 주는 것	희망	감각왜곡 –거부
2	18개월~3세 (항문기)	자율성 VS 수치, 회의	부모	보유 : 배설	의지력	충동성 –강박
3	3~6세 (남근기)	주도성 VS 죄의식	가족	창조 : 시도	목적	냉혹–억제
4	6~12세 (잠복기)	근면성 VS 열등감	이웃, 학교	솔선적 시도 : 협력적 시도	능력	좁은 안목 –무력
5	12~18세 (생식기)	자아정체감 VS 역할혼미	또래 집단	자아확인 : 상호작용	충성심	광신–거절
6	20대 (성인 초기)	친밀감 VS 고립감	이성 친구, 친구	양보 : 자아발견	사랑	난잡 –배타적
7	20대 후반~ 50대 중반(성인기)	생산성 VS 침체감	배우자, 동료	출산 : 양육	배려	과대확장 –거부
8	50대 중반 이후~노년기)	자아통정 VS 절망감	인류	실존확인 : 현실수용	지혜	무례–절망

이 중 영아기에 해당되는 발달단계를 살펴보면 출생 후 약 18개월까지는 신뢰감 대 불신감의 시기인데 주 양육자가 영아의 신체적인 요구와 심리적인 요구에 잘 반응해 주면 영아는 주 양육자에게 기본적인 신뢰감을 갖게 되고 나아가 주위 세계에 대해 신뢰감을 갖게 된다. 그러나 주 양육자와 신뢰 있는 관계를 형성하지 못하면 주 양육자에 대한 불신감뿐만 아니라 주위 세계에도 불신감을 갖게 된다.

18개월에서 3세까지는 자율성 대 수치심의 단계인데 다양한 자조기술의 획득으로 무언가 자기 스스로 해 보겠다는 자율성이 나타난다. "아니야, 싫어"와 같이 자기주장을 하는 언어가 많이 나타나게 되는 것도 이 무렵이다. 자율성이 발달해 나가는 이 시기에 영유아는 사회적 기대와 압력을 배우게 되는데 그에 적절한 행동을 잘 해내지 못했을 때 영유아는 자신에 대한 수치심을 느끼고 자신의 능력에 대해 회의감을 갖게 된다.

3. 행동주의적 접근

1) Skinner(스키너)의 조건화이론

대부분의 인간의 행동은 학습되거나 또는 학습에 의해 수정된다. 학습을 통해서 지식과 언어를 습득하고 태도와 가치관을 형성하며, 두려움을 경험하고 자신에 대한 통찰력을 기른다. 학습의 법칙을 밝혀 낸다는 것은 곧 우리 행동의 원인을 이해하는 지름길이 된다. Skinner는 심리학 분야의 뛰어난 인물들 중의 한 사람으로 인간의 행동을 설명하고 예측하고 조정하고자 하는 목표를 가진 사람이다. 그는 강화의 환경적 관련성에 의해 거의 모든 행위가 직접적으로 지배를 받는다는 전제를 기초로 현대 사상의 역사와는 다른 행동과학의 기초를 마련했다.

(1) Skinner의 생애

B. F. Skinner(1904~1990)는 1904년 3월 20일 펜실베니아의 서스퀘하나에서 출생한 미국의 유명한 심리학자이다. 그는 1945년 하버드 대학의 심리학과 교수로 취임하였고, 1958년 미국 심리학회로부터 특별 과학공로상을 수상하였다. 그가 하버드 대학에서 유명하게 된 것은, 자신의 학습이론을 교육이나 사회 제 문제에 넓게 응용했기 때문이다.

1950년대 중반에는 티칭머신이나 프로그램 학습도구를 연구하고 확장시켜 나갔다. 1971년 「자유와 존엄을 넘어서」(Beyond Freedom and Dignity)를 출간하였는데, 여기에서 그는 조작적 조건반사를 이용하여 사회를 통제하는 계획을 제시하였다. 1990년 8월 10일 미국 심리학회 역사상 최초로 평생의 공로를 인정하는 공로상을 수상하였고, 1990년 8월 18일 별세하였다.

(2) Skinner의 행동주의이론

1 행동과학의 방향

Skinner는 모든 행동은 법칙적으로 결정되며 예측이 가능하고 환경적 통제 하에 이루어질 수 있다고 가정한다. 그는 '자유의지'의 인정이나 어떤 '다른 의지에 의한' 이유 없는 사건을 단호히 부정한다. Skinner에게 있어서 인간행동의 과학은 다른 자연과학과 기본적으로 다를 바가 없다.

대부분의 최근 심리학적 연구방법과는 달리 Skinner의 연구는 하나의 유기체 행동의 완전한 분석에 역점을 두고 있으며, 행동하는 유기체의 기능적 분석을 주장한다. 그는 인간이 늙고 생각하는 유기체라는 사실을 인정하면서도, 행동의 원인이 인간의 내적 정신에 있다고 보지 않았으며 단지 설명을 위해 마음이나 내적 동기를 탐구할 필요도 없다고 했다.

2 조작적 행동

Skinner 이론은 학생들의 학습, 자폐아 및 치료, 산업관리 그리고 문제행동에 대한 행동치료 분야에서 효과적으로 적용되어 왔다. 그의 기본 이론인 조작적 행동에 대한 관점을 몇 가지 살펴보면 다음과 같다.

첫째, 조작적 행동은 방출되는 것이며, 그 결과에 의해 통제를 받는 것으로 능동적인 유기체의 특성이다. 방출된 행동은 강화(Reinforcement)라는 결과를 가져오는데 어떤 행동이 강화를 받으면 그 행동은 더욱 강해진다. 장차 그와 유사한 상황에서 그런 유형의 행동이 다시 나타날 가능성이 증가된다.

둘째, 조작적 행동의 가장 중요한 결과는 정적이든 부적이든 강화이며, 이는 후속행동을 강화하게 된다. 이 과정을 조작적 조건형성이라 한다.

셋째, 조건화된, 즉 강화된 행동은 인간이 일상적으로 나타내는 행동들이 된다. 부모나 교사, 그리고 다른 사람들의 승인이나 칭찬과 같은 사회적 강화자들은 행동의 조건형성에 매우 중요하다. 강화를 받은 반응들은 반복되는 경향이 있으며 따라서 그 빈도가 증가되고 그 사람의 행동목록에서 일상적인 반응으로 자리를 잡게 된다.

넷째, 사람들은 강화를 받지 못하는 반응도 하는데, 그런 반응의 강도는 점차 감소되어 결국 소거된다. 이런 과정을 조작적 소거라고 한다. 즉, 이전에 강화 받은 행동인 조건화된 행동이 더 이상 강화를 받지 못하면 그 행동은 점점 사라지는 경향이 있다는 것이다.

다섯째, 인간의 독특한 성격은 주로 개인 강화자의 결과로 형성된 것이다. 행동의 결과로 일어날 수 있는 강화에는 정적 강화와 부적 강화가 있다. 정적 강화에서는 반응이 이루어진 경우에 정적 강화물이 제시된다. 예를 들어, 음식, 물, 성적 접촉, 금전이나 칭찬 등이 반응의 결과로 주어지면 그 때의 반응은 정적으로 강화된다. 부적 강화에서는 반응이 나타나면 어떤 것(부적 강화물이나 혐오자극)이 철회된다.

즉, 인간의 많은 행동이 어떤 결과를 얻기 때문에 정적 강화의 경우 조건형성이 되는 것이다.

여섯째, 돈과 같은 여러 가지 조건화된 강화물이 인간의 행동에 영향을 준다. 이런 강화물은 음식 등의 일차적 강화물과 연합됨으로써 영향력을 발휘한다.

일곱째, 처벌은 행동을 억압을 통제하기 위해 고안된 행동통제 기법이다. Skinner는 이런 처벌의 효과는 제한되어 있으며 또 바람직하지 못한 통제수단이라고 생각한다.

2) Bandura(반두라)의 사회학습이론

Bandura의 사회학습이론의 관점에 따르면 심리학적 기능(Psychological function)은 행동적 · 인지적 그리고 환경적인 영향력들 사이의 끊임없는 상호작용이라는

측면에서 이해될 수 있다. 즉, 인간은 개인적 요인이 사회적 환경과 그들의 일상적 사건에서 발생되는 상황이 맞물려 결정적으로 작용함을 의미한다. 또한 그는 인간은 타인을 관찰하고 그 관찰된 내용을 모방하여 행동을 수행한다는 사실을 지적했다. Bandura의 생애와 그의 주요 이론을 살펴보면 아래와 같다.

(1) Bandura의 생애

Bandura는 1925년 12월 4일에 폴란드계 밀농사꾼의 아들로 캐나다 엘버타 지방에서 출생했다. 1949년에 브리티쉬 컬럼비아대학에서 학사학위를 받은 후 아이오와 대학원에서 심리학으로 1951년 석사 학위를, 1952년 박사학위를 받았다. 현재는 스텐포드 대학 심리학과 교수로 재직하고 있다.

사회학습이론의 주요 인물로, 행동수정의 개척자 중의 한 사람이다. 또한 개인 중심적인 Freud식 이론에 기초한 성격이론을 이동시켜, 인간이 환경과의 접촉을 통해 행동유형을 어떻게 발달시켜 나간다는 폭넓은 관찰 쪽으로 이론적 변화를 가져왔다.

(2) 사회학습이론

1 이론의 발달

일반적으로 성격심리학자들은 인간이 왜 그렇게 행동하는가를 설명하기 위한 근거로 기질적 요인, 상황적 요인들을 강조해 왔다. 기질적 요인을 강조하는 사람들은 인간 행동의 주요 원인을 인간 내부에서 발견되는 본능, 충동, 요구 등 내부 심리적 힘의 형태에서 찾으며, 상황적 요인을 지지하는 사람들은 행동이란 환경의 영향에 의해 각 개인이 획득, 유지, 수정하는 학습에 의해 조정되는 것이라 주장한다. 그러나 최근 성격심리학자들은 인간행동을 인간의 내적 과정과 환경적 요소 사이의 계속적 상호작용이라는 관점에 의한 이론을 세우기 시작했고, 그러한 이론화 작업은 소위 사회학습의 관점에서 절정을 이루었으며, 이는 Bandura의 업적으로 가장 잘 나타나게 되었다.

Bandura는 [그림 2-4]와 같이 행동, 개인, 환경을 동일차원에서 보아 이 세 요인 모두가 상호적으로 규정인으로서 작용한다고 하는 상호결정론을 주장하고 있다. 즉, 개인의 기대는 그의 행동에 영향을 주고 동시에 그 행동의 결과는 그의 기대를 변화시킨다. 또 행동이 환경조건을 만들고 그렇게 만든 환경조건은 개인이나 개인행동에 영향을 준다는 것이다.

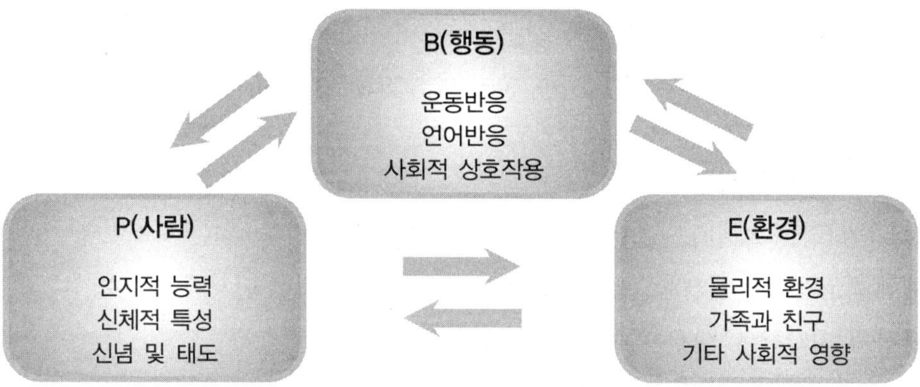

[그림 2-4] 반두라의 상호결정론 모델

2 관찰학습

비교적 높은 지적 능력을 가진 동물이나 인간의 경우에는 직접경험에 의하지 않고 관찰에 의해서도 행동의 형성과 변용, 즉 학습이 성립되는 경우가 있다. 그리고 이러한 모델링(모방, modeling)의 영향은 특정한 반응유형만을 전달시키는 것이 아니라 다른 혁신적 행동도 창조해 낼 수 있다. 만약 한 유아가 동생에게 과자를 나누어 줌으로써 보상받는 것을 관찰한 후 친구들과 장난감을 나누어 갖는 행동이나 어머니의 집안일을 거들어 주는 것과 같은 행동도 할 수 있다. 이렇게 타인이 시범하는 행동의 관찰에 바탕을 두고 성립하는 학습을 관찰학습 또는 모방학습이라 부른다. 모델링 과정을 통해서 관찰자는 여러 가지 반응으로부터 공통적인 특징들을 추출하여 그들이 보고 들은 것 이상의 행동규칙을 형성한다.

① 관찰학습의 과정

관찰학습은 다음의 네 가지 상호 연관된 구성요소와 과정에 의해 이루어진다.

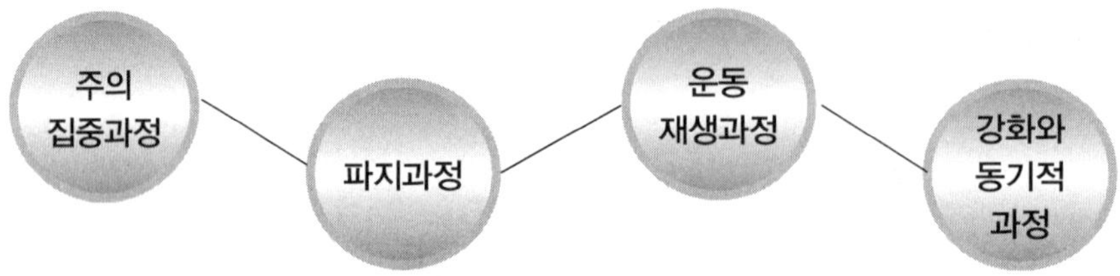

[그림 2-5] 반두라의 관찰학습과정

ⓐ 주의집중 과정

모방하려는 모델의 행위에 주위를 집중하고 정확하게 지각하는 단계이다. 이에 대해 Bandura는 관찰학습은 모델행동의 특징이나 뚜렷한 단서에 주시하거나 정확하게 지각하여야만 이루어진다고 주장했다.

주의집중을 보다 많이 받게 되는 경우는 주로 모델의 성 · 연령이 관찰자와 비슷할 때, 존경받을 때, 지위가 높을 때, 유능하거나 매력적일 때 등이며, 이 단계에서는 모델의 어떤 점을 선택적으로 지각하고 어느 것을 습득할 것인가를 결정한다.

ⓑ 파지 과정

이전에 관찰된 모델의 행동을 기억하는 과정으로, 기억을 하지 못한다면 이것의 관찰은 큰 영향을 받지 못한다. 관찰할 수 있는 모델이 이제는 더 이상 존재하지 않는다면 영향을 받기가 어려운 것이다. 그 경우에는 모델의 행동을 말로 표현한다든가 또는 머리에 상상(Image)으로 부호화해야 한다. 즉, 언어나 이미지로 상징화하여 기억하게 함으로써 이는 인지적으로 체제화되어 기억, 재생하기 쉽다.

그리고 파지는 정신적인 반복과정(행동을 흉내내는 자신을 상상)이나 실제적인 연습에 의해 증진될 수 있다.

ⓒ 운동재생 과정

모델의 행동을 상징적으로 부호화해서 기억한 것을 행동으로 전환하는 과정이다. 모델을 관찰한 후 상징적 표상을 형성하여 기억하고 반복적으로 연습했을지라도 그것을 자연스럽게 행할 수 없는 경우가 많다. 이는 운전이나 기계조작과 같이 정확한 일치행동 뒤, 수행에 이르기까지에는 보통 재생 반응의 자기관찰과 그것에 바탕을 둔 수정적 조정이나 타인에 의한 정보 피드백에 근거한 조정이 필요하며, 이는 관찰자의 행동과 모델의 행동이 통합될 때까지 계속된다.

ⓓ 동기화 과정

관찰을 통해 새로운 기술이나 행동을 습득하게 될지는 모르지만 충분한 유인가(Incentives)나 동기가 없이는 그것을 행하지 않을 수도 있다. 이렇게 수행은 강화와 동기적 변인들에 의해 좌우되는데 일반적으로 긍정적 강화는 수행 가능성을 증가시킨다. 강화는 관찰자로 하여금 모델과 같이 행동하면 자기도 강화를 받는다는 기대를 갖게 하는 기능과 학습을 수행으로 전환되게 하는 유인의 구실을 한다. 예를 들어, 어떤 영유아는 그의 행동에 대해 교사로부터 즐거운 미소나 격려의 말을 받을 것을 예상하고 자발적으로 장난감을 정리하거나 쓰레기를 버릴 수 있다. 대리강화나 대리처벌도 직접강화나 처벌 못지않게 정보적이라고 보는데, 이 단계에서는 외적 강화와 자기강화도 중요하다.

② 모방의 효과

모방은 세 가지 측면에서 관찰자(학습자)에게 영향을 미친다.

첫째, 타인이 하는 행동을 관찰함으로써 새로운 반응을 학습할 수 있다. 시범자가 우리가 학습하지 못한 새로운 행동을 하게 될 때 우리는 그 행동을 모방하게 된다. 그런데 이 때 시범은 반드시 실제 인물에 의한 것이 아니더라도 효과가 있는데, 신문, 도서잡지, 영화, 텔레비전 등을 통한 상징적, 회화적 제시방법도 관찰의 대상이 될 수 있다.

둘째, 타인 행동의 관찰에 대해 어떤 특수한 행위를 억제하거나 피하게 되는 수가 있다. 특히 어떤 사람이 행한 행동이 나쁜 결과를 초래하는 것을 관찰했을 경우에는 억제효과가 크다.

셋째, 모방은 행동의 촉진작용을 하기도 하는데, 흔히 어떤 행동을 할 줄 알면서도 하지 않다가 다른 사람이 그러한 행동을 하면 우리도 따라서 하게 되는 경우다.

4. 인지발달이론

1) Piaget(피아제)의 인지발달이론

(1) Piaget의 생애

Jean Piaget는 1896년 스위스의 뉴사델이라는 작은 마을에서 태어났다. Piaget는 어려서부터 과학자의 자질을 보여 21세인 1918년, 뉴사델 대학에서 연체동물에 관한 논문으로 동물학 박사학위를 취득하였다. 그 후 그의 관심은 심리학 분야로 옮겨졌다. 아동 심리분야에서 정신발달을 과학적으로 연구하였고, 그런 다음 그의 발견을 기초로 지식의 근원에 대한 철학적 인식론 문제를 해결하고자 했다. 이것이 그가 주장한 발생학적 인식론(Epigenetic epistemology)이다.

1920년 파리의 비네(Binet)연구소에서 아동용 지능검사를 만드는데 참여한 Piaget는 아동들의 틀린 답에 일관된 유형이 있음을 발견하고 이들 사고에 공통된 특성이 있을 것으로 생각했다. 그는 아동의 독자적인 사고방식을 알아내기 위해 표준화된 검사 대신에 보다 개방적인 임상 면담방법을 고안하였다. 아동의 사고에 관한 성인의 선입견을 배제하고 아동 자신으로부터 배우기 위해 아동의 자연적인 활동을 관찰했다.

1925년 Piaget의 첫 번째 아이 재크린의 출생은 지능의 기원과 유아의 인지발달에 관한 중요한 연구를 시작하게 되는 계기가 되었다. 그는 부인 캐트니와 함께 그들의 자녀인 재크린, 루신, 로랩의 행동을 주의 깊게 관찰하여 후에 이를 토대로 그 유명한 인지이론을 구축하게 되었다. 그의 연구는 시대에 따라 다른 반응을 얻었는데, 1960년대에 접어들어 Piaget의 연구들은 세계 도처에서 심리학자들의 폭발적인 관심의 대상이 되었으나, 그 후 이해하기 힘든 연구방향과 수량적 증거를 무시하는 연구방법으로 인해 미국을 중심으로 한 심리학자들 사이에서 비판의 대상이 되었다. 그러나 그는 연구방법상의 문제는 아동의 풍부하고 자세한 사고의 실례들보다 중요하지 않다고 생각하며, 통계학적 처리에 바탕을 둔 수량적 접근을 거부하였다. 그가 주로 사용한 준 임상적 면접방법은 오늘날 아동연구의 주요 방법으로 새롭게 각광받고 있다(송명자, 1997).

(2) 주요개념

1 도식 · 구조

Piaget는 정보를 조직하고 처리하는 기본적인 방법 및 구조를 인지 구조(Cognitive structure)라고 불렀다.

우리는 외부세계에서 활동하고 세상을 발견하는데 도식을 이용한다. 즉, 각기 도식은 모든 대상과 사건을 같은 방법으로 다룬다. 예를 들어, 대부분의 어린 영아들은 딸랑이 같은 물건으로 소리나게 치면 그것이 무엇인지 찾아 내려고 한다. 즉, 딸랑이를 내려치면 딸랑이에서 소리가 나게 되고, 그러면 아기들은 소리나는 대상을 바라보게 된다. 또한 아기들은 그것을 치고, 빨고, 던짐으로써 대상에 관해 배운다. 대상과 상호작용하는 이러한 각각의 접근이 도식이다.

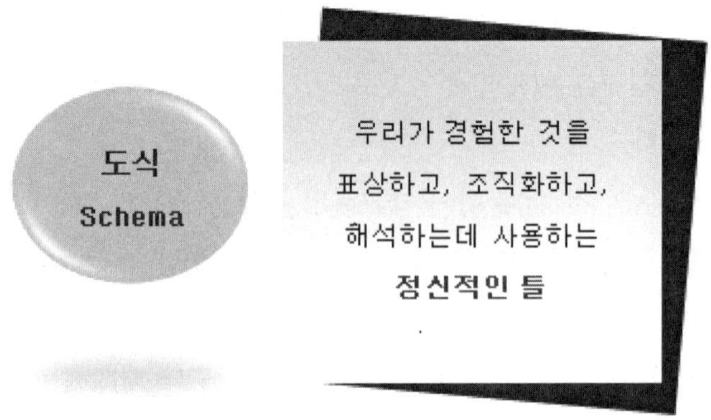

[그림 2-6] 도식(Schema)의 의미

2 동화 · 조절

환경과의 상호작용 속에서 도식은 우리가 세계를 이해하고 반응하여 기능하기 위해 사용하는 지식, 관계, 절차이다. Piaget는 이러한 도식을 변화시켜 나가기 위한 기제로서 동화(Assimilation)와 조절(Accommodation)이라는 두 가지 개념을 제시하였다.

동화란 새로운 정보 혹은 경험을 접할 때, 그러한 정보와 경험을 이미 자신에게 구성되어 있는 도식에 적용시키려는 경향성을 뜻한다. 예를 들면, 3세 유아가 집에서 기르는 강아지를 보고 '강아지는 다리가 4개이고, 꼬리가 있고, 귀가 2개 있고, 두 눈이 동그랗고, 코가 촉촉하고……'라는 인지구조를 갖게 되었다. 이 유아가 길을 가다 강아지를 보고 자신이 갖고 있는 강아지에 대한 인지구조 '강아지는 다리가 4개이고……'에 맞추어 보고 '아! 저것도 강아지로구나'라고 이해했다면 이 유아에게 동화가 일어난 것이다.

조절이란 새로운 정보 혹은 새로운 경험을 인식하기 위해 기존의 도식을 수정하는 것을 의미한다. 즉, 조절은 동화로써 적응되지 않을 때 유기체 자신의 구조를 변형시킴으로써 적응하는 과정이다. 동화와는 반대이면서 상보적인 과정이라고 볼 수 있다. 위에서 제시한 동화의 예에서처럼 강아지에 대한 인지구조를 갖고 있는 3세 유아가 동물원에서 늑대를 처음 보았을 때 늑대가 자신이 갖고 있는 강아지에 대한 인지구조와 일치하였다. 유아가 늑대를 가리키며 '엄마, 저 강아지 좀 봐'라고 말을 하였다. 이 때 어머니가 '저것은 강아지가 아니고 늑대라는 동물이다'라고 설명해 주었을 때 유아가 강아지와 늑대 차이를 이해했다면 조절이 일어난 것이다(이옥형, 1997).

[그림 2-7] 동화와 조절의 의미

3 평형

인간에게는 질서와 체계를 유지하려는 본능적이고도 선천적인 욕구가 있다. Piaget는 이러한 경향을 평형(Equilibrium)에 대한 욕구라고 부른다. 인간의 인지구조가 변화하는 것은 유기체가 자기조절을 통한 평형화를 유지하고자 하는 경향이 있기 때문이다. 모든 유기체는 그의 환경과의 상호작용을 통한 균형을 추구한다. 이 균형이 깨지면 동화나 조절이 나타나 균형을 깬 새로운 것을 이해하고 새로운 지식을 꾸며서 이 깨진 균형상태가 도전을 받아야 한다고 하였다. 이러한 평형화의 과정은 기본적으로 동화와 조절의 두 기능의 통합과정이다. 동화와 조절에 의해 평형화가 이루어지는 과정은 모든 연령과 인지발달 단계에서 동일하다.

[그림 2-8] 동화, 조절, 평형화의 관계

(3) 인지발달단계

Piaget는 아동의 인지적 발달과정은 감각운동기, 전조작기, 구체적 조작기, 형식적 조작기라는 단계를 거친다고 보았다.

아동의 인지발달은 인지구조의 질적인 변화과정으로 이는 기존의 인지구조를 바탕으로 새로운 인지구조가 결합되어 일어난다. 그런데 새로운 단계는 이전의 단계와 통합되지만 각 단계는 질적으로 다르므로, 단계별 특성은 달리 나타나지만 전환시기에는 두 단계의 인지적 특징이 다 나타날 수도 있다.

또한 각 단계는 순서가 바뀌거나 생략될 수 없이 일정하나 연령범위는 고정적이지 않다. 이것은 각 단계별 행동발생 순서는 개인의 경험이나 유전에 관계없이 종 특유의 발생학적 순서에 의해 일정하지만, 단계가 나타나는 연령은 개인적인 경험과 유전에 따라 다르기 때문이다. Piaget가 제시한 연령범위는 대부분의 어린이가 보여준다고 기대되는 것이다. 그러나 형식적 조작기에 도달한 어린이나 고도로 인지발달이 된 성인도 때로는 낮은 단계의 사고를 할 수 있다.

1 감각운동기(Sensory-motor stage : 0~2세)

아기가 태어날 때 생물학적으로 부여된 몇 개의 단순한 반사기능은 감각운동기 동안에 물건을 잡고 빠는 등 여러 형태의 신체적 활동에 의해 다양한 감각운동적 도식으로 변화하며, 마침내는 의도적이며 체계적인 인지적 행동으로 발달해 나간다. Piaget는 감각운동기 발달을 여섯 개의 하위단계로 구분하였다(송명자, 1997).

반사기능 단계(출생~1개월), 1차 순환반응기(1~4개월), 2차 순환반응기(4~8개월), 2차 순환반응의 협응기(8~12개월), 3차 순환반응의 성립기(12~18개월), 내적표상단계(18개월~24개월)라는 여섯 개의 하위단계로 구분하였다(송명자, 1997).

감각운동기는 제6장의 영아의 인지발달 부분에서 자세히 살펴보기로 한다.

2 전조작기(Pre-operational stage : 2~7세)

이 시기는 아동의 정신적 표상에 의한 사고가 가능하나, 아직 개념적 조직능력이 충분히 발달되지 못한 발달의 불완전한 단계이다. 영유아들은 이 단계에서 감각운동이 더욱 정교하게 발달된다. 언어의 발달이 급속히 이루어지고 사물이나 사건을 내재화할 수 있는 능력이 생기고, 보이지 않는 것을 기억하는 표상능력이 생기며, 상징적으로 사고하는 능력이 발달한다. 그러나 트럭, 아파트, 나무 등과 같이 물질로 존재하거나 현재 상황과 연결된 개념들은 비교적 쉽게 습득하지만, 추상적인 개념의 습득은 여전히 한정되어 있다. 눈에 보이는 지각적 속성에 의해서만 판단하는 직관적(Intuitive) 사고 때문에 지각된 것 이상의 정신적 표상을 발달시키지 못하므로 아직 영유아의 사고체계는 비체계적이고 비논리적이다(이옥형, 1997).

전조작적 사고의 특성으로 자기중심성(Egocentrism), 집중성(Centration), 비전이(Non-transformation), 추론(Reasoning) 등을 들 수 있다.

3 구체적 조작기(Concrete operational stage : 7~11세)

이 시기의 심리도식은 어느 정도 논리적 추리를 할 수 있을 만큼 발달한다. 전 단계의 유아들은 사물의 절대적 속성에 얽매여 사물 간의 관계성을 이해하지 못했으나, 이 시기가 되면 구체적 조작에 의하여 사물의 속성을 다룰 수 있고 사물 간의 관계성도 고려하게 된다. Piaget는 구체적 조작기 아동의 조작행동 속에 나타나는 논리적 사고의 가장 큰 특징으로 가역성의 개념을 들고 있다.

가역성(Reversibility)이란 일단 변형된 형태가 그 반대 절차에 따라 다시 현재 상태로 되돌아갈 수 있음을 말한다. 이 시기의 가역적 사고가 가장 잘 드러나는 대표적인 세 가지 조작형태가 보존개념, 분류조작, 서열조작이다(송명자, 1997). 그러나 이 시기의 구체적 사고는 현재의 여기에서 일어나는 구체적 사실에만 한정되므로 가능성의 세계나 가상적 세계에 대한 사고는 아직 어렵다.

[4] 형식적 조작기(Formal operational period : 11세 이후)

사춘기와 더불어 가장 발달된 인지적 조작을 할 수 있는 단계이다. 예를 들어, 2+3=5이면 5-3=2가 됨을 이해하고, 물이 얼어 얼음이 되면 얼음이 녹게 되면 물이 되는 현상을 알게 된다. 구체적이고 현실적인 것뿐만 아니라 가설적인 것, 확률, 가능성 등에 관해 생각하는 능력을 발달시키며 고차적인 추상과 사고 능력이 발달된다. 이들은 언어를 사용하여 논리적 사고를 표현하며, 추상적 개념을 사용하여 가설의 설정과 검증을 통한 결론 수준에까지 도달할 수 있다.

(4) Piaget 이론의 비판과 수정

Piaget 이론은 혁명적이며 지금까지도 인간 발달연구 분야에서 여러 측면으로 지배적이다. 그러나 그의 중심이론 중의 일부에 대해서 최근의 연구들이 문제를 제기하고 있으며, 그의 관점을 수정함으로써 발달에 관해서 현대적인 기술이 이루어지고 있다. 한 가지 중요한 Piaget 학설의 원리는 발달이 학습에 선행한다는 것이다. 그는 발달단계가 크게는 고정되어 있으며, 보존(Conservation)과 같은 개념은 가르쳐질 수 있는 것이 아니라고 주장하였다. 그러나 연구결과 조기발달 단계에서 학습의 가능성을 시사한 사례가 있다. 예를 들면, 몇몇 연구자들은 어린아동은 같은 기술을 요구하는 Piaget 과제에서 더 쉽게 성공할 수 있음을 발견하였다(Black, 1981 ; Case, 1998 ; Siegler, 1998). Gelman(1979)은 영아는 쉬운 언어와 함께 쉬운 방법으로 과제가 제시될 때, 횡렬로 블럭이 나열되어 있는 보존문제를 해결할 수 있음을 발견했다. Boden(1980)은 같은 형식적 조작기의 과제가 수업의 복잡성으로 인해 19~98%까지 다양한 성취를 보인다는 것을 발견했다.

또한 이와 유사한 연구에서 아동의 자기중심성에 대한 재평가를 실시했다. 영유아들은 단순하고 실제적인 맥락에서 타인의 관점을 고려할 수 있다는 것을 보여

주었다(Siegler, 1998). 덧붙여, 영아들은 Piaget가 예상한 시기보다 훨씬 더 빨리 대상영속성 개념을 나타낸다고 주장하는 학자들도 있다(Baillargeon, Graber, De Vos, & Black, 1990). 이와 같은 연구결과는 아동들은 그들의 실제적 지식이 평가될 때 Piaget가 본래 생각했던 것보다 훨씬 더 유능하다는 것을 제시했다.

한편 Piaget 연구에서 단계이론은 최근 몇 년간 많은 비판을 받고 있다. 많은 연구가들은 인지적 과제의 모든 형태에 영향을 미치는 광범위한 발달단계가 있다는 것에 의심을 가지고, 대신 아동들의 다양한 과제에는 다양한 방법으로 기술발달이 이루어지며, 학교나 그 밖의 영역에서 지도받은 것을 포함한 경험이 발달속도에 강력한 영향을 미친다고 주장하였다(이경화 외 역, 2004).

2) Vygotsky(비고츠키)의 인지발달이론

(1) Vygotsky의 생애

Lev Semenovich Vygotsky는 1896년 러시아에서 중산층 유태인 가정에서 출생하여 비록 37년의 짧은 생을 살았지만 20세기의 가장 독창적이고 영향력 있는 인본주의자이며 과학자 중의 한 사람이다(Das, 1995).

Toulmin이란 철학자는 그를 심리학의 모차르트라고 불렀다. Vygotsky는 정신의 창조성과 고차원의 심리기능에 대한 이해를 이끌어 내는 연구 방법론을 활성화시켰다. 동시에 그는 자신의 연구 활동이 모든 아동의 잠재가능성을 최대한 발달시킬 수 있는 교정프로그램을 개발하여 교육적 발달을 이루고 무지를 제거하는데 높은 가치를 둔 사회를 실현해야 된다고 주장했다.

Vygotsky는 내적 인지발달의 중요성을 인지하였을 뿐만 아니라 사회역사적 맥락 내에서의 발달을 고려하여, 아동이 타인과의 관계에서 영향을 받으며 성장하는 사회적 존재임을 강조함으로써, 인간에 대한 이해에 있어서 사회, 문화, 역사적인 측면을 제시했다(임규혁, 1996).

(2) 인지발달이론

Vygotsky의 인지발달이론은 주요한 두 가지 아이디어를 기초로 하였다.

첫째, 그는 지적 발달은 아동이 경험한 역사적, 문화적인 맥락이라는 관점에서 이해될 수 있다고 제안하였다(Van der Veer & Valsiner, 1991).

둘째, 그는 발달은 개개인이 성장하면서 형성한 상징체계(Sign system)에 의존하는 것(Ratner, 1991)이라고 보았다. 즉, 상징(Symbols)은 문화에서 창조되는 것으로 예를 들어, 문화적 언어, 쓰기 체계 혹은 산술체계와 같이 사람들의 사고, 의사소통 그리고 문제해결을 돕는다. Piaget와 대조적으로 Vygotsky는 인지발달은 다른 사람들에 의해 전달되는 정보와 강력하게 연관되어 있다고 보았다. 그러나 Piaget와 마찬가지로 그도 상징체계의 획득은 모든 아동들에게 불변의 단계적 순서에 따라 발생되는 것이라고 주장하였다(Daniels, 1995). 그런데 Vygotsky 이론에서는 학습은 발달에 선행되는 것이라고 본다. 그는 학습이란 교수를 통한 상징의 획득과 타인으로부터의 정보를 획득하는 것이 포함된다. 따라서 발달이란 이러한 신호의 내면화를 포함하게 되므로 점차 타인의 도움 없이 사고하고 문제를 해결할 수 있게 된다.

Vygotsky 이론에서의 주요개념을 살펴보면 다음과 같다.

1 사적 언어

Vygotsky는 사적 언어(Private speech), 즉 개인적 언어란 개인적 지식(Personal knowledge)이 공유되는 지식으로 전환되는데 필요한 기제라고 주장하였다. 그는 영유아들은 다른 사람들의 언어를 통합하여 필요시 자신의 문제해결을 위하여 이를 사용한다고 보았다. 사적 언어는 영아들에게서 잘 나타나는 혼자 이야기하는 현상인데, 특히 어려운 과제에 직면하게 되면 더욱 자주 나타나게 된다(Diaz & Berk, 1992). 나중에 사적 언어는 소리를 내지 않는 언어로 바뀌게 되지만 여전히 영유아들에게 매우 중요하다. 연구들은 사적 언어를 광범위하게 사용하는 영유아들이 다른 영유아들에 비하여 더욱 효과적으로 복잡한 과제를 배울 수 있다고 보고하였다(Berk & Spuhl, 1995 ; Bivens & Berk, 1990).

2 근접발달지대

Vygotsky의 이론은 인지발달과 자신의 행동을 조절하기 위하여 사고를 이용하는 능력은 첫째로 문화적 의사소통체계를 완수하고, 그 후에 우리 자신의 사고과정을 조절하기 위하여 이러한 체계를 이용하도록 배워야 하는 것을 시사한다.

그는 학습은 영유아들이 근접발달지대(Zone of Proximal Development : ZPD) 내에서 활동할 때 발생되는 것이라고 믿었다. 근접발달지대 내에 있는 과제들은 영유아들이 아직 혼자서는 수행할 수 없는 것들이지만 또래나 성인들의 도움을 받으면 가능한 것이다. 즉, 근접발달지대는 영유아들이 아직은 학습하지 못한 것이지만 시간이 주어지면 학습이 가능한 것을 의미한다.

3 비계

Vygotsky의 사회학습에 관한 개념에서 도출된 주요 아이디어는 비계(Scaffolding)로서, 이는 또래나 성인에 의해 제공되는 조력을 말한다. 전형적으로 비계는 영유아에게 학습의 초기단계 동안에 많은 지원을 한 후 점차적으로 지원을 감소시켜 나가면서 영유아들이 스스로 학습이 가능해지면서 책임을 지게 하여 떠맡게 하는 것을 의미한다(Rosenshine & Meister, 1992). 예를 들어, 부모들은 그들이 자녀들에게 새로운 게임을 하거나 구두끈을 매도록 가르칠 경우에 비계를 사용한다(이경화 외 역, 2004).

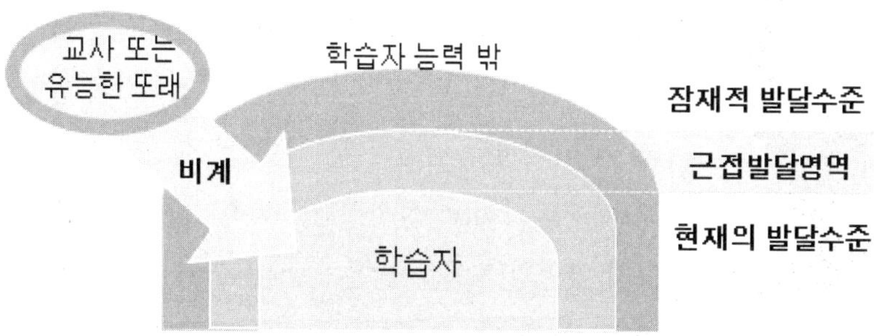

[그림 2-9] 비고츠키의 근접발달영역 및 비계설정

5. 인본주의적 접근

인본주의 또는 제 3세력은 인간 본성에 대해 '인간은 근본적으로 선하며 존경받을 만하고, 그들은 환경조건이 적절하다면 그들의 잠재능력을 실현해 나가려 한다'고 본다.

여기에서는 인본주의의 대표적인 학자인 Maslow와 Rogers 그리고 Murray의 생애와 그들의 이론에 관해 살펴보기로 한다.

1) Maslow(매슬로우)의 욕구위계론

개인의 독특성, 가치와 의미의 주요성 그리고 자기 지시와 개인적 성장에 대한 잠재력을 강조하는 Maslow 이론은 현대 사조에 중요한 영향을 미쳤다.

(1) Maslow의 생애

Abraham Maslow는 1908년 뉴욕에서 태어나 1970년 6월 8일 캘리포니아에서 심장마비로 별세하기까지 평생을 인간주의적 심리학을 위해 일했다. 그는 위스콘신 대학교에서 심리학을 전공하여 1934년에 박사학위를 취득했다.

1935년 그는 브룩클린 대학에서 교수직을 맡았으며, 여러 권의 저서를 남겼는데, 「존재의 심리학으로」(1962), 「종교, 가치, 그리고 절정경험」(1964), 「동기와 성격」(1970)과 그의 부인의 도움을 받은 「Abraham H. Maslow : 회고집」(1972) 등을 들 수 있다.

(2) 위계적 동기이론

1 생리적인 욕구(Physiological needs)

음식, 물, 공기, 수면 및 성(性)과 같은 명백한 욕구이며, 이들 욕구의 만족은 생존을 위해서 필수 불가결한 것이다. 그렇기 때문에 생리적인 욕구는 모든 욕구 중에서 가장 강력하다.

2 안전의 욕구(Safety needs)

우리의 생리적인 욕구가 잘 처리되고 나면 안전의 욕구에 의해 동기가 유발된다. 안전의 욕구에는 안전, 안정, 보호, 질서 및 불안과 공포로부터의 해방 등과 같은 욕구가 포함된다. 인간 대부분은 안전의 욕구를 위하여 모든 것을 희생하거나 포기하지는 않으나 안정과 안전이 전혀 없다면 우리는 불안함을 느끼게 된다.

3 사회적 욕구(소속과 애정의 욕구–Belonging and Love needs)

인간은 안전과 안정을 어느 정도 이룩했을 때 소속과 애정의 욕구를 만족시키고자 노력하게 된다. 어떤 커뮤니티에 가입하기도 하고, 사람들과 친밀함을 갖고 서로 보살피는 관계를 이룩함으로써 애정의 욕구를 만족시킨다.

4 자아존중감의 욕구(Self-esteem needs)

애정과 소속의 욕구를 충분히 만족시키게 되면 자아존중감을 필요로 하게 된다. 자아존중감은 '다른 사람들이 자기를 존중하게 여겨 주기 때문에 갖게 되는 가치존중'과 '스스로 자기를 존중하게 여기는 자기존중'이 있다. 전자는 다른 사람들이 우리를 훌륭하게 생각해 주지 않는다면 우리는 우리 자신을 훌륭한 사람이라고 생각하기 어려우므로 이는 일차적이다. 그리고 후자를 가질 때 우리는 자신에 대해 자신감과 안정감을 가지고 자신이 가치 있고 적절한 사람이라고 생각한다. 자아존중감을 가지고 있지 못할 때는 열등감을 느껴 용기를 잃고 삶을 엮어 나가는 데에 무력하게 된다.

5 **자아실현의 욕구**(Need for self-actualization)

인간은 지금까지 언급한 욕구들을 모두 만족시켰다면, 우리는 가장 높은 욕구인 자아실현의 욕구로 향하게 된다. 자아실현은 우리의 모든 능력을 최대한 계발하고 사용하는 것으로, 우리의 모든 소질과 재능의 발휘라고 정의할 수 있다. 인간은 자신이 지니고 있는 잠재력을 최대로 발휘하지 않으면 안 된다. 비록 낮은 수준의 욕구가 만족된다 하더라도 자아실현의 욕구를 만족시킬 수 있는 기회를 가지지 못한다면 좌절감과 불안감과 불만을 느끼게 될 것이다.

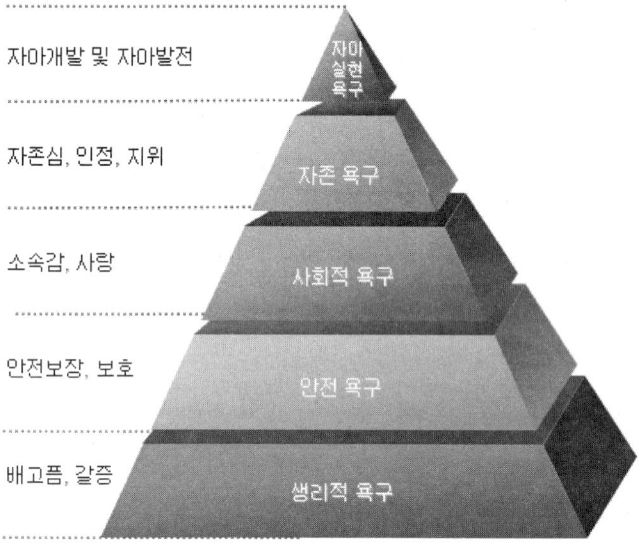

[그림 2-10] Maslow의 욕구위계

2) Rogers의 현상학적 이론

현상학은 개인의 주관적 경험, 감정 그리고 세계와 자기 자신에 대한 개인적 견해 및 사적 개념(Private concept)을 연구하는 영역이다. 현상학적 심리학은 주로 왜 우리 각자가 경험을 하고 그것을 세계와 연관시키는가를 밝히려 하는데, Carl Rogers는 현상학적 심리학의 대표적인 학자이다. 그는 사람이 어떻게 행동하는가는 그가 세계를 어떻게 지각하는가에 달려 있다고 생각한다(Jelle & Ziegler 저, 이훈구 역, 1996, p. 443).

(1) Rogers의 생애

Rogers, Carl R.(1902~1987)는 1902년 시카고의 교외에 있는 오크 파크에서 태어났다. Rogers의 아동기와 청소년기는 비교적 가족과 떨어져서 책을 좋아하는 고독하고, 학구적인 시절이었다.

뉴욕의 로체스터에서 아동상담소 연구원으로 취업을 하게 되었으며, 거기서 Freud의 정신분석 심리치료가 내담자들에게 부적합하다는 것을 발견하고, 자신의 독자적인 심리치료 방법을 구축해 나가기 시작했다.

(2) 현상학적 이론

Rogers는 인본주의적 심리학 입장에 따르고 있으며, 근본적으로 현상학적(Phenomenological)이기 때문에 그의 성격이론을 자기이론, 또는 현상학적 이론이라고 한다. 현상학적 심리학에서는 인간을 결정론적으로 파악하지 않는다. 개인이 자기 주변세계를 어떻게 지각하고 있으며, 환경적 자극을 스스로 어떻게 파악하며 어떤 느낌을 가지는가에 관심을 두고 성격발달을 이해하려는 입장을 취한다. 이 입장에서는 인간을 자신의 의지로 자기의 삶을 영위해 나가는 자기실현적 존재로 본다. 또한 성격의 핵심을 이루는 것은 '자기(self)'임을 주장한다. 자기, 즉 '나'는 주관적 경험의 자기이다. 자기가 누구인지 명확히 알고 자신감을 갖는다면 스스로 정서적인 문제를 극복할 수 있다.

현상학적 성격이론의 중요한 한 시사점은 인간행위의 최대한의 이해는 인간의 내적인 준거체계를 관찰함으로써 가능하다는 것이다. 인간의 생각하고 느끼고 행동하는 특정방법을 설명하기 위해서는 그가 세계를 어떻게 지각하고 해석하는

가를 알 필요가 있다. 이는 심리학 연구의 가장 중요한 목적이 개인의 주관적 경험이라는 것을 의미한다(이훈구, 1996).

(3) 인간본질에 대한 Rogers의 관점

Rogers는 인간의 본질은 매우 현실적이며 신뢰할 수 있는 것이라고 보았으며, 자기 지시적인 목적성을 가지고 발전과 향상을 지향하여 나아가는 선천적 경향성이 있다고 했다. 이와 같이 인간 본질을 긍정적으로 본 Rogers는 인생의 최고 동기로 자아실현 경향성을 들었다. 인간행동에 있어서 기본적인 일차 동기는 자신을 유지시키거나 실현하고, 보존하거나 개발하기 위해 인간의 모든 능력을 개발하는 것으로 유기체의 행동에 활력을 부여하고 방향을 정하게 한다. 그러므로 자아실형 경향이란 인간의 삶을 보다 풍요롭고 만족스럽게 해 주는 그 어떤 것을 성취하거나 달성하고자 하는 것으로 특징지을 수 있다.

자아(Self)는 Rogers의 이론에서 가장 중요한 구성개념이다. Rogers는 자아를 행위자로서의 나와 대상물로서의 나, 그리고 나와 다른 사람, 나와 세계와의 관계에 대한 일관성 있고 조직된 지각, 태도, 가치의 실체라고 정의했다. 그리고 자아개념(Self-concept)은 자기의 현재 모습에 대한 지각뿐만 아니라 자기가 되어야 한다고 또 되고자 생각하는 것까지도 포함한다. 이러한 자아 개념은 타인의 긍정적 관심이나 승인에 의해 강한 영향을 받기 때문에 다른 사람으로부터 가치 있는 사람으로 대우를 받고 인정을 받게 되면 보다 긍정적인 자아개념이 형성된다. 그러므로 이와 같은 관점에서 본다면 부모는 아동의 발달과정에 긍정적인 역할을 할 수 있다. 부모의 긍정적 관심을 받으면서 성장한 영유아들은 그들 자신의 욕구와 감정을 이해하고 수용할 수 있는 동시에 사랑하는 부모에 대한 애정의 표현으로서 그들 자신의 행동을 통제할 수 있다. 그 결과 영유아의 자아개념은 보다 바람직한 자기인식, 보다 더 큰 융통성 그리고 더 적은 갈등을 경험하면서 발달하게 된다(김정희 외, 1998).

제3장

태내발달과 환경

1. 생명의 시작
2. 태내 환경
3. 태내 이상
4. 태교

인간의 발달은 유전(Genetic)과 환경(Environment)의 상호작용으로 이루어진다. 즉, 생태적인 요인과 양육적인 요인이 발달에 영향을 주게 되며 이 두 요인이 모두 중요하게 작용한다고 생각한다. 그러므로 제3장에서는 인간의 성장과 발달에 영향을 주는 요인에 대하여 설명하고자 한다.

1. 생명의 시작

인간의 발달에 미치는 영향으로는 유전적인 것과 환경적인 것과의 상호작용을 들 수 있다. 따라서 발달 심리학자들은 유전적 · 환경적인 영향으로 인하여 아동이 변화되어 가는 것을 연구하여 결국 우리가 해야 할 일이 무엇인지를 시사하고 있다.

1) 유전

유전은 부모로부터 전달되어지는 물질로서 이 안에는 어떤 특성이나 기질이 들어 있게 되는데 이들은 23쌍의 염색체로 구성되어 있다. 그러나 부모로부터 받는 이 물질은 매우 강력한 힘이 있어 발달과정에 잠재적인 능력을 발휘하는 소질이 실린 유전인자이기도 하다. 환경 역시 인간형성에 막대한 영향을 주는 놀라운 힘이 있는데 환경에서 오는 생활수준과 자극, 그리고 부모의 양육태도에 의하여 발달의 유형이 결정되기도 한다.

유전인자는 부모로부터 자녀에게 전달되는 염색체로서 이 염색체 안에는 자녀의 기질 및 특성이 모두 들어 있게 된다. 이들 중 23번째 염색체는 남아, 여아인지를 결정하는 역할을 담당하는 성염색체(Sex chromosomes)이다. 염색체 안에는 한 세대에서 다음 세대로 이어지는 특유한 성격과 기질 등이 포함되며 같은 부모일지라도 외모와 기질이 다르게 태어나게 된다.

개인만이 지닌 특이한 유전인자 배열을 인자형(Genotype)이라고 하고 신체적 · 정서적인 특성을 지닌 유전인자를 표현형(Phenotype)이라고 한다. 이와 같이 유전인자는 대략 2,000계단의 DNA 구조를 가지고 있게 되며 이 계단에서 염기가 차지하는 위치에 따라 유전의 내용이 정해지게 되는 것이다.

DNA는 한 세대로부터 다음 세대로 이어질 소질이 실린 분자로서 2중 나선형 계단 같은 구조를 이루면서 염색체를 구성한다. [그림 3-1]에서 볼 수 있는 바와 같이 두 줄의 가닥에서 나오는 염기인 아데닌(Adenine)과 티민(Thymine), 구아닌(Guanine)과 시토신(Cytosine)은 서로 짝을 이루며 결합하여 계단을 이루고 있다.

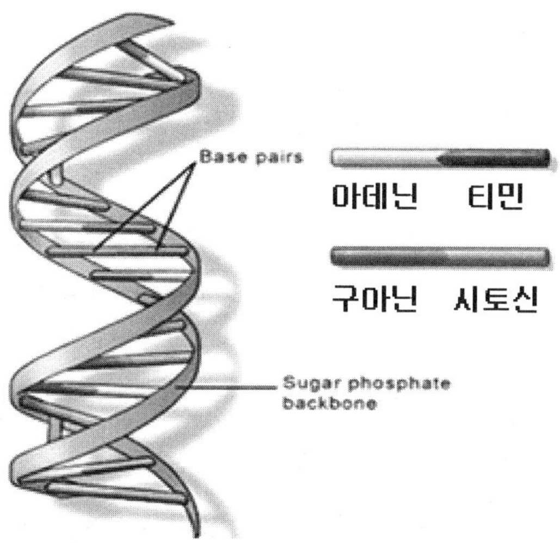

[그림 3-1] DNA의 구조

어머니의 성세포인 난자와 아버지의 성세포인 정자에 의하여 수정이 된다. 성세포가 성숙하면 23쌍의 염색체가 분열하는 과정이 시작된다. 이렇게 분열되는 과정에서 성숙된 세포가 형성되면 약 40,000에서 60,000개의 유전인자가 들어 있고 23개 염색체를 포함하게 된다.

염색체 중 23번째인 마지막 성염색체는 대략 8,000에서 12,000개의 유전인자가 들어 있는 것으로 보고되고 있다. 이 중에 어느 유전인자는 머리 색깔, 키, 얼굴 부위의 크기를 결정하기도 하고 어떤 인자는 지능, 예술적 능력, 기질과 같은 것을 결정한다. 이들 인자 중에는 각 세대마다 그 특질이 나타나는 우성인자가 있는가 하면 몇 세대를 거쳐서 나타나는 열성인자가 있기도 하다. 예를 들면, 눈 색깔은 우성인자에 의하여 만들어진다면 말더듬기와 같은 것은 열성인자에 의하여 만들어진다.

그러므로 임신하는 순간, 즉 여성세포가 남성세포에 의해 수정되는 그 시간은 인간에게 있어 가장 중요한 순간이 되는 것이다. 왜냐하면 한 번 결정된 23쌍 염색체를 더 첨가하거나 제거할 수 없기 때문이다.

2) 수정과 착상

인간의 생명은 남성의 정자와 여성의 난자가 만나면서 시작된다. 이 과정을 임신 또는 수정이라고 한다.

성숙한 여성에게는 약 28일마다 배란이 일어나며 두 개의 난소 중 한 개의 난포가 파열되면서 한 개의 난자를 만들어 낸다. 이 난자는 나팔관을 통하여 자궁으로 향하여 가게 된다.

수정이 되려면 약 23억 개의 정자 세포가 여성 몸 속으로 들어가야 한다. 이 중에 매우 활동적인 정자만이 나팔관까지 성공적으로 갈 수 있으며, 한 개의 정자 세포가 자궁에 가서 난자와 수정하면 새로운 생명이 창조되는 것이다. 정자는 24~48시간 정도 난자를 수정시킬 수 있게 된다. 그러므로 매 월경주기 동안에 임신이 될 수 있는 시간은 약 48시간이 된다(Patten, 1968).

정자의 크기는 난자의 약 40분의 1로서 현미경으로 볼 수 있으며 체내에서 가장 큰 세포이며 둥근 모양을 가진 것으로 직경은 0.14~0.2mm이므로 육안으로도 볼 수 있다고 한다. 정자는 23개의 염색체를 지니고 있으며 매우 활동적이어서 1회 사정 시에 나오는 정액 3.5ml 정도 안에는 1~5억 개의 정자가 들어 있다. 정자는 긴 꼬리를 지니고 있고 활동적이어서 여성의 질 내에 사출되면 꼬리운동을 하면서 자궁을 거쳐 나팔관까지 헤엄쳐서 간다. 수많은 정자 중에 제일 먼저 난자에 도달하면 그 중 하나가 난자막을 뚫고 들어가며 꼬리는 떨어져 없어지게 된다. 난자막을 뚫고 들어앉은 정자의 핵은 마치 긴 여행이라도 한 듯이 몇 시간 동안 난자의 핵 옆에 나란히 머무르다가 결합하여 단핵 수정란을 이루게 된다.

임신은 성교한 후 24시간 내에 이루어지며 이 때 성의 결정이 이루어진다. 여성의 난자는 X염색체만 가지고 있으며 남성의 정자는 XY 두 종류의 성염색체를 가지고 있다. 정자에 있는 23쌍의 염색체 중에서 22쌍은 같은 염색체이며 23번째 쌍은 다른 성염색체인 X와 Y로 짝지어지는 쌍이다. 이 때 어떤 수정란이던지 난자에서 온 X염색체는 항상 있게 하며 정자에서 오는 X 혹은 Y염색체가 있다. 만약 XX로 결합하면 여아가 되고 XY로 결합되면 남아가 되는 것이다. 성의 결정을 그림으로 설명하면 [그림 3-2]와 같다.

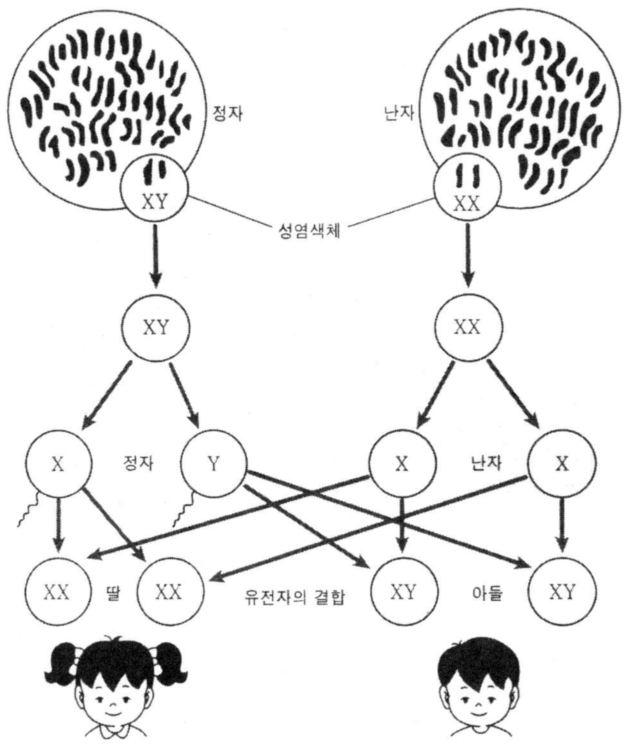

[그림 3-2] 성의 결정 과정

수정이란, 남성의 정자가 여성의 생식기에서 난자(Ovum)와 결합하는 순간에 새 생명이 시작되는 것을 의미한다. 이 때 어떤 정자가 어느 난자와 결합하느냐에 따라 앞으로 태어나는 생명의 성별, 모습, 질병 또 성격의 종류까지도 결정된다.

수정이 일어나면 정자는 여성의 자궁 속에서 24~48시간 동안 떠돌아다니다 자궁 속에 정착하게 된다. 이것을 착상이라고 한다.

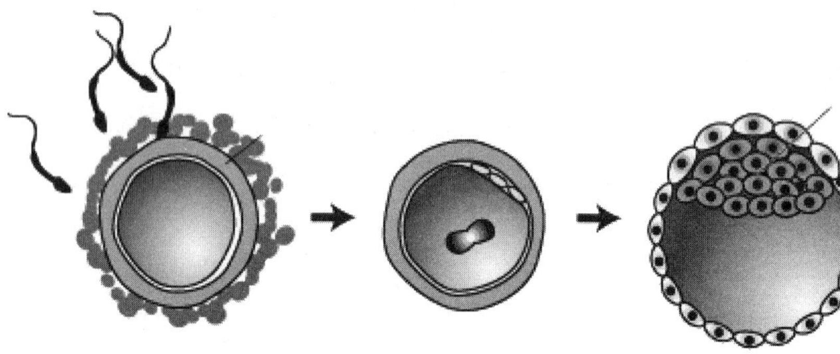

[그림 3-3] 정자와 난자가 수정되는 모습

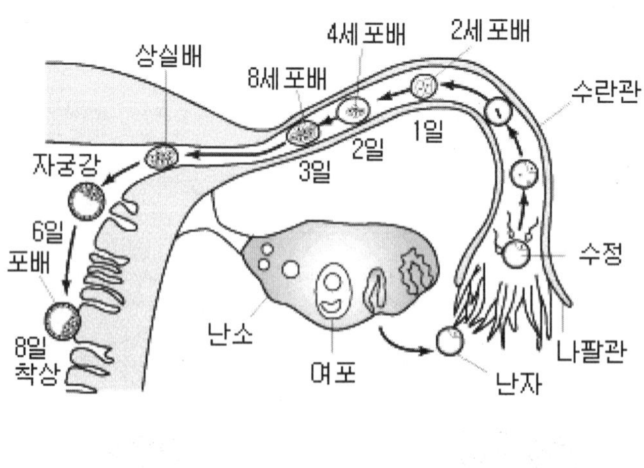

[그림 3-4] 수정 후 착상

3) 배아기(Embryonic period)

배아기는 수정란이 자궁벽에 착상한 후부터 8주까지의 발달과정을 말한다. 이 기간 동안에는 태아의 신체계통(호흡기, 소화기, 신경)과 각 기관의 발달이 가장 급속하게 이루어지는 시기이다. 그러므로 태내환경에 각별한 주의가 요구된다.

(1) 제1주

수정란은 자체 영양으로 분열을 시작하여 약 3일 후에는 32개의 세포를 갖게 되고 4일경에는 자궁 내에 진입하여 헤엄쳐 다니면서 분열을 계속한다.

(2) 제2~3주

임신 후 10~12일쯤 후에 자궁벽에 안정되게 연결한다. 산모는 월경을 멈춘지 1주일 이상이 되었고, 예비 엄마는 신체적인 변화를 느끼기 시작한다. 제2주째가 되면 심장이 생기기 시작하는데 3주 말에는 벌써 심장이 뛰게 되고 태아의 신경계가 발달하기 시작한다.

(3) 제4~5주

배아는 4주 때 7~8mm 자란다. 심장이 나타나고 귀의 모습도 볼 수 있다. 아주 작은 배아를 볼 수 있도록 융모막과 난황막이 열려 있다. 배아 머리 쪽 끝에는 장과 눈이 될 부위가 위치하게 된다. 몸체의 옆을 따라 왼쪽 팔돌기와 다리돌기를 볼 수 있다. 예비 엄마는 임신반응 검사, 즉 소변검사를 통해서 임신을 알아낼 수 있으며, HCG(인체 융모성 성선자극 호르몬)는 소변검사를 통해 확인할 수 있다. 제5주가 되면 얼굴, 몸통, 사지가 자라게 되며 신경관의 앞쪽 끝은 뇌로 발달한다.

(4) 제6주

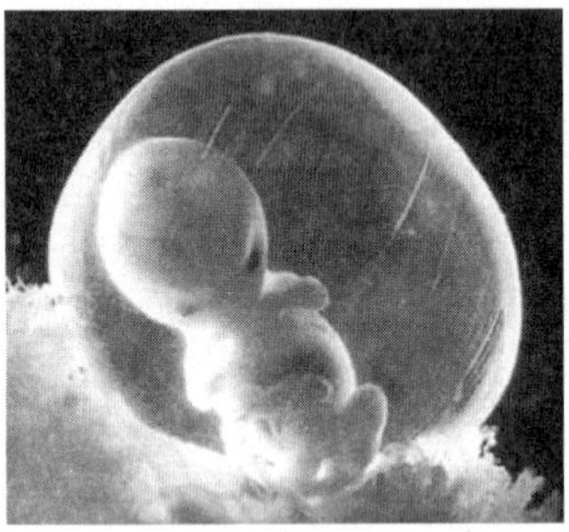

배아는 1.5cm이며, 손에서는 손가락이 나오고 있지만 팔이 너무 짧아서 서로 맞댈 수는 없다. 두 손 사이로 가로막을 사이에 두고 떨어져 있는 심장과 간이 보인다. 발달하고 있는 대뇌 반구가 이마의 피부를 통해 어렴풋이 보인다. 임신부는 이 때 월경을 거른 지 4주가 된다. 7주가 되면 배아는 2cm로 크게 된다.

4) 태아기(Fetal period)

태아기는 임신 8주부터 출산 전까지를 말한다. 이 시기는 새로운 기관의 형성보다는 성장이 가속화되는 시기이다.

(1) 제8주

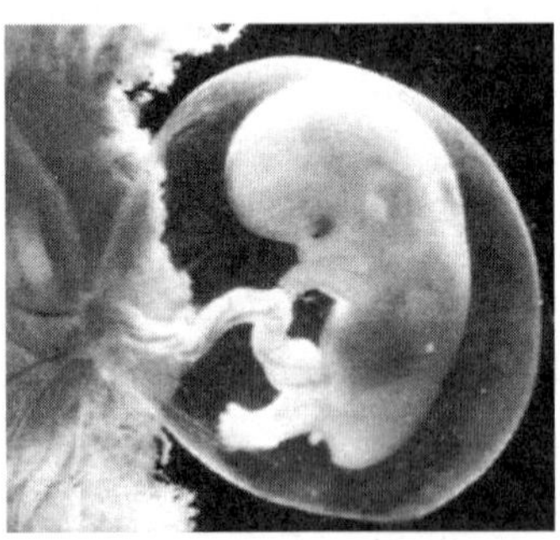

제8주(2개월)가 되면 배아는 이제 더 이상 배아가 아닌 태아(Fetus)가 된다. 또한 태아는 4cm가 된다. 태아기는 성인에게서 발견될 수 있는 성숙되고 세부적인 몸의 부분이 완성되는 시기이다. 심장은 한 달 전부터 고동치고 근육은 이제 막 첫 운동을 시작한다. 산모는 월경을 두 번 거른 이 때 사전진찰을 위해 의사를 찾아야 한다.

(2) 제3개월

태아는 이제 모습을 제대로 갖추고 있다. 배내털이 나기 시작한다. 태반은 자궁이 아기를 잘 보호하고 기를 수 있게 하는데 필요한 모든 호르몬을 만들어 낸다. 항체는 그 역할을 다했으며 이제부터는 태아가 자기 스스로 자신을 돌보게 된다.

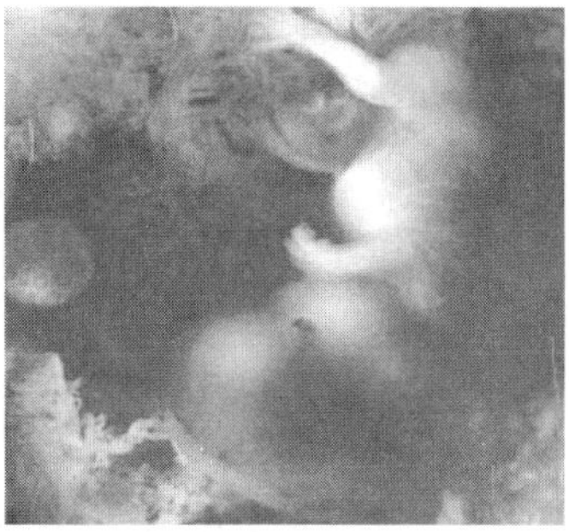

이 때 태아의 몸무게가 28.4g, 약 10cm의 크기이다. 혈액순환이 가능해진다. 손톱, 발톱, 머리카락, 눈썹, 속눈썹이 나타나며 청진기로 심장소리를 들을 수 있다. 하지만 태아가 아직 완벽하게 착상한 상태가 아니므로 항상 유산의 가능성을 배제하지 않고 조심해야 한다.

(3) 제4개월

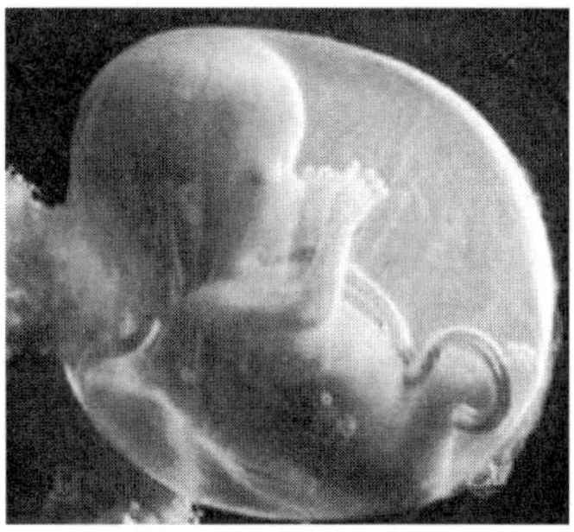

태아는 이미 만삭아의 기관 구성과 거의 같아져 있다. 머리는 다리를 뻗어 잰 몸길이의 1/3쯤이 된다. 갈비뼈가 분명하게 보이고 뼈 생성의 연골 시기에서 뼈 조직이 처음 나타난다. 또 태아는 이 시기에 상당히 잘 듣는다는 연구도 있다. 실뿌리 같이 풍부한 망을 이룬 태반이 마치 화환처럼 태아를 둘러싸고 있다. 이 때 엄지손가락이 입 근처에 갔을 때 입술과 혀가 빠는 동작을 시작한다. 생존을 위한 반사작용이다. 몸무게는 100g 정도이고 키는 약 13~17cm 정도이고 엄마가 태동을 느낄 수 있다.

(4) 제5개월

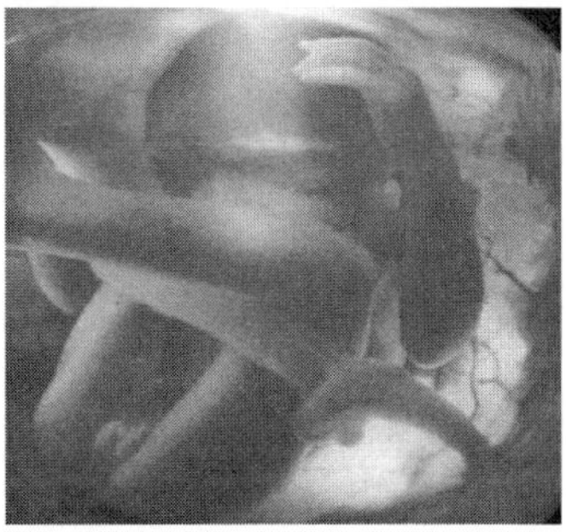

태아의 몸무게는 약 340g 내지 453g 정도이고 신장은 약 30.5cm 정도이며, 태아는 분명한 잠자고 깨기 습관이 있으며, 자궁 내에서 좋아하는 자세가 있고, 차기, 뻗기, 꿈틀거리기를 하며 딸꾹질도 한다. 팔다리의 운동이 활발해지며, 또렷하게 태동을 느낄 수 있으며 눈썹과 속눈썹이 자라기 시작하고 머리에는 가는 머리카락이 자란다. 이 시기에 태아는 음감을 느끼기 시작하므로 산모는 조용한 음악을 듣거나 태담을 통해 태아와 감정을 교류하는 것이 좋다.

(5) 제6개월

태아의 성장속도가 조금 늦어지며, 크기는 약 35.6cm이고, 무게는 567g 정도 된다. 피부 아래 지방질이 쌓이기 시작하고, 눈은 감고, 뜨고 모든 방향을 쳐다볼 수 있을 만큼 완전하다. 하루 24시간 동안 규칙적인 호흡을 유지할 수 있으며, 울기도 하고 강하게 손바닥을 꽉 쥘 수 있다.

(6) 제7개월

40.6cm 키에 1.4kg~2.3kg 몸무게를 가진 태아는 반사유형을 완전하게 발달시킨다. 태아는 울고, 숨쉬고, 들이마시고, 엄지손가락을 빨 수도 있다. 몸에 덮인 솜털이 없어지는 경우도 있고, 출생 직후까지 남아 있을 수도 있다. 머리카락은 계속해서 자란다. 적어도 1.7kg되는 신생아는 특수한 의학적인 보호를 받는다면 생존할 가능성이 상당히 높다. 물론 몸무게가 2.3kg 정도 될 때까지는 인큐베이터 안에 있어야 한다.

(7) 제8개월

45.7cm에서 50.8cm의 태아는 몸무게가 2.3kg에서 3.2kg 사이이고, 생활반경에 비해 훨씬 커진다. 제한된 환경 때문에 동작은 줄어든다. 이 시기와 다음 한 달 동안은 지방층이 태아 몸 전체에 발달하여서 자궁 밖의 변화하는 온도에 적응할 수 있게 된다.

(8) 제9개월

출생 약 1주일 전, 아기의 평균 몸무게는 3.2kg, 신장은 약 50.8cm에 도달하며 성장은 중단한다. 손톱이 길게 자라고, 지방층의 형성은 계속되고, 심장 속도가 빨라지고, 피부에 솜털이 덮이고, 노폐물이 더 많이 배출된다.

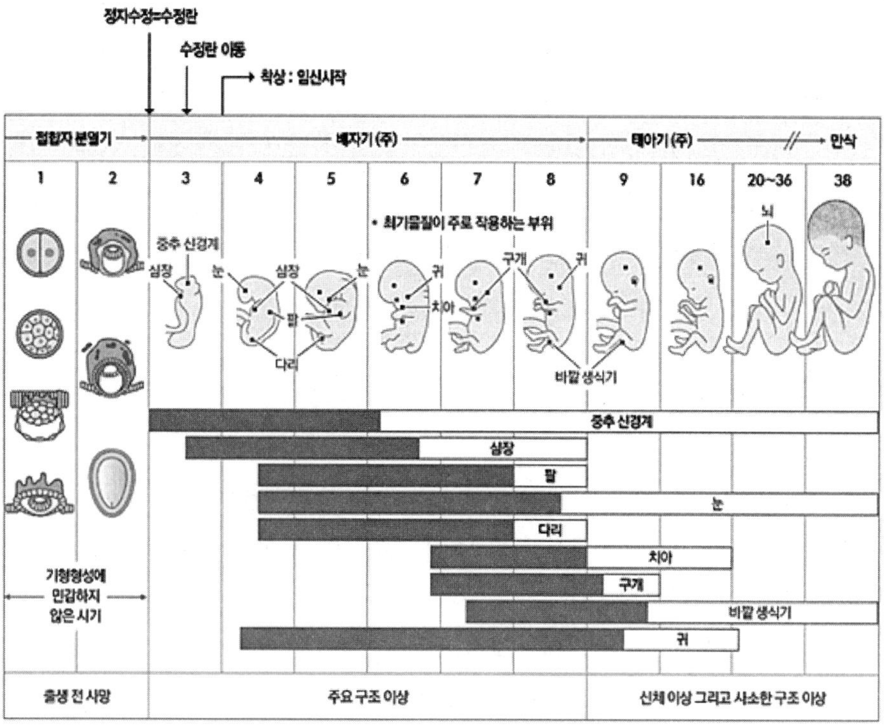

[그림 3-5] 태아의 주수별 발달과정

출처: 서울대학병원

5) 유산

임신부가 임신초기에 이상이 있다고 느낄 때에는 즉시 병원에 찾아가 전문의사의 조언과 정밀검사를 받는 것이 필요하다. 병원에서는 자세한 자료보관을 위하여 임신부가 자연유산인지 인공유산인지를 알아보고 임산부의 병력, 증상, 자녀의 수 등을 의사나 간호사에 의해 기록하게 된다. 유산이 임신 2개월이나 3개월쯤에 일어난다면 그것은 태아의 조기 형성에 이상이 있다고 할 수 있으므로 다음의 경우를 생각하여 예방하여야 할 것이다.

(1) 자연유산

특히 자연유산인 경우에는 다음의 사항들을 고려하여야 할 것이다.

첫째, 임신 후 첫 3개월 동안에 주로 발생하게 되므로 각별한 주의가 필요하다. 둘째, 심장, 간, 신장태동의 질환을 앓은 경우이며 셋째, 결핵을 앓고 있는 경우 또는 결핵에 경험이 있었다면 전문의에게 상담이 필요하다. 넷째, 임질, 매독과 같은 성병으로 인한 질병과 AIDS와 같은 바이러스로 인한 경우에도 자연유산의 요인이 되며, 다섯째로 당뇨병이 심한 경우에 자연유산이 유발할 수 있다. 그리고 유전적인 요인도 있을 수 있다.

(2) 유산과 조산의 징후

유산이란 아기가 충분히 자라기 전에 자궁에서 흘러나와 버리는 것을 말한다. 유산이 되기 쉬운 시기는 임신 4주까지가 10%, 4~8주까지가 40%, 8~12주까지가 35%, 12주 이후가 15%이다.

유산의 원인은 두 가지로 생각해 볼 수 있는데, 태아 쪽에 원인이 있는 경우와 모체 쪽에 원인이 있는 경우가 그것이다. 일반적으로 임신 초기에는 태아에게 원인이 있는 유산이 많다. 수정란에 이상이 있거나 심한 장애가 있을 경우 유산이라는 형태로 자연 도태되어 버리기 때문이다.

이에 반해 태반이 생기고 임신이 안정된 이후의 유산은 모체에 원인이 있는 경우가 많은데, 자궁이나 태반의 이상, 산모의 과로나 정신적 쇼크, 복부를 세게 부딪치거나 압박받았을 때 등이다. 유산할 때는 자궁이 수축하기 때문에 하복부가 팽팽해지고 아프며, 태반이 벗겨져서 떨어져 나가기 때문에 출혈을 동반한다. 태아가 죽은 채로 자궁 안에 머물러 있는 계류유산일 경우 심장박동 소리가 들리지 않을 때 의심해 볼 수 있다. 계류유산을 제외한 나머지는 경우에 따라 발견 초기에 적당한 처치를 하면 유산을 막을 수 있다.

표 3-1 **유산의 종류**

유산의 종류	정의	원인
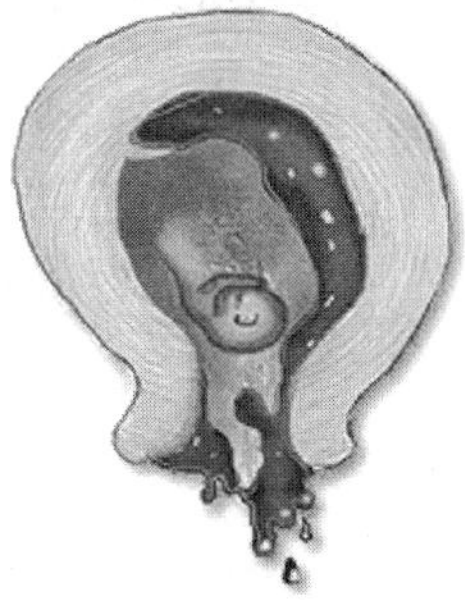 습관성 유산	3회 이상 지속되는 자연유산	부모의 염색체 이상
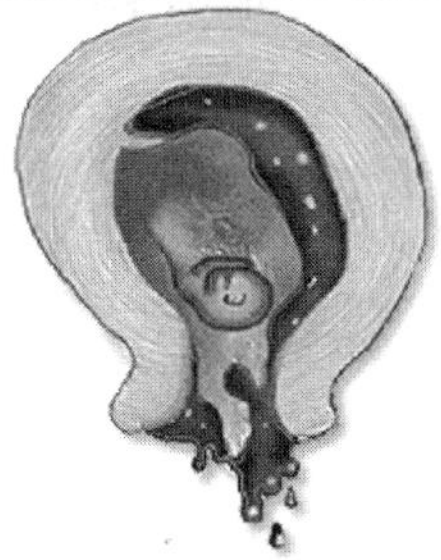 자연유산	임신 24주 미만에 발생한 분만	절박 유산 경관무력증에 의한 유산 습관성 유산
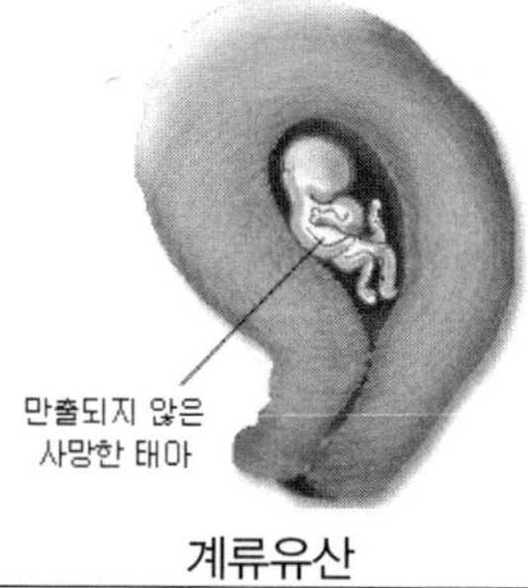 계류유산	임신 전반기 동안 사망한 태아가 만출되지 않고 자궁 내에 남게 된 유산	많은 경우에 산모는 무월경 이외의 증상이 없음. 결국 대부분 자연적으로 만출됨

출처: 한양대학교 국제병원

정상적인 분만(임신 37~42주)과는 달리 임신 22주부터 36주 사이에 조기 분만하는 경우를 조산이라고 한다. 조산아는 정상적으로 분만한 신생아와는 달리 체중이 2,500g 이하이며 신체의 모든 기능이 미숙하여 인큐베이터에서 키우게 된다.

조산아는 출생 시 뇌, 폐, 소화기관 등 모든 신체 장기가 미숙하여 각종 질병에 걸릴 확률이 높기 때문에 인큐베이터나 인공호흡기로 치료를 받아야 하는 경우가 많다. 폐의 미성숙에 의한 인공호흡기의 장기치료나 유리 질막증이 발생할 수 있으며 뇌출혈, 장 괴사, 미숙아 망막증도 발생할 수 있다.

조산의 원인은 태아 쪽에 있는 경우와 모체 쪽에 있는 경우가 있는데 태아 쪽 원인으로는 다태아, 둔위분만(분만 시 태아의 머리보다 엉덩이 쪽이 먼저 나오는 분만) 등을 들 수 있다. 모체 쪽의 원인으로는 자궁경관무력증, 양수과다증, 전치태반 등 커진 아기를 지탱할 수 없는 경우와 임신중독증 같은 병이 있는 경우를 생각해 볼 수 있다.

조산의 징후는 반복해서 일어나는 복통과 복부팽창(한 시간에 3회 이상 자숭 수축이 있고 2시간 동안 지속될 때, 하루에 10번 이상 자궁 수축이 있을 때), 그리고 출혈 등을 들 수 있다. 예정일이 되려면 아직 한 달 정도 남았는데도 이러한 증세가 나타나면 조산을 의심하고 곧바로 병원에 입원해야 한다.

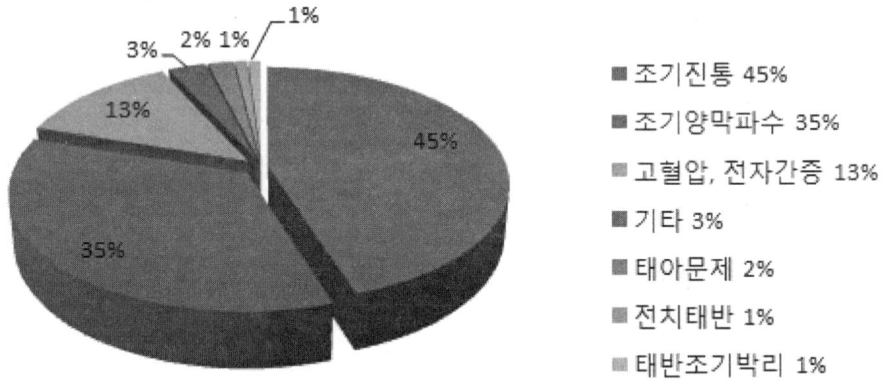

[그림 3-6] 조산의 원인

유산의 원인을 자세히 알아보기 위하여 검사를 받는 것이 중요하며, 그 검사의 종류는 다음과 같다.

[1] **양수 검사**(Amniocentesis)

이 검사는 자궁 내의 양수 주머니에 주사바늘을 삽입하여 양수를 채취하여 태아가 가지고 있는 결함여부를 밝혀낼 수 있다. 임신 14~16주가 되어야 양수 채취가 가능하며 임산부가 적어도 35세 이상일 때 권고된다. Rh-병, 다운증후군, Tay-saches병, 혈구빈혈증, 이분척추(Spina bifida), 근육 장애와 같은 여러 형태의 가족내력을 갖고 있는 여성에 도움을 주고 있다.

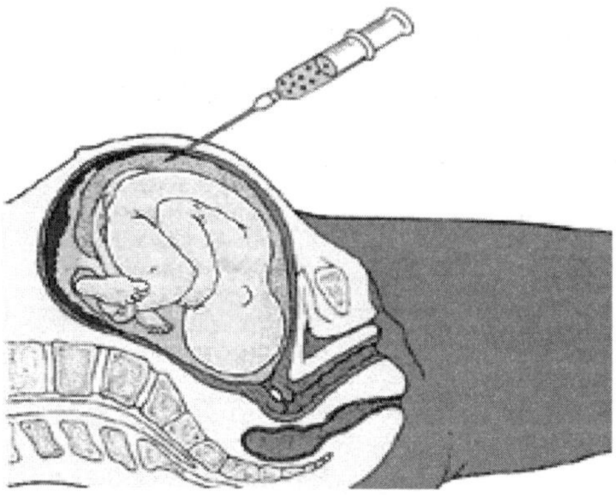

[그림 3-7] 양수 검사

[2] **혈액 검사**

이 검사는 임신 14주~20주 사이에 있는 산모의 혈액 속에 Alpha affetoprotein(AFP)이 얼마나 함유하고 있는지를 조사하는 것으로 신경관에 결함을 가진 아기를 낳을 위험이 있다고 간주되는 여성에게만 사용한다. 이 신경관 결함은 이분척추(Spina bifida), 무뇌증(Anencephaly)과 같은 뇌와 척추의 형성에 주요한 구조적 결함이 있다.

[3] **초음파 검사**(Ultrasound)

이는 임부의 복부에 고빈도 음파를 투사해서 자궁, 태아, 태반과 같은 태내구조의 시각적 반향(Echo-visual) 사진을 찍는 것이다. 이 검사로 태아의 머리 크기, 태반의 위치, 쌍생아, 복수출산, 태아 구조, 탯줄의 위치를 알아냄으로써 양수검사를 더 수월하게 하며, 출산을 어렵게 만들지도 모르는 자궁의 결함을 검토하고, 태아의 자궁 내 사망 여부를 찾아낸다.

4 태아경 검사(Fetoscopy)

초음파로 자궁 속에 작은 망원경을 넣어 자궁을 살피고 태아의 외형을 탐지할 수 있다. 무뇌증, 이분척추, 전치태반과 같은 이상상태의 탐지를 가능하게 해 준다. 또한 작은 바늘을 사용하여 태아의 혈액표본을 뽑아낼 수 있도록 함으로써, 혈구빈혈증, 혈우병, 근육장애, 그리고 소아혹내장성 지진아병의 진단도 가능케 해 준다. 그러나 이 검사는 양수 검사보다 태아에게 미치는 부정적인 영양이 많으므로 조심스럽게 사용해야 한다.

5 전자 태아 감지장치(Electronic fetal monitoring)

진통과 분만 동안에 태아의 심장 고동을 감지하는 장치이다. 미숙아나 저체중아 출산시 위험이 있는 고령의 임산부에게 이 장치를 권장하고 있다. 임신 후기의 유산에 대해서는 단순한 원인이 발견될 때도 있다. 이런 경우에는 다시 임신하게 될 때 그 원인을 막거나 교정할 수 있다.

6 융모막 채취법(Chorionic villus sampling)

한 개 이상의 융모 끝으로부터 조직을 떼어 내어 여러 가지 이상이 있는지 검사한다. 태아세포를 얻는 이 새로운 방법은 양수 검사에 대신할 수 있는 중요한 방법이 되고 있다. 융모막 채취법은 양수 검사보다 더 초기에 실시할 수 있으며(임신 2개월 내), 결과를 빨리 알 수 있다(1주일 이내).

2. 태내 환경

태아는 태내기 동안 자궁 안에서 양막과 양수로 보호받으면서 발달하게 된다. 태아는 외부에서 발생되는 자극을 모태를 통하여 전달받기 때문에 직접적인 압력은 그리 심하지 않다. 그러나 태아는 아주 미숙한 상태여서 아주 작은 자극이라도 쉽게 해로운 결과를 초래할 수도 있다. 특히 형체가 형성되는 3개월 정도에는 조그만 변화에도 치명적일 수 있으므로 주의를 게으르게 하면 안 된다. 태아 발달에 영향을 주는 태내환경 요인으로는 영양, 약물 및 모체의 질병, 연령, 정서 상태를 들 수 있다. 이 중에서 모체의 영양, 치과치료, 흡연, 음주, 임신중독증, 약물복용 등에 대하여 살펴보고자 한다.

1) 모체의 영양

모체는 태아의 정상적인 성장을 위하여 다양한 영양분을 섭취하여야 한다. 자궁과 태반 등의 발육을 위해서는 양적인 것보다는 질적으로 좋은 영양분을 섭취하는 것이 중요하다. 임신 중에 만약 단백질, 비타민, 무기질이 결핍된다면 태아의 발육에 저해를 가져오게 된다.

임신부의 심한 영양결핍과 환경이 열악하거나 경제적인 빈곤이 극심한 나라의 임산부들은 출산율이 현저하게 감소된다고 보고하였다. 이러한 임신부의 불충분한 영양섭취는 유산, 사산, 조산 등의 원인이 된다고 한다. 특히 사회 경제적으로 빈곤한 가정 또는 영양상태가 매우 낮은 임산부에게서 태어난 아기는 출생 후에도 태내기의 부족한 영양공급으로 인하여 두뇌 성장의 속도에 이상이 있음을 발견하였다.

영아의 두뇌 발달은 태내기에서 가장 급속하게 이루어지므로 임신부의 영양섭취는 유아의 지적 발달과 밀접한 관계가 있다고 할 수 있다. 아기의 두뇌 크기는 80% 이상이 3세 이전에 완성되므로 태내에서 제공하는 풍부한 영양공급은 유아의 인지발달에 있어서 결정적인 영향을 미치게 된다. 그러므로 임신 중에 영양결핍은 아기에게 치명적인 행동장애를 가져올 수 있으며 출생 후의 영양보충은 크게 도움이 되지 않는다고 하였다(Simonson, 1971). 따라서 임신 후에는 질적으로 균형 있는 영양식이 필요하며 임신 후기에는 양적이나 질적으로 많은 영양분을 섭취하는 것이 매우 중요하다. 만약 충분한 단백질, 칼슘, 섭취를 해 주지 못하면 태아는 모체로부터 필요한 만큼의 영양소를 빼앗아 대체하기도 한다. 이 시기의 모체는 비타민, 무기질의 공급이 원활해야 출산 후에 질병에 저항할 능력이 생기게 된다(Kline, 1975). 임신 중에는 칼로리와 모든 영양소의 증가가 필연적으로 요구되며 특히 단백질과 철분의 섭취는 비임산부보다 약 2배 가량이 요구된다.

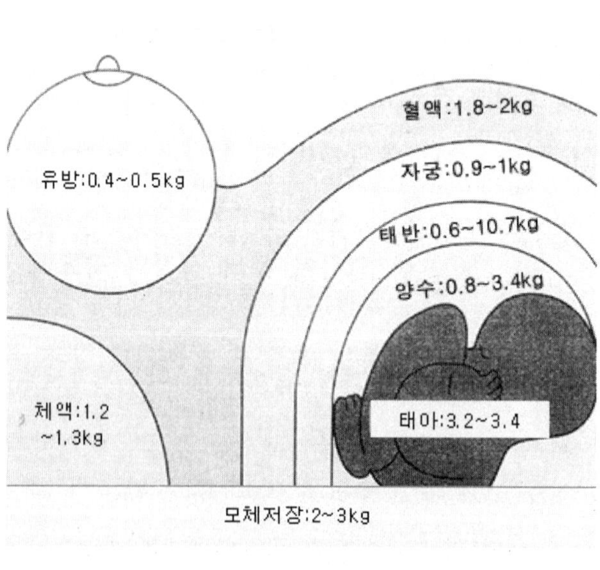

[그림 3-8] 임신 중 체중의 증가

2) 흡연

임신부의 흡연은 다른 건강상의 문제와 관련되어 있다. 흡연한 후 평균 90분 동안 태아의 심장박동이 빨라지고 호흡이 늦어졌는데 이는 니코틴이 어머니와 아기 체내에 함께 들어왔기 때문이라고 하였다(Manning & Feyerbend, 1976). 흡연과 알코올은 서로 상호작용하는 관계이므로 흡연과 음주를 한 어머니에게서 태어난 신생아는 초기학습에 대한 검사에서 좋지 않은 수행능력이 나타났다(Martini et al., 1971). 비흡연 임신부보다 흡연 임신부의 아기의 몸무게가 약 200g이 적었다. 이것은 임부의 흡연으로 태반의 혈관을 수축시켜 태아에게 산소공급을 적게 해서 성장률을 저하시킨다. 또한 영아 사망률도 약 35%가 높은 것으로 나타났다.

간접흡연 역시 위험한데 간접흡연에 노출된 임신부는 그렇지 않은 임신부에 비해 1.67배나 유산 확률이 높아진다는 연구결과가 있다. 그러므로 임신부와 태아의 건강을 위해 가족은 물론 사회 전체가 임신부를 간접흡연으로부터 보호해야 한다.

[그림 3-9] 임신부의 흡연의 위험성을 알리는 포스터

3) 음주

술은 빠른 속도로 태반에 침투하여 장시간 영향을 미친다. 최근 음주연구에서 나타난 결과에서는 아주 적은 양의 술이나 포도주라도 해로운 영향을 끼칠 수 있다고 지적하고 있다. 하루에 1~3잔 정도의 술을 마셨던 여성은 전혀 음주하지 않은 여성보다 유산할 위험이 더 높았다.

유산한 여성의 17%가 1주에 두 번 또는 그 이상의 음주를 한 반면, 음주하지 않은 집단에서는 8.1%만이 태아를 잃었다. 임신부는 과다한 음주를 피해야 하며 그 이유로는 높은 혈액 알코올 농도가 임신 3개월 동안에 기형을 초래하게 하며 그 다음 몇 개월 동안은 태아의 발달지체의 원인이 되기 때문이다. 특히 생각 없이 마시는 콜라, 커피 등과 같은 음료수에 있는 카페인은 아이에게 문제를 일으키는 요인이므로 임신부는 카페인이 들어 있는 음식과 약품을 피해야 한다.

또한 태아알코올 증후군으로 태어난 영아는 성장발육 부진, 정신장애, 안구, 코, 심장, 중추신경계에 이상을 보일 수 있다. 태아알코올 증후군 아이에게 전형적으로 관찰되는 안면미세기형으로는 눈구석에 주름이 있고 코의 뿌리가 편평하며 코가 짧고 들창코이다. 그리고 윗입술은 얇다.

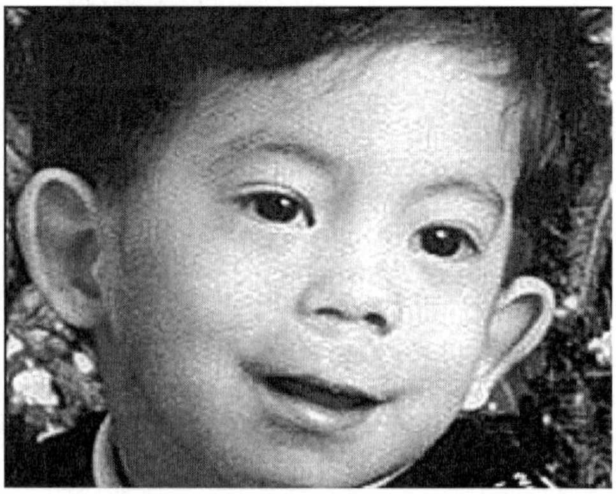

[그림 3-10] 태아알코올 증후군 영아의 특징적 얼굴

4) 임신중독증

임신중독증은 임신 중에만 일어나는 질환으로서 몇 가지 증상이 있다. 손, 발과 얼굴이 붓고 체중이 증가하며, 소변에 단백이 나오고 혈압이 올라가게 된다. 이런 증상은 위험 신호이므로 이러한 증세가 나타나면 즉시 병원에 가야 한다.

때에 따라 경련발작도 일어나기도 하는데 병명은 자간증이라고 한다. 이런 증세에는 휴식과 영양을 충분히 취하고 소금섭취를 제한하면 크게 도움이 된다. 질병의 증세가 악화되면 병원에 입원하거나 조기에 분만을 시켜야 한다.

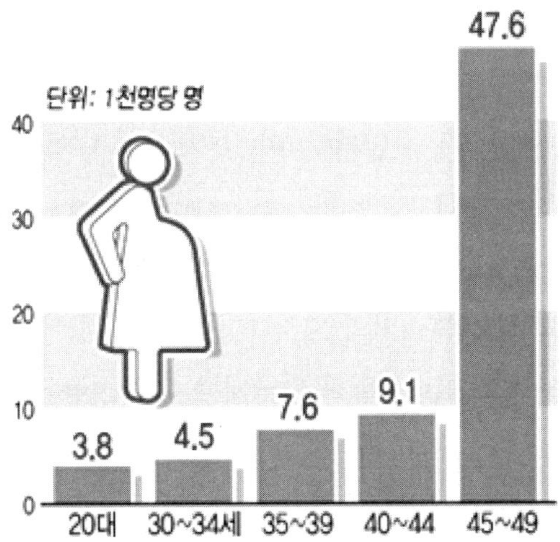

[그림 3-11] 연령별 임신중독증 발생현황(2006~2011).
출처: 국민건강보험공단

5) 약물복용

어머니가 임신 중에 복용한 약물이 태아에 미치는 영향은 얼마나 치명적인지는 많은 의학적인 연구에 의하여 증명되었다. 약물은 임신 초기에 복용하게 되면 가장 강력한 피해를 입게 된다. 어머니의 약물복용이 태아에게 영향을 미치는 세 가지 형태는 다음과 같다. 첫째, 약물이 변화하지 않고 그대로 태반을 지나서 어머니와 같이 태아에게 영향을 미치는 경우다. 둘째는 약물이 모체, 태반, 또는 태아에게 있어서 약물대사 작용을 일으키는 결과가 된다. 예를 들면, 합성 성스테로이드(Sex steroids) 섭취를 할 경우에 태아를 남성화시키는 것이다. 셋째, 약물이 어머니의 생리를 바꾸어 자궁의 환경변화를 일으키는 경우가 된다. 예를 들면, 임신부에게 마취를 시키면 약물이 어머니의 혈압을 낮추고 따라서 영아에게 주는 산소공급을 감소시키는 경우다(Bowes, 1970).

이 밖에 어머니가 진통제를 복용하거나 과다한 아스피린의 복용은 위험할 수 있으므로 각별한 주의를 해야 한다. 미국의 연구보고에 따르면 임신된 지 3개월 동안 자기진단에 의한 편두통으로 아스피린을 하루에 10~15알 복용한 임신부가 아기를 출산했을 때 여러 가지로 심한 기형아를 낳았다고 하였다(Benawra, Mangurten & Duffel, 1980).

1950년 말과 1960년대에는 탈리도마이드(Thalidomide)의 사건이 일어났는데 이는 의약품의 부작용에 대한 가장 비극적인 사례로 기록되었다. 탈리도마이드는 1950년대 후반부터 1960년대까지 임산부들의 입덧 방지용으로 판매된 약이다. 각종 동물 실험에서 부작용이 거의 드러나지 않았기 때문에 '부작용 없는 기적의 약'으로 선전되었다. 처음에는 독일과 영국에서 주로 사용하다가 곧 50여 개 나라에서 사용하기 시작했다. 그러나 1960년부터 1961년 사이에 이 약을 복용한 임산부들이 기형아를 출산하면서, 위험성이 드러나 판매가 중지되었다. 탈리도마이드에 의한 부작용으로 팔과 다리가 없거나 손이나 발이 몸통에 붙어 있는 기형아가 잇달아 출생했다. 즉, 임신 후 42일 이전에 이 약을 복용하면 100%로 팔, 다리가 없든지, 팔, 다리가 있어도 매우 짧고 손발가락이 모두 없거나 소실된 기형아를 출산하게 되었다.

그러나 모든 약이 위험한 것이 아니므로 병을 치료할 수 있는 방법을 의학적이고 과학적인 방법으로 찾아야 할 것이다. 예를 들어, 아버지가 철분, 비타민, 갑상선 호르몬 같은 치료는 가족의 건강을 위해서나 태아를 위해서 필요하나 의사의 전문적인 의견을 가지고 복용해야 할 것이다.

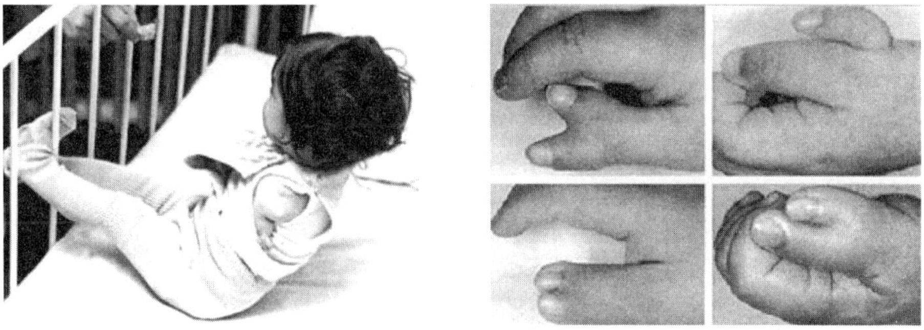

[그림 3-12] 탈리도마이드로 인한 기형

3. 태내 이상

1) 기형아

기형아는 염색체의 형성과정에서 이상(Abnormalities)이 생길 때 아기에게 심각한 발달장애가 생길 수 있게 된다. 즉, 일부 염색체의 결함으로 출생 후에 성장하면서 발달에 지체를 가져올 수 있는 요소가 되는 것이다. 따라서 이중 일부 염색체의 결함은 유전이 되는 반면, 개인의 유기체가 발달하는 동안에 일어나는 사고는 염색체 결함이 다음 세대에 유발되지 않게 된다.

색맹은 성과 결탁된 유전요소이다. 즉, 색맹은 X염색체를 통하여만 유전된다. 부모의 비정상적인 염색체의 특질이 우성 유전자에 의해 전달될 때 생기는 예로서, 부모 중 한 명인 어머니의 정상적인 유전인자(열성) 하나와 비정상적인 유전인자(우성) 하나를 가지고 있고 아버지가 정상 유전인자를 가지고 있을 때 자녀들은 각기 어머니로부터 비정상적인 유전인자를 받을 확률이 50대 50이 된다. 이 때 비정상 유전인자를 받은 사람은 여러 가지의 결함을 갖게 된다.

성염색체의 이상으로 생기는 혈우병과 색맹은 흔히 발견되는 유전병이다. 적색,

녹색 색맹은 열성 유전자에 의해 유전될 수 있다고 알려진 약 150가지 사항 중의 하나이다. 어머니는 영향을 받지 않았으나 그 어머니의 X염색체에 전달된 성과 관련 있는 열성 특질들은 거의 항상 아들에게만 나타난다.

(1) 유전인자의 이상

1 페닐케토뉴리아(Phenylketonuria)

일반적으로 발생하는 빈도는 약 40,000명 중에 1명꼴로 매우 낮지만 극심한 결함을 가져오는 유전병이라고 할 수 있다. 이 병은 부모 양쪽이 발병자 혹은 보균자일 때 발병하게 된다. 이에 나타나는 특징은 세포 내에 일정한 속도를 만드는 힘이 없어 페닐알라닌(Phenylalanine)을 티로신(Tyrosine)으로 산화시키지 못하기 때문에 생기는 병으로, 결과적으로 부산물이 뇌세포를 손상시켜 정신박약을 심하게 초래하게 된다.

2 적혈구성 빈혈(Sickle-cell anemia)

적혈구성 빈혈은 주로 아프리카인들에게서 발견되는 유전병이다. 일반적으로 적혈구는 원반모양이지만 적혈구성 빈혈의 경우 그 모양이 낫(Sickle)과 비슷하여 이름이 부쳐진 것이다. 낫 모양과 비슷한 이유는 적혈구 속의 비정상적인 헤모글로빈이 적혈구의 모양을 변형시킨 것이다. 이 모양의 적혈구는 정상의 적혈구보다 수명이 짧기 때문에 적혈구의 수가 모자라 빈혈의 원인이 되고 신체로 산소를 운반하지 못하기 때문에 목숨을 잃는다. 적혈구성 빈혈이 있는 경우 영유아기에 심장병이나 신장병으로 사망하게게 되고 폐렴이나 호흡기 질환에 걸리기 쉽다.

3 테이샥스병(Tay-sachs Disease)

테이샥스병은 강글리오시드(Ganglioside: 주로 신경절에서 볼 수 있는 당지질)가 중추 및 말초 신경세포 내에 축적되어 운동 실조와 발달 지체를 보이는 상염색체 열성 유전 질환이며, 치명적 뇌손상을 일으키는 유전적 신진대사병이다. 주로 동유럽의 후손인 유대인에게서 발견되는 유전병이다. 생후 4~5개월 무렵까지는 정상적인 발육을 하지만 그 뒤로는 운동과 지능 발달의 퇴행을 보인다. 영유아는 청각 과민, 과민성, 근육긴장 저하, 운동기술 발달의 실패가 일어난다. 생애 초기 1년 이내에 실명, 경련 발작이 나타나며, 전형적으로 생후 2년 동안 대두증이 나타난다. 이것은 대뇌의 백질 부분이 부풀기 때문이다. 대부분 흡인성 폐렴으로 2세에서 4세 사이에 사망한다(특수교육학 용어사전, 2009, 국립특수교육원).

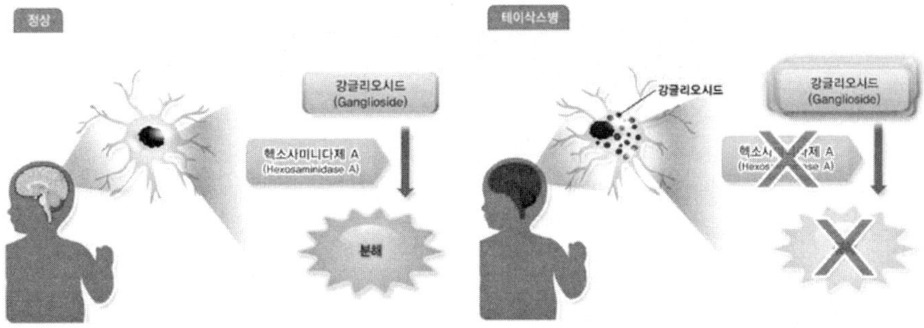

[그림 3-13] 테이샥스병의 원인
출처: 국가건강정보포털

④ 낭포성 섬유증(Cystic fibrosis)

낭포성 섬유증은 상염색체 열성으로 유전되는 치명적인 유전성 질환으로 1930년대에 처음 발견되었다. 점액, 침, 땀을 생성하는 선에 이상이 생겨 신체가 너무 많은 점액을 분비해 내고, 이것이 폐, 간, 췌장 등의 소화기관에 쌓이게 되어 폐를 막히게 하고 효소분비를 방해하여 음식물을 분해 · 흡수시키지 못하기 때문에 영양실조가 되기도 한다. 낭포성 섬유증은 어린이 2천 명 중 한 명꼴로 나타나는 유전 질환이다.

증상을 살펴보면 호흡기에서는 끈끈한 가래로 인해서 기관지가 막히고, 이에 따라서 만성기관지염증 및 폐렴이 반복되며, 결국 심한 양측성 기관지확장증과 폐의 파괴를 초래하게 된다.

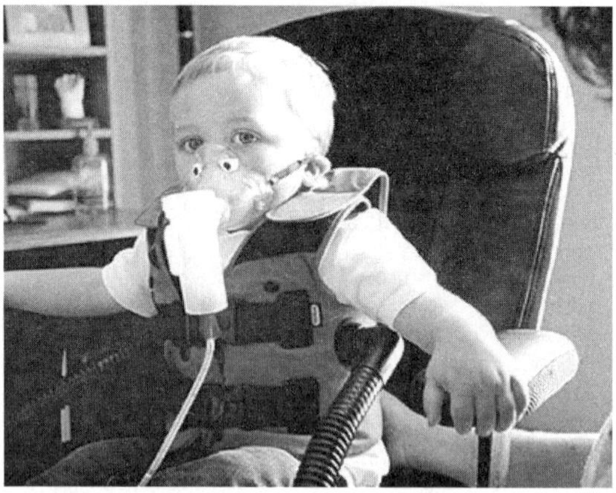

[그림 3-14] 낭포성 섬유증을 앓고 있는 영아
출처: 미주한국일보, 2012. 6

(2) 성염색체 이상

1 클라이인펠터 증후군(Klinefelter's syndrome)

이 증후군은 800명 중의 남아 출생 중 1명꼴로 생기는 고환 형성 부전증으로 나이가 많은 임부의 아들에게서 더 흔하게 나타난다(Kennedy, 1971).

남성이 XY의 염색체 배열 대신 여분의 X염색체를 가지고 있어서 XXY의 염색체 배열을 가지고 있다. 따라서 정신적 지체, 유방이 크고, 고환이 작으며, 동성애, 성도착증, 성전위증 등의 가능성의 위험이 있다.

2 다운 증후군(Down's syndrome)

일명 몽고증(Mongolism)이라고도 하는데 외형으로 구분할 수 있는 것이 특징이다. 머리가 작고, 양미간이 넓으며 코가 낮고, 혀가 내밀어져 있다. 피부가 쳐지고 주름이 있다. 심장, 눈, 귀에 결함이 있고, 정신적 · 운동적 지체 현상을 보인다. 이 병은 700명 중 1명 꼴로 나타나며 수정란이 분열할 때 21번째 염색체의 쌍이 제대로 분열되지 못하고 한 개의 여분의 염색체가 발생하여 생긴다. 연령이 40세 이상인 산모에게서 발병률이 높고 아버지의 연령이 55세 이상에게서는 높은 발병률을 보이고 있다. 이와 같은 유전과 관련된 질병에 관한 지식을 알고 있는 것은 중요하다.

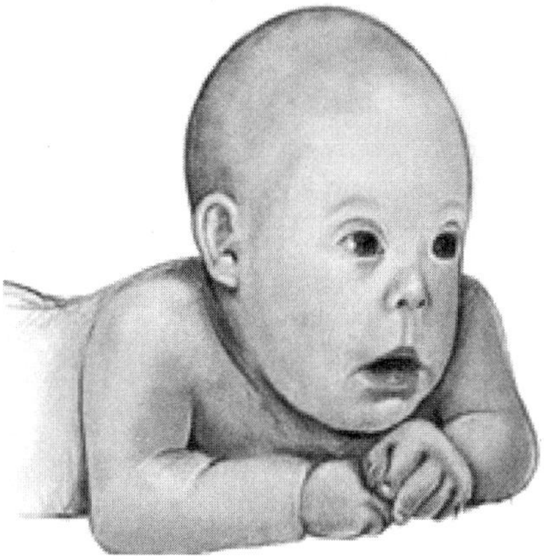

[그림 3-15] 다운 증후군 영아

③ **터너 증후군**(Turner's syndrome)

성염체에 X염색체가 하나 부족하여 발생하는 증상으로 모두 45개의 염색체를 지닌 경우다. 이들은 평균치보다 키가 훨씬 작고, 내·외 성 기관에 결함이 있어 성장 후에도 여성적 특성이 나타나지 않게 된다. 케네디(Kennedy, 1971)에 의하면 3,000명의 여아 중 한 명꼴로 발생한다고 한다.

2) 기형아 출산의 대책

Beckman & Brent(1986)는 유전적 이상 20~25%, 태아 감염 3~5%, 산모질환 4% 미만, 약물 1%, 원인불명 또는 다발인자 65~75%로 분류하였으며 Ericson(1973)은 유전인자 25%, 염색체 이상 3%, 환경인자 3%, 원인 미상 69%라고 하였다. 특히 풍진은 일반 감기와 같은 증상이 오며 산모가 풍진에 걸리면 태아에게 백내장, 녹내장, 심장판막증, 뇌막염, 간비대, 염색체이상 등의 치명적인 결과를 초래한다.

산모가 풍진에 걸렸을 때 자연 유산될 확률이 높으며 임신 초기에 감염될 경우 기형아 출산 확률이 5~10%, 임신 중기이면 25%, 임신 말기면 15%나 되는 것으로 조사되고 있다. 그러므로 가임기 여성은 계획임신 3~6개월 전 산부인과 전문의를 찾아가 풍진 항체가 있는지 반드시 체크해야 한다.

미국정부 자문 연구기관인 의학연구소(The Institute of Medicine)는 신경계 계통의 기형아 출산을 예방하기 위한 방법으로 매일 400 용량 정도의 엽산을 추가로 섭취해야 한다고 발표했다. 성인 여성은 180pg의 엽산을 매일 섭취하도록 권장되어 왔다고 한다. 이 연구에서는 임신이 기대되는 여성은 400pg을 추가 섭취하면 도움이 된다고 한다. 엽산의 중요성을 강조하는 산부인과 의사들은 초기 임신단계에서 엽산은 뇌와 척추 등에서 발생하는 신경계통 기형을 줄일 수 있다고 설명한다.

꼭 임신부가 아니더라도 임신을 기다리는 여성은 엽산을 섭취하는 것이 도움이 된다. UCLA의 로이 퍼트킨 박사는 보충제 형태의 엽산 섭취가 필요하다고 설명하고 너무 지나친 섭취는 피하는 것이 필요하다고 하였다.

〈10가지 기형아 예방 수칙〉

- 계획된 임신을 한다.
- 건전한 성관계를 가진다.
- 맑은 공기, 맑은 물을 마신다.
- 균형 있는 식사, 충분한 휴식을 한다.
- 건전한 정신을 갖고, 적당한 운동을 한다.
- 약물복용, 방사선에 주의한다.
- 풍진, AIDS 바이러스 감염에 주의한다.
- 애완동물과의 접촉을 피한다.
- 음주나 흡연을 피한다.
- 기형아 예방 전문의와 상담하고 검사를 한다.

특히 우리나라의 경우 산모 연령이 점차 높아지는 고위험군 산모(35세 이상)가 늘어나고 있다. 여성의 사회진출이 늘어남에 따라 산모의 출산 연령이 높아져 기형아 출산도 급증하고 있다. 그러므로 당과 혈압 조절을 위해 신경을 쓰고 철저한 관시를 받는 것이 필요하다.

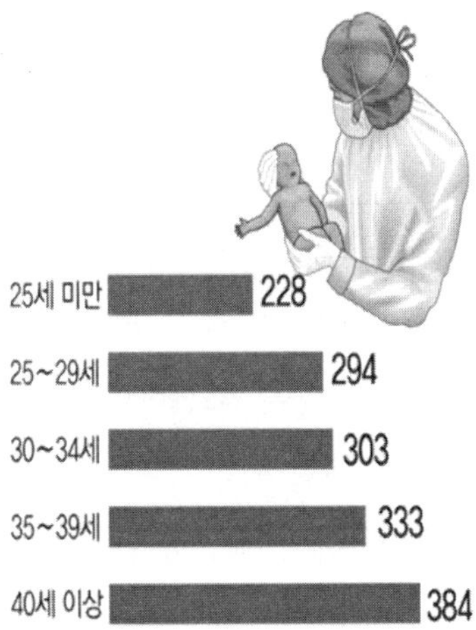

[그림 3-16] 산모 연령별 1만 명당 선천성 기형아 수
출처: 동아닷컴 40대 산모 기형아 출산, 20대의 1.5배. 2009.12

4. 태교

태교는 임신 중 가르침을 말한다. 동양에서는 임신 중에 건강을 위해 힘쓰고 마음가짐과 몸가짐을 잘 가지며, 뱃속에서 자라는 태아를 위하여 건강하고 충실하게 자라게 하는 가르침을 중요시하였다. 마음과 몸이 건전하게 성숙한 남녀가 결혼생활로 들어가면 임신을 하게 된다. 임신은 남녀의 성적 결합으로 이루어지는데, 성적 결합이란 남성의 정자와 여성의 난자가 결합하여 수정하는 것을 말한다.

다음은 임신한 여성의 건강과 마음가짐과 몸가짐에 유념할 점을 살펴보기로 한다.

첫째로, 임신부는 건강한 몸을 유지해야 한다. 그래야 태아가 건강하게 자랄 수 있다. 만약 임신부가 식생활이 충실하지 못하고, 병으로 몸이 쇠약하고 기거동작이 자유롭지 못하면 태아도 그 영향을 받아 건실하게 자라지 못한다.

둘째로, 임신부는 일상생활을 통하여 그 마음가짐과 몸가짐을 바르게 하며 참되고 지혜롭고 착해야 한다. 사람이 사람답고 성실하고 인자하고 총명하고 선량하게 하여야 한다.

셋째, 임신 중에 남편은 특히 말과 행동을 삼가고 한 마디 작은 행동에도 아내의 심성을 불안하고 번민하게 하지 말고, 항상 임신부로 하여금 오로지 안정되고 건전한 정신 상태에서 의식주 생활을 보전하며, 건강한 몸으로 태아를 기르고 가르치는 데 전념하도록 힘써야 한다.

동양의 태교의 역사는 서양에 비해 매우 깊다. 이를 구체적으로 살펴보면 다음과 같다.

1) 동양의 태교

동양에서는 일찍부터 인간생성의 시초를 태(胎)에 두었으므로 임신부의 언행 · 섭생 · 행동 등에 의해 태아의 선한 기질과 악한 기질이 일차적으로 형성되고, 정서적 · 심리적 · 신체적으로 건강한 아기를 낳기 위해 임신한 여자는 매사에 조심하고 나쁜 생각이나 거친 행동을 삼가야 한다고 믿었다.

(1) 우리나라의 태교

우리나라는 10세경부터 중국의 영향을 받아 오늘날까지 태교를 실행하고 있다. 태교에 관한 여러 문헌을 살펴보면 다음과 같다.

1 내훈(內訓)

조선 초기 덕종(德宗)의 비(妃) 소혜왕후 한 씨가 편찬한 규감서로 3권 3책으로 되어 있다. 여기서는 '임산부가 임신하였을 때에는 반드시 느끼는 감정을 삼갈 것이니, 착한 데에 마음을 쏟으면 착하게 되고, 악한 데에 마음을 쏟으면 악하게 되는 것이다. 사람이 태어나서 만물과 같은 것은 다 그 어머니가 만물에 마음을 쏟는 까닭으로 그 모양과 소리가 같은 것이다.'라고 하였다.

2 태교신기(胎敎新記)

조선조의 태교 연구 책인 「태교신기」는 유(柳)씨 가문에 출가하여 1남 3녀를 낳아 성공적으로 태교하여 양육한 경험을 중심으로 사주당 이씨(師朱堂 李氏)가 저술한 것이다. 이 책의 내용은 임산부의 의 · 식 · 주와 행동에 관하여 상세히 기술하고 있다. 그 내용 중 한 부분을 소개하면 다음과 같다.

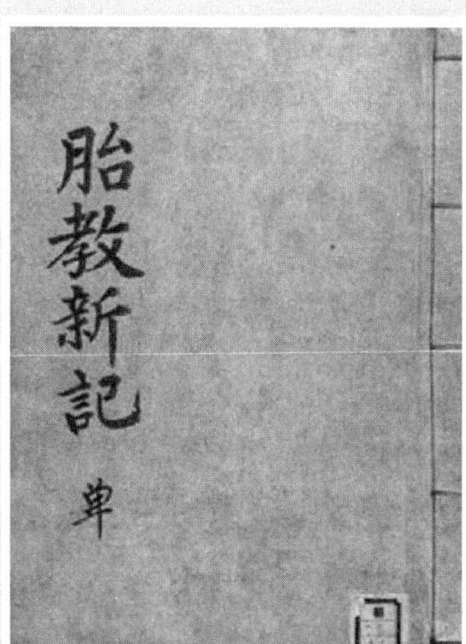

'임산부가 아기 밴 것을 깨달으면 부부가 같이 자지 말고, 너무 덥게 입지 말며, 음식은 너무 배부르게 먹지 말며, 때때로 천천히 걷고, 차고 냉한 데 앉지 말며, 눕거나 잠자는 것을 많이 말며, 더러운 곳에 앉지 말며, 나쁜 냄새를 맡지 말며, 높은 측간에 앉지 말며, 바람이 불거나 비가 오면 나가지 말며, 산이나 들에 가지 말며, 깊은 우물이나 무덤을 들여다보지 말며, 묵은 옛 사당집 같은 곳에 들어가지 말며, 높은 데 오르거나 깊은 데 내려가지 말며, 험한 데를 건너지 말며, 무거운 것을 들지 말며, 노력을 과히 하여 기운을 상케 하지 말며, 망녕되어 침 맞고 뜸뜨지 말며, 함부로 탕약을 먹지 말며, 항상 마음을 깨끗이 가지고 고요히 거처하여, 온화한 것이 마땅하고 맞게 하여 몸과 머리와 입과 눈이 단정함이 한결같게 할지니라.'

3 규범(閨範)

조선시대 영가후인(永嘉後人)이 쓴 「규범(閨範)」에는 자녀를 가르치는 도리에 관하여 '사람이 세상에 태어날 때는 어머니의 배 안에서 열 달을 자라는 까닭으로 얼굴 모양과 성품과 심성이 어머니를 많이 닮는데 성현의 태교에 관한 학설도 실로 이러하다.'라고 하였다.

4 규범요감(規範要鑑)

「규범요감」에서는 '아버지는 하늘이요, 어머니는 땅이다. 하늘이 베풀고 땅이 태어나게 하므로 골격의 기운은 아버지 모양을 본뜨고, 성품의 기운은 어머니 모양을 본받는다. 옛날에 현명한 부녀자는 임신할 때 태교의 방도가 있어 반드시 삼가는 까닭으로 어머니의 몸가짐은 아버지보다 먼저 하였고, 인자한 가르침은 올바른 방도보다 엄격하였다.'라고 하였다.

'옛 사람은 자녀에게 일찍 타일러 가르치는 것을 귀중하게 여겼다. 태교는 자녀 교육에 있어 먼저 하는 것이었다. 사람은 원기를 받고 태어났는데, 그 원기는 바르고 화순한 것을 귀하게 여기고 그 바르지 않고 어기는 것을 싫어하였다. 그 바르고 화순한 기운을 받은 사람이 자녀를 낳으면 반드시 바르고 뛰어나고 온순하고 선량하고 오래 살게 되어 많은 복을 누리지만, 그 바르지 않고 어기는 기운을 받은 사람은 반드시 거짓되고 어리석고 오만하고 오래 살지 못하여 외롭고 괴로움을 당하는 것이다. 대체로 사람은 그가 낳은 자녀가 선량하지 못한 것을 보면 흔히들 이를 타고난 운명이라고 생각해 버리고 그 까닭이 그 조심하는 사람이 힘이 미약하였음을 알지 못한다.'라고 하였다(정종권, 1996).

(2) 중국의 태교

중국의 '소학'에서는 태교에 대하여 다음과 같이 밝히고 있다.

'열녀전(烈女傳)'에 이르기를 '옛날에 부인이 아이를 배면 자리에 눕되 몸을 옆으로 하지 않았고, 앉되 몸을 한쪽으로 기울게 하지 않았으며, 몸을 세우되 절름발이

처럼 한쪽 발만을 땅에 붙이지 않았다. 맛이 정상이 아닌 것을 먹지 않았고, 벤 것이 반듯하지 않으면 먹지 않았으며, 자리가 반듯하지 않으면 앉지 아니하며, 눈은 간사한 빛을 보지 않았고, 귀는 음란한 소리를 듣지 않았으며, 밤이면 소경으로 하여금 시를 외우고 정도의 일을 말하게 했다.

이렇게 하여 자식을 낳으면 모습이 단정하고 재질이 사람에서 뛰어날 것이다. 아이를 밴 임부의 감정이 선으로 흐르고 바름을 얻는다면 뱃속의 태아도 감화를 받아서 아름다운 자질을 타고나게 된다(남만성, 1973).

그렇기 때문에, 자리에 눕고, 앉고, 서는 데 있어 몸의 자세를 바르게 하고, 사악한 빛을 보지 않고, 음란한 소리를 듣지 않으며, 음악을 감상하고 착한 말을 들어서 덕성을 함양하기에 힘써야 한다. 이와 같이 하는 것을 태아에게 베푸는 교육이라 해서 '태교'라는 명칭을 붙였으며 과거의 시대에 있어 임신한 부인에게 강조했던 것이다(이기서, 1960).

(3) 일본의 태교

섬나라라는 지역적 특성 때문에 지역별로 특성이 뚜렷한 태교문화를 발전시켜 왔다. 오늘날의 동경 지역 사람들은 부지런하기로 소문이 나 있는데, 엄마가 몸을 움직여야 건강한 아기를 낳는다고 믿어 출산 직전까지 평소와 다름없이 생활했다. 임신했다고 게으르게 지내면 임신 비만으로 난산이 되기 쉽다는 것을 알고, 미리 방지하자는 뜻에서 만들어진 생활 지침이다. 일본 문화의 중심인 나라지방은 불교의 영향으로 미신에 가까운 금기 사항이 널리 퍼지기도 했으며, 그 밖의 지방에서도 지역별로 금기 음식 또는 금기 행위를 명시하고 있다. 일본의 경우 여성들은 태교를 통해 건강하고 훌륭한 아기를 낳는 것을 '제1의 의무'로 여길 만큼 태교에 대한 관심이 높았다. 일본의 문헌 중에서 태교를 언급한 최초의 책은 17세기의 한의사인 이노우 마사히로가 쓴 「종초」라는 산부인과 책으로 태교에 관한 기본적인 사항을 담고 있다.

2) 서양의 태교

서양에서는 일찍이 그리스에서도 태아의 생 자체가 벌써 어른의 삶과 같은 가치를 지녔다고 생각했다. 플라톤뿐만 아니라 아리스토텔레스도 태아를 정신세계를 지닌 객체로 보고 어느 누구도 그 생명을 경시할 수 없다고 했다. 한편 유태인의 경전인 탈무드에는 정신이란 천국으로부터 엄마 몸을 거쳐 태아로 전달된다고 기록되어 있고, 성경에도 임신부의 몸가짐에 대한 언급이 있다. 13세기에 들어 성 토마스 아퀴나스는 태아의 정신세계의 발달이 식물적인 정신세계에서 시작하여 감각적인 것을 거쳐 합리적 정신세계로 성장한다고 주장하였다.

그 후 르네상스에 이르러 태동에 대한 인식의 진작과 함께 태동이 시작되는 때야말로 태아의 정신적 삶이 시작되는 때로 인지되었다. 헤겔에 와서야 비로소 '정신적 발생학'에 관한 인식이 시작되었다. 하지만 이 모두가 과학적인 근거에서라기보다는 일종의 경험에 의거한 철학적 믿음에 그 뿌리를 둔 것이었다.

태교가 과학적으로 연구대상이 된 것은 19세기 이후의 일이다. 엘리스(1926) 등은 임부의 마음을 감동시키는 강렬한 심적 인상이 태아에게 중요한 영향을 준다는 연구를 발표했고, 그 후 의학적 연구가 이를 뒷받침하게 되었다. 한 연구에서 임신한 것을 기쁘게 생각하지 않는 임부는 기쁘게 생각하는 임부보다 입덧이 더 심하며 구토가 심하였다는 결과를 얻어 냈다.

(1) Janov(야노브)의 연구

유아의 대뇌는 2개월부터 그 기능이 움직이게 되며 느낌을 기록할 수 있다고 Janov는 보고하였다. 그의 한 연구에서는 한 어머니가 임신 8개월 때 공원에서 총소리를 듣고 태아가 심하게 움직이는 것을 경험하였고, 분만 후 8개월쯤 되어 다시 아기를 데리고 그 공원에 갔다가 다시 총소리를 들었을 때 아기는 보통 이상으로 높은 반응을 나타내는 것을 경험하였다.

임신 중 태아도 감각발달이 시작되었으므로 외부의 자극을 통해 받는 산모의 긴장과 압력이 태아의 발달에 영향을 미치게 된다는 것을 알 수 있다. Janov는 임신 중에 태교를 해야 한다는 주장을 하면서 태아를 생각한다면 임신부가 자신의 영양, 투약, 언행을 포함해 조심할 것을 주장하였다.

(2) Sontag(손타그)의 연구

Sontag의 연구에서는 임신 중에 감정적인 불안, 노여움, 두려움, 걱정이 심했던 임신부는 아기에게 그 영향을 미치게 된다고 하였다. 임신 중에 충격을 받거나, 정서가 불안하면 즉시 태아에게 영향을 주어 움직임을 증가시킨다. Sontag 연구에서 10명의 실험대상자 중 8명의 임신부가 임신 말기 4개월 동안 공포, 슬픔, 놀람이 있을 때마다 심한 움직임이 있었고 출산 후에 다른 아이들에 비하여 먹고 싸는 정도가 심하였으며 불규칙하였다고 하였다. 이 연구에서는 어머니가 태교에 관심을 갖고 조심을 한다면 아이의 정서적 불안이 해소될 수 있다는 것을 뒷받침하였다.

앞에서 살펴보았듯이 동양과 서양 모두 태교의 중요성을 강조하였지만 태교를 보는 입장에서 약간의 차이점이 존재한다. 동양 문화는 '정신' 을 중시하여 눈에 보이지 않는 뱃속의 아기도 마음이 있는 존재임을 인정하고 다양한 태교법을 실천했지만, '과학'을 절대시한 서양 문화는 과학으로 뒷받침된 사실만을 받아들였기 때문에 아기가 태어난 이후에야 비로소 하나의 인격체로 여겼으므로 근대초까지 태교라는 개념 자체가 없었다. 그러나 서양의 태교는 그 역사가 비록 짧지만 과학적인 방법으로 태교의 중요성을 인식하고 구체적인 태교에 접근하고 있다는 점에서, 현재는 동양에 비해 오히려 한 발 앞선 면이 있다고 할 수 있다.

3) 현대의 태교

오늘날 아기가 머물고 있는 배를 어루만지거나 배에 손을 얹고 다정한 목소리로 이야기를 나누는 방법이 태교의 대명사처럼 된 것은, 엄마의 목소리를 익히게 하고 엄마의 사랑을 충분히 전달하면 정서가 풍부한 아기를 낳는다는 프로이드의 연구가 지지를 받으면서부터였다. 태아교육과 관련한 학문적 기초는 프로이드에 의해 〈출생 전 심리학〉이 발표되면서부터이다. 이후 1960년대 중반에 와서 의료기술의 비약적인 발달로 태아는 "듣고, 이해하고, 느끼는 존재"라는 사실을 여러 의학자들이 증명해 내었다. 얼마 전 국내 신문마다 과학전문지 〈네이처〉의 보도를 인용하여 태내 환경이 지능을 좌우하는데 중요하다는 기사를 실었다. 이 기사에서는 인간의 지능지수(IQ)를 결정하는데 유전자의 역할 비율은 48%이고, 태내 환경이 52%를 차지하며, 태내에서의 충분한 영양공급과 평안한 마음, 유해물질 차단 등 전통적인 태교요인들이 큰 영향을 미치는 것으로 나타났다고 밝혔다.

현재 잘 알려진 태교방법을 소개하면 다음과 같다.

(1) 음악 태교

태교는 산모가 정신적, 신체적으로 편안한 상태를 유지함으로써 산모와 긴밀한 관계에 있는 태아에게도 편안한 태중 환경을 만들어 주는데 의의가 있다. 태교에 음악을 이용하는 발상은 좋은 음악이 사람의 정신과 신체를 편안하게 해준다는 데에서 출발한다. 태교음악이 태아에게 직접적인 영향을 미친다기보다는 음악을 감상하는 임신부의 정서적인 반응이 태아에게 더 큰 영향을 미친다고 할 수 있다.

태아는 임신 28주가 지나서야 귀가 제 모습을 갖추게 되지만 수태 시부터 소리와 함께 있다. 초기에 태아가 접하는 소리는 임신부의 소화, 순환계의 흐름에서 오는 소리만 느끼지만 중기에는 엄마의 목소리나 바깥소리에도 귀를 기울인다. 28~30주가 지난 태아는 외부소리를 들으면 심장박동이 빨라지거나 느려지는 등 반응을 보인다. 따라서 이 때부터는 외부의 소리환경도 질적으로 고양시켜 주어야 한다. 특히 태아는 소리의 여러 가지 특성 중 음높이, 음색, 강약을 잘 기억한다. 신생아가 듣고 울음을 그칠 정도로 좋아하는 소리는 엄마의 목소리뿐만 아니라 엄마가 들려준 노래나 시, 이야기, 그리고 뱃속에서 들었던 음악이라는 놀라운 연구 결과가 있다.

태교음악으로 흔히 클래식을 권하는 것은 대부분의 클래식이 고도로 다듬어진

음악이라는 이유 때문이다. 따라서 서구의 클래식뿐만 아니라 우리나라 전통음악도 훌륭한 태교음악이 될 수 있다. 무엇보다도 엄마가 들어서 즐겁고 편안한 느낌을 받아야 태교효과를 기대할 수 있는 것이다. 진통 시에는 부드러운 리듬으로 임산부를 안정, 호흡조절을 도모하는 음악이 좋고, 불안 시에는 대범한 선율, 안정된 리듬의 음악이 좋다. 또한 혈압 상승 시에는 부드럽고 아름다운 분위기의 음악, 위장장애 시에는 일정한 리듬을 가진 장조의 느린 템포의 곡, 우울할 때는 잔잔한 수면, 호수의 분위기로 마음의 평안을 유도해야 한다.

(2) 시각 태교

태아의 시각반응은 청각반응에 비해 비교적 약하고 늦게 발달한다. 그러나 발달시기만 늦을 뿐 시각을 통한 자극도 청각자극 못지않게 태아의 정서에 큰 영향을 미친다. 태아의 시각은 명확하게 사물을 구별하는 것이 아니라 모체의 호르몬 분비의 양을 통해 빛의 명암을 느끼게 된다. 임신 7개월 정도가 되어야 태아는 명암을 느끼고 외부의 빛에 반응한다. 강렬한 빛의 자극에 계속적으로 노출되는 것은 태아에게 스트레스가 되지만 평범한 일상적인 생활이라면 상관없다.

아름다운 그림이나 풍부한 색채의 그림책을 보면 아름다운 선율의 음악을 들었을 때와 마찬가지로 편안해지는 기분을 느낄 수 있다. 따라서 평소에 좋은 그림을 자주 보는 것은 태아의 정서함양에 중요한 태교이다.

(3) 태담

태아가 엄마의 뱃속에서 자주 듣던 태내음과 엄마의 음성을 기억하고 태어난다는 보고가 있다. 엄마가 들려준 노래나 시, 이야기, 그리고 뱃속에서 들었던 음악을 들려주었더니 칭얼거리던 아기가 금방 안정을 되찾았다고 한다. 또한 익숙한 엄마의 목소리와 낯선 사람의 목소리에 반응하는 양상도 달랐다. 이는 신생아가 단순히 태내음을 기억하고 있을 뿐 아니라 나름대로 좋고 싫은 감정까지 표현했다는 것이다. 물론 이 실험에서 태아가 듣고 기억하는 것은 엄마의 음성이 아니라 엄마의 독특한 음색이다. 태아가 가진 이런 능력은 엄마나 아빠와의 교감을 가능하게 한다. 따라서 태아의 두뇌에 자극을 줄 수 있는 소리들을 엄마나 아빠의 음성으로 들려주면 두뇌발달에 도움이 되고 정서적으로 안정된 아이로 키울 수 있다.

자궁 대화법의 효과로 기대되는 것은 부드럽고 아름다운 소리를 들려줌으로써 태아의 정서적인 안정을 꾀할 수 있다는 점이다. 그리고 반복해서 들려주는 다양한 음색은 뇌에 자극을 주어 두뇌발달을 도울 수 있다.

(4) 태교 운동

임신 중에 운동을 꾸준히 해서 얻을 수 있는 가장 큰 효과는 임신 비만을 방지하는 것이다. 또한 출산에 필요한 다리나 허리, 배의 근육이 단련되어 출산이 쉬워진다. 아울러 운동을 하는 동안 분만 때 필요한 호흡법을 자연스럽게 익히게 되는 효과도 있다. 평소에 순산 체조를 꾸준히 하면 저절로 호흡이 조절돼 진통이 덜어진다. 또한 임부의 스트레스를 해소시켜 주고, 아기의 뇌를 활성화시켜 준다.

제4장

출산과 신생아

1. 출산
2. 신생아기 발달

10개월간의 임신 기간을 거치면 비로서 출산을 맞이하게 되며 여성은 '아기가 없는 여성에서 아기가 있는 여성'으로 전환된다. 또한 생후 약 4주 동안의 기간을 신생아기라고 한다. 이 시기는 태아가 자궁 속에서 의존적으로 보호받던 생활에서 벗어나 독립적으로 바깥 세상에 적응해 가는 전환의 시기라고 할 수 있다.

1. 출산

임신부의 분만이 가까이 오면 분만 징후가 나타나게 된다. 이때 임신부는 분만을 위한 준비를 하기 시작해야 한다. 출산이 임박했을 때 임신부가 출산 신호를 알아채지 못하면 임신부와 아이 모두 응급상황에 처할 수 있으므로 이에 대해 잘 숙지할 필요가 있다.

1) 출산 과정

(1) 출산준비

아기를 출산하기 전 2, 3주전쯤 되면 아랫배가 부르며 압박이 심해진다. 이것은 분만이 가까이 왔다는 것을 알 수 있는 증상이다. 의사가 이야기해 준 출산일은 통계적으로 단순하게 계산된 날에 불과하다. 따라서 2주 늦게 혹은 2주 빨리 출산하는 것도 완전히 정상적인 일이다. 그러나 예정일 보다 14일이 지나면 산모는 의사와 상의해야 한다.

가장 흔한 원인은 날짜가 다소 잘못 계산된 때문이지만 어떤 경우에는 분만진통이 지나치게 지연되기 때문인 경우도 있다. 그런 경우는 인공적인 방법으로 분만을 유도할 수 있다. 초산인 경우 태아 머리가 골반 입구에 놓여 있고 배 전체가 쳐져 보인다면 의사는 이것을 아기가 4주 내로 출산하리라는 징후로 본다.

임산부는 출산예정일 한 달 내지는 두 달 전에 병원에 갈 준비를 해야 한다. 예를 들어, 필요한 품목의 목록을 작성한다거나, 일용품과 같은 물건을 옷가방에 넣어 두어야 한다. 급하게 서둘러 병원에 가야 할 때 신속히 짐을 꾸릴 수가 있기 때문이다. 출산을 위해 준비하고 챙겨야 할 품목은 다음과 같다.

〈출산을 앞두고 준비해야 할 품목〉

〈산모용〉

■ 진료 카드, 회음부 쿠션, 세면 도구 및 수건, 기초화장품, 속옷이나 양말, 가디건, 슬리퍼, 물통이나 물컵, 메모용품, 책이나 잡지

〈아기용〉

■ 배냇저고리 4~5장, 속내의 3~4장(긴 것), 속싸개와 겉싸개, 기저귀와 기저귀 커버 2~3장, 베개, 우유병과 우유병 브러시, 체온계, 가제 손수건, 수유 쿠션 등

(2) 진통

진통은 가진통과 진진통이 있는데 자궁이 수축될 때 흔히 진통이 동반되고 사람에 따라 다소 강도의 차이가 있다. 그래서 이런 수축을 '분만진통'이라고 한다. 대부분의 임산부는 분만 훨씬 이전에 가진통을 한다. 가진통은 불규칙적이고 등과 허리 쪽이 아프고 강도에 변화가 없으며 걸으면 한결 낫다. 그러나 진진통은 아랫배가 많이 아프면서 점점 강도가 심해지고 간격이 짧으며 걸으면 더욱 심해진다.

자궁경관이 열리고 산도가 넓어지면서 양막의 일부가 자궁벽에서 떨어지면서

생기는 혈액이 섞인 분비물이 나오는 경우가 있는데 이를 '이슬'이라고 한다. 이는 분만이 가까워져 왔다는 신호이다. 분만이 시작되기 전에 양수막이 터지는 경우가 종종 있는데 이를 '조기 파수'라 한다. 만약 이 상태를 24시간 이상 방치할 경우 태아가 세균에 감염될 위험이 있으므로 씻지 말고 바로 병원으로 간다.

진통이 온다고 바로 아기가 나오는 것은 아니므로 처음엔 진정하면서 통증을 참다가 진통이 10분 간격으로 오기 시작하면 병원으로 가도록 한다.

(3) 분만

분만의 단계는 개구기, 출산기, 후산기로 나눈다.

1 개구기: 분만 1기

진통이 시작되면 자궁경부가 10~12mm 정도 열리는 시기이다. 자궁입구 근처의 난막이 떨어지면서 피가 많은 점액이 배출되고 진통이 시작된다.

진통은 자궁이 태아를 골반 밑으로 밀어 내리기 위해 수축하면서 생기는 것으로 처음에는 15~20분 간격으로, 20~30초 동안 경미한 진통이 시작되다가 점차 5분, 2~3분 간격으로 강하게 나타난다. 초산부는 평균 12~14시간에서 길게는 24시간 걸리며, 경산부는 약 7시간 정도 걸린다. 이 시기에는 자궁문이 얼마나 열렸는지 태아가 어느 정도 내려와 있는지 주기적으로 내진을 한다. 또한 힘주기를 할 때 변이 함께 나오면 아기에게 세균 감염을 일으킬 가능성이 많으므로 관장을 해서 장을 비운다.

2 출산기: 분만 2기

자궁이 전부 열려 태아가 출산되는 시기를 출산기라고 한다. 자궁이 열리면서 양수막이 터져 양수가 나오게 되는데 시간은 약 30분 정도이지만 태아가 오랫동안 산도에 머물면 질식사의 위험이 있으므로 모체의 적극적인 참여가 필요하다.

자궁경부가 완전히 확대되면 아기는 산도를 따라 내려오고 어머니는 자궁이 수축될 때마다 복근을 사용하여 아기를 밀어 냄으로써 출산을 돕는다. 이때 회음부가 잘 늘어나지 않거나 신축성이 없으면 회음절개를 해서 아기가 나올 때 회음부가 찢어지거나 열상을 입는 것을 예방한다. 아기 머리가 완전히 나오게 되면 힘을 빼야 한다. 짧고 빠르게 호흡하면서 기다리면 아기가 스스로 몸을 돌려 어깨와 몸이 순식간에 쑥 나온다. 아기가 나오면 아기 입속의 이물질을 제거하고 탯줄을 자른다.

3 후산기: 분만 3기

태아가 출산한 후 약하게 후진통이 오고 자궁이 수축되면서 태반이 자궁벽에서 떨어져 나와 양막과 함께 배출되는 시기이다. 소요되는 시간은 약 5~15분 정도이고 자궁 속에 태반 일부나 양막 등 남은 찌꺼기가 없는지 확인하고 절개한 회음부를 봉합한다. 회복실에서 자궁수축제를 맞고 2시간 정도 안정을 취한 뒤 입원실로 옮겨진다. 그러나 만약 30분 이상 지나도 태반이 나오지 않으면 자궁벽에 유착 가능성이 있는데 이를 '유착태반'이라 한다. 이는 산모에게 심각한 위험을 초래하기도 하므로 신속한 처치가 필요하다.

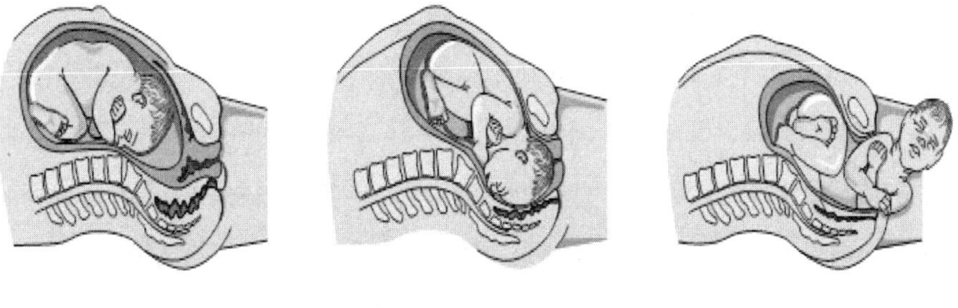

[그림 4-1] 분만과정

(5) 출산 과정에서 발생하는 문제

1 조산과 만산

아기가 출산 예정보다 늦거나 너무 커서 산모나 아기 자신에게 위험을 초래하지 않고는 정상적으로 분만되기가 어렵다면, 의사는 기구를 사용하여 아기를 출산시킬 수 있다. 태아의 위치가 정상이 아닌, 즉 다리가 분만 위치 혹은 아기의 몸이 산도를 가로질러 위치한 경우에 특히 기구를 사용하는 방법이 채택되기 쉽다.

〈분만일 계산법〉

('마지막 생리 달' -3)월 ('마지막 생리가 시작된 날짜' +7)일

예시) 마지막 생리 날짜 : 5월 14일

(5-3)월 (14+7)일 = 2월 21일 분만예정일

※ 3을 뺄 수 없을 경우

('마지막 생리 달' +9)월 ('마지막 생리가 시작된 날짜' +7)일

예시) 마지막 생리 날짜 : 2월 10일

(2+9)월 (10+7)일 = 11월 17일 분만예정일

대체로 자연분만으로 태어난 아기들은 외향적이고, 낙관적이며 사람을 의심하지 않는 성격을 지닌다. 반면 제왕절개 수술을 통해 출생한 아기는 산모를 통해 다양한 출생의 경험을 하지 못했기 때문에 자기 몸이 어디서부터 시작해서 어디에서 끝나는지를 체득할 수 있는 최초의 기회를 잃게 된다. 그래서 성장 후 자연분만아보다 제왕절개 분만아에게 여러 가지의 위험도가 높을 수 있다고 한다(윤호중, 1983).

분만 시 탯줄이 신생아의 목에 감기면 언어장애를 일으키기 쉽다는 연구결과도 있다. 탯줄에 압박받아 눌려진다거나 비틀려진 것은 곧 나을 수 있지만 태아의

생명을 위태롭게 하지는 않는다 하더라도 태아의 호흡을 몇 초 동안 멈추게 하는 수가 있다. 그 때문에 장기간에 걸쳐 정신적인 장애도 우려된다. 또 어떤 연구에서는 아이가 편도선염을 자주 앓거나 말더듬이의 증세도 보였다고 한다.

이와 같이 난산은 무엇보다도 위험을 초래할 수 있다. 태아가 죽기 직전까지 가는 전치태반, 산모의 고혈압, 산모에게 일어나는 경련 등도 아기에게는 위험할 수 있다.

이 밖에도 출생 시 신생아가 Rh형이 맞지 않거나, 저산소증, 황달, 갑상선, 감염 등은 신생아의 건강 발달에 영향을 미친다. 특히 영양결핍, 미숙아나 저산소증, 감염, 겸자분만으로 인한 두뇌 손상은 지적장애의 원인이 될 수도 있다. 또한 산모가 출산 후 심리적인 불안 상태로 산후 우울증을 경험하는 경우도 있는데 이는 어머니와 아기와의 유대관계에 영향을 미칠 수 있으므로 원하는 아기를 출산할 수 있도록 계속하여 노력하는 것이 바람직하다.

2 미숙아(Premature child)

아기가 출생할 때의 몸무게가 대략 2.5kg 이하를 미숙아라고 한다. 출생 시 체중 1kg 미만을 초극소 저체중아, 출생 시 체중 1.5kg 미만을 극소 저체중아, 2.5kg 미만을 저체중아라고 한다. 임신 37주 이내에 출생한 아이들은 일반적으로 미숙하다고 할 수 있는데 개월 수에 비하여 체중과 크기가 모자란다. 대체로 산모가 영양실조나 임신중독증 같은 문제가 있을 때 자궁 내에서 성장과 속도를 지체하게 된다(Robinson, 1972).

그리고 산모가 출산에 대한 지식이 없거나 영양상태가 좋지 않거나 빈혈증상이 있거나 또 아기를 가진 후에 신체가 허약하게 된 경우에 미숙아를 출생할 확률이 높다(Vanghan, McKay & Behrman, 1979). 10대 부모에게나 사회 경제적인 지위가 낮거나, 어머니가 담배, 알코올을 섭취했을 때와 약물복용이 심했을 경우에 미숙아 발생 확률이 가장 높다. 미숙아는 해마다 늘어나, 2000년에는 3.8%이었던 수치가 2008년 태어난 신생아 20명 중 1명(4.9%)은 미숙아로 그 수치가 점점 높아지고 있다.

미숙아들은 대부분 면역체계가 덜 발달한 상태로 태어나기 때문에 출산 직후부터 인큐베이터에서 의료진들의 세심한 보살핌을 받아야 한다. 또한 최근 들어 각광받고 있는 '캥거루 케어(Kangaroo Care)'는 이처럼 조기 출산 후 인큐베이터 속에서 시간을 보낼 수밖에 없는 미숙아들이 하루의 일정시간을 부모 품에서 지내도록 직접 아이를 안아주는 보조 치료법으로 시행한 케어방식이다. 산모와 아기의 스킨십을 통해 아기의 특수감각 섬유를 자극시켜 옥시토신 분비를 촉진시키고 아기의 통증을 잠재우며 산모의 심리적 안정을 가져오는 효과가 있다. 1978년 콜롬비아 보고타에서 부족한 인큐베이터를 대신할 방법으로 처음 시행된 캥거루 케어는 현재 선진국에서도 미숙아 치료에 폭넓게 시행되고 있다.

3 난산(Dystopia)

난산이란 태아가 산도를 통과하기 위하여 계속 적응해 가는 과정에서 구조적으로나 기능적으로 이상이 생겨 분만진행이 어려운 경우를 말한다. 난산이 발생하는 원인은 크게 세 가지로 분류할 수 있는데, 산모가 아기를 밀어 낼 수 있는 힘이 부족한 자궁기능을 가졌거나, 태아발육 이상(기형아) 또는 태아의 위치 이상, 그리고 태아가 하강하는 산도의 모양이나 크기에 이상이 있을 때 일어난다. 이 중 자궁 기능의 이상과 산도의 이상으로 인한 난산이 대부분이다. 산모가 난산일 경우, 분만 시에는 자궁 수축 특성에 변화가 없으며 자궁경부가 열리지 않고 태아의 선진부(머리, 엉덩이 또는 어깨) 하강이 일어나지 않는다.

4 산소결핍

분만 시에 아기에게 산소공급이 감소되는 증상으로 신생아의 약 1%가 산소결핍을 경험한다고 한다. 이러한 증상은 아기가 출산된 직후 아기가 스스로 호흡을 할 때까지는 배꼽을 통한 산소공급이 계속되지 못하기 때문이거나 분만 시에 탯줄이 조여지기 때문에 일어날 수 있다. 산소결핍이 3분 이상 계속되면 두뇌기능의 손상을 가져올 수 있다.

(6) 대안의 분만방법

1 제왕절개(Caesarean operation)

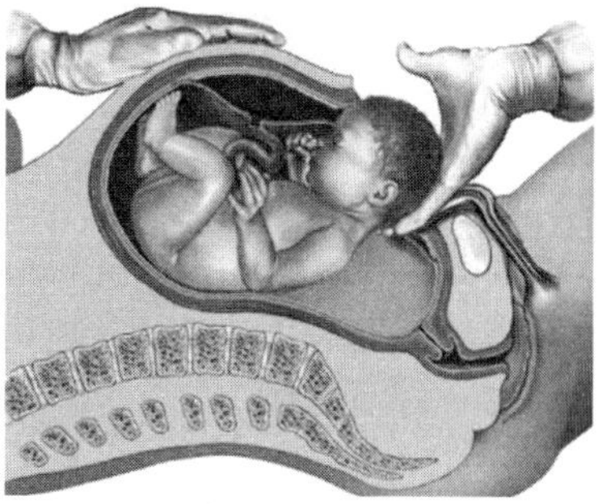

여러 가지 원인에 의해 자연분만이 어려울 때 제왕절개 수술을 하게 된다. 이 수술은 어머니의 복부와 자궁을 절개하여 아기를 들어 내는 비교적 안전한 방법이다(장휘숙, 1990, 재인용).

수술 시간은 대략 30분에서 1시간 정도로, 수술할 때 주입한 마취제가 태아에게 전달되는 것을 막기 위해 절개 후 10분 내에 태아를 꺼낸다. 제왕절개 여부는 임신부의 몸 상태와 태아의 위치, 태반의 위치 등에 따라 결정되는데, 미리부터 제왕절개를 결정하기도 하지만 자연분만을 진행하던 중 응급상황에서 갑작스럽게 수술을 선택하기도 한다.

최근에는 많은 임신부들이 미용이나 출산의 두려움 증으로 자연분만보다 제왕절개 시술을 통하여 아기를 낳는 경향이 있다. 제왕절개 시술은 의학적으로 중대한 수술로 취급되며 특히 수술 후 산모가 회복하는 시기가 자연분만보다 상당히 더디다. 그리고 아기에게나 산모에게 수술 과정에서 압박이 가해질 경우에는 호흡이 어려워지고 위험한 일이 생길 수 있으므로 양쪽 모두에게 이로울 것이 없으므로 이를 잘 고려할 필요가 있다.

2 무통분만

분만 시에 자궁수축에 의한 고통과 공포를 감소시키기 위해 마취제를 사용하여 무통분만을 하거나, 분만시간을 단축시키기 위해 촉진제를 사용하기도 한다. 분만 과정 중에 투여하는 약물들은 태반을 통해 태아에게 영향을 미쳐 이후의 인지발달이나 운동능력에 문제를 야기시킬 수 있으므로 가능한 사용하지 않는 것이 좋다고 한다(정옥분, 2002).

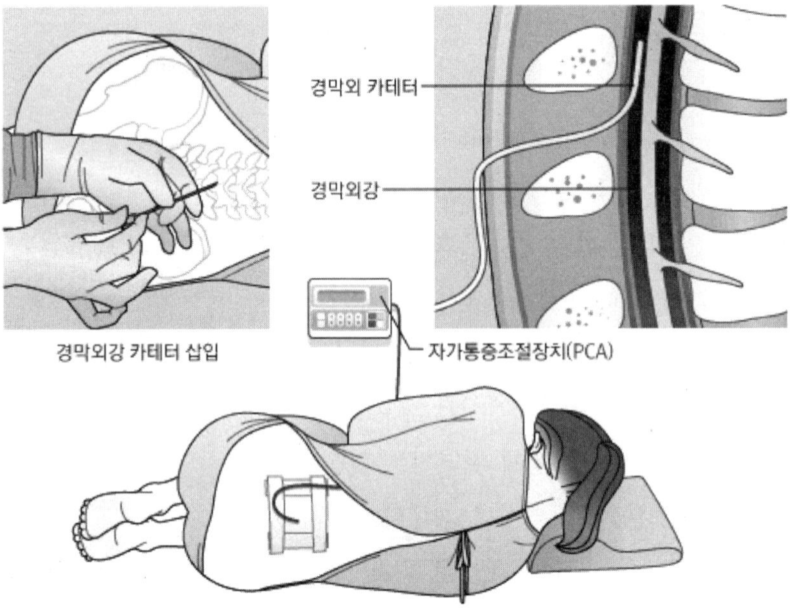

[그림 4-3] 무통분만.

출처: 강남차병원

③ **라마즈 분만법**(Lamaze childbirth method)

진통 시에 연상법, 이완법, 호흡법을 사용하여 진통 중인 산모의 통증을 완화시키는 방법으로 Fernand Lamaze박사가 개발하였다.

연상법은 일생 중에 즐거웠던 순간이나 기분 좋은 상황을 머릿속에 그려봄으로써 엔돌핀 분비를 증가시켜 통증에 대한 민감성을 줄이는 방법이다. 이완법은 신체의 모든 부위의 힘을 빼어 의식적으로 근육이완 훈련을 통하여 출산의 고통을 감소시키는 방법이다. 호흡법은 흉식 호흡을 통하여 산소를 체내에 충분히 공급하여 근육이완을 돕고 태아에게 산소호흡을 윤활하게 해 주는 방법이다.

④ **겸자분만**(Forceps delivery)

겸자분만은 자궁입구가 완전히 열린 후 1시간이 지나도 태아가 나오지 않거나 태아의 머리가 자궁경관에서 15분 정도 머물러도(자궁 내 태아 질식증에 걸리기 쉬운)

더 이상 분만이 진행되지 않을 경우에 시행한다. 또한 산모가 힘을 주어서는 안 되는 상태(심장병, 고혈압, 폐결핵)에서도 시행한다. 겸자분만은 반드시 태아의 머리가 자궁 경관에 진입한 이후에 시행할 수 있다. 겸자 기능은, 태아의 머리를 끌어당기거나 회전시키거나 압박을 가함으로써 분만을 돕는 것이다.

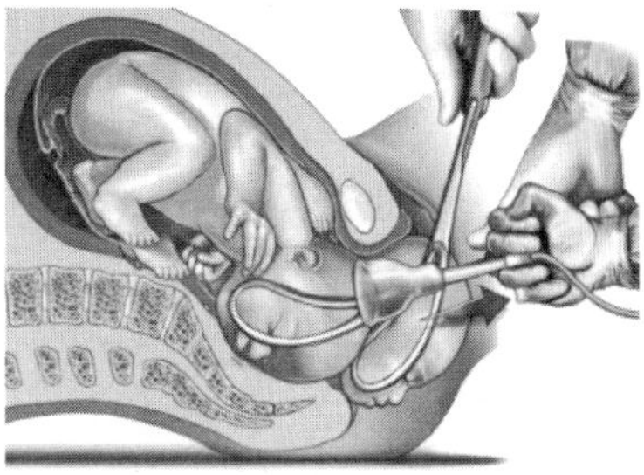

5 수중분만

수중분만은 양수와 동일한 조건의 물 속에서 아기를 낳는 방법으로 프랑스에서 처음 시도되었다. 수중분만은 누운 자세가 아닌 좌식 분만법의 하나로 앉은 자세에서는 중력을 이용하여 골반이 잘 벌어지고 힘을 주기가 쉽다는 점에 창안된 방법이다. 그러나 물의 상태가 청결하지 못할 경우에 태아와 산모가 감염될 수 있다.

6 레보이어의 '폭력 없는 탄생' 방법

프랑스의 산부인과 의사인 Frederick Leboyer(프레데릭 레보이어)는 그의 저서 「폭력 없는 탄생」(Birth without Violence)에서 출산과정에서 산모의 고통에만 관심을 둘 것이 아니라 태아에 대한 배려가 필요하다고 주장하면서 제창한 방법이다. 그에 의하면 아기는 어둡고 따뜻한 방에서 조용하고 부드럽게 받아야 하며, 출생 즉시 탯줄을 자르지 말고 아기를 어머니의 배 위에 5분 정도 두었다가 탯줄을 자르고 따뜻한 물 속에서 부드럽게 마사지를 해 주면 아기는 긴장을 풀고 새로운 세계를 맞이하게 된다고 주장한다. 그러나 많은 산부인과 의사들은 이 방법에 회의적인 입장을 보이고는 있으나 아기의 입장에서 분만을 생각해 보자는 그의 주장에 귀를 기울여 볼 필요성은 있다.

2) 영아 사망

최근의 소아의학지에 발표한 내용을 보면 영아 사망률이 1977년부터 급격한 증가를 보이고 있다('Department of Health Education and Welfare', Health United States, 1993).

영아사망률은 그 국가의 보건, 사회적인 발전 수준을 나타내는 중요한 지표이며, 아울러 여성교육 정도와 건강수준을 반영하고 있어서 그 지역, 국가 혹은 인구층의 전반적인 발전도를 단적으로 표시하는 척도로 널리 쓰여 왔다(박재빈 등, 1981).

영아 사망 관련 요인별 영아사망률에서 성별로 보면, 일반적으로 남아의 사망률이 여아에 비하여 높은 것으로 알려져 왔으며, 남녀아의 영아사망률의 차이는 신생아기에 남아가 사망하는 비율이 신생아 후기보다 더 높다고 한다. 거주 지역별로는 도시지역의 영아사망률이 대체로 농촌보다 낮은 것은 대기오염 수준이나 환경적인 문제에도 불구하고, 사회경제적인 상태, 산전관리 유무, 의료시설에의 접근성, 위생상태 등의 이유로 생각해 볼 수 있다(Bachmann 등, 1996). 그리고 산모가 35세 이상의 노산인 경우에 생식기능의 약화로 인하여 태아가 장애와 함께 출생하거나 사망으로까지 이어질 수 있다고 한다.

2001년 조사된 영아사망의 사인 분석 결과 영아사망 원인은 집계된 영아 사망 중 사인미상 310건을 제외한 3,524건 가운데 신생아 호흡곤란이 11.8%로 가장 많았으며 다음이 심장의 선천성 기형 9.9%, 임신기간 및 태아 발육에 관련된 장애 9.8%, 신생아의 기타 호흡기 병태 9.7%, 신생아의 세균성 패혈증 8.9%, 신생아를 분만한 시기의 전후 기간 병태 8.0%, 기타 증상 및 증후 7.6%, 기타 선천성 기형 5.5%, 자궁 내 저산소증 및 출산 질식 4.2%, 영아돌연사 증후군 4.0%의 순서이다(한영자 외, 2003).

최근 들어 많은 문제가 되고 있는 영아돌연사 증후군(SIDS: Sudden Infant Death Syndrome)은 1980년대 들어 발견된 것으로 특별한 원인도 없이 영아들이 잠을 자다가 갑자기 죽는 증후군이다(조성연 외,2006). 건강한 영아가 낮잠이나 밤 시간에 돌연 사망하는 현상으로, 이 예기치 못한 사망은 그 원인을 밝혀 내지 못하고 있으나 미국에서는 신생아 500명 중 한 명꼴로 잠든 채 죽는다고 보고하고 있다. 대개 생후 2주에서 3주 사이의 신생아부터 2개월에서 4개월 사이의 영아에게서 가장 많이 발생하며 생후 1년 이후에는 거의 나타나지 않는다고 한다(이기숙 외, 2006).

영아의 돌연사 위험요인은 자궁 내 저산소증, 태아 성장지연, 임신 중 흡연, 감염, 사회·경제적으로 낮은 계층, 미숙아, 엎드려 재우는 것, 영아를 너무 덮게 감싸고 두꺼운 이불을 덮어 주는 것, 영아의 침요가 너무 부드러운 경우다(김일옥·이정은 공저, 2005). 특히 심장기관이 약한 영아, 호흡기가 약한 영아에게 많이 일어난다(김성희, 2006). 특히 호흡기가 약한 생후 6개월 미만의 영아는 가능한 엎어 재우지 않도록 하는 것이 좋다. 1994년부터 미국 내에 "영아 똑바로 누워 재우기" 캠페인("Back to Sleep" Campaign)을 벌여 영아 돌연사 증후군 발생률은 50% 이상 감소하였다(National Institute Child Health &Human Development, 2005. 11).

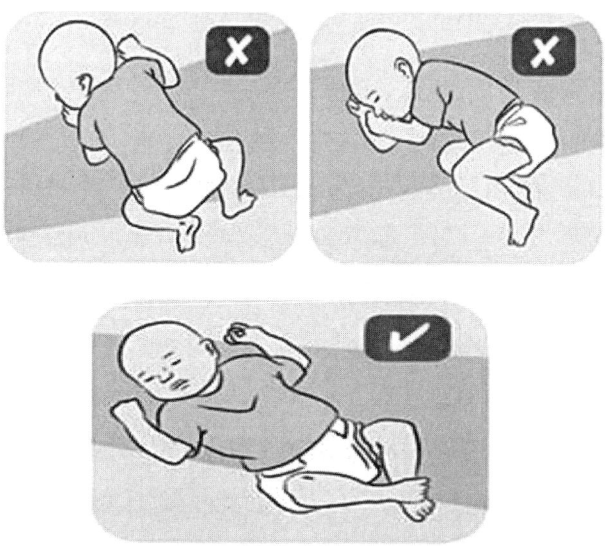

[그림 4-4] 영아 돌연사 증후군을 예방할 수 있는 영아의 자세
출처: 동아대병원

2. 신생아기 발달

1) 신체적 특성

출산 관련책자에 있는 아기의 그림과는 달리 갓 태어난 실제 아기는 결코 아름다운 모습이 아니다. 분만을 기다리는 동안과 분만과정에서 산모의 골반에 눌려 태어날 때 압력을 받아 두개골 봉합선이 눌리기 때문에 신생아의 두개골은 모양이 이상한 경우가 많다. 또한 분만 시의 압력으로 피부에 얼룩 반점과 타박상이 있고, 서로 불균형인 눈으로 인해서 얼굴 모습이 어색해 보이고 또 지나치게 큰 머리를 하고 있다. 신생아의 피부를 덮은 태지(Vernix)는 임신 중반기까지 땀샘을 통해 분비되는데 태지는 유수분 크림 같은 역할을 한다. 즉, 태아가 염분이 있는 물속에 오래 있는 동안 피부가 트는 것을 방지해 준다.

평균적으로 신생아의 체중은 3.3kg이고, 신장은 평균 51cm 정도이며 머리와 다리를 제외하면 신생아의 몸은 축구공 정도의 크기 혹은 성인의 팔뚝 정도 길이이다. 여아보다 남아가 신장도 약간 크고 체중도 약간 더 무겁다. 남아와 여아 모두에게 있어서 신장보다는 체중에서 더 큰 개인차를 나타낸다.

아기의 신체는 신장의 1/7인 반면에 아기의 머리는 아기 신장의 1/4이 된다. 신생아의 머리는 몸통이나 팔다리에 비해 상대적으로 굉장히 크다. 머리둘레는 35cm 정도로 가슴둘레보다 더 길다(Ounsted & Moar, 1986).

신생아는 목이 거의 없어 보이고 어깨는 좁고 비스듬히 쳐져 있으며, 복부는 크고 특히 젖을 먹고 난 후에는 툭 불거져 나온다. 팔다리는, 신체의 다른 부분과의 비율로 볼 때, 짧고 뼈만 앙상하고 손발은 우스우리만큼 작다. 신생아는 몸을 아주 강하게 웅크리고 있기 때문에, 신생아의 팔다리를 쭉 펴려면 강한 압력을 가해야 하고, 팔다리를 놓으면 바로 구부린 자세로 돌아가는 특성이 있다. 또한

예정일보다도 한두 달 일찍 태어난 아기까지도 잘 발달된 손톱과 발톱이 나 있다.

아기의 뼈는 주로 연골질로 구성되어 있어서 연하고 잘 휜다. 근육은 부드럽고 작으며 통제가 안 되며 다리 근육이 팔근육 보다 덜 발달되어 있다.

피부는 부드럽고 피부색은 종종 얼룩 투성이다. 아기는 부드럽고 말랑말랑한 지방층이 전신을 감싸고 있어서 토실토실한 경우가 많다. 머리와 등 그리고 팔에 결이 좋은 모발이 많이 나 있는 경우도 꽤 흔하다. 이것을 배냇머리라 하는데 출산 후 곧 없어진다.

2) 신생아의 생리적 특성

(1) 호흡, 맥박, 체온

신생아의 호흡은 1분당 35~45회 정도로 성인의 2배가 된다. 호흡은 불규칙적이고 빠르며 복식호흡을 많이 한다. 신생아의 맥박은 불규칙하여 1분에 140회로 성인보다 빠르다. 이것은 신생아가 심장조절 장치가 미숙하기 때문이다. 신생아의 체온은 성인보다 높아서 37~37.5C이다. 이것은 신생아가 체온을 조절할 수 있는 중추신경 기능이 미성숙하여 외계온도에 영향을 받기 쉽기 때문이다.

(2) 수면

영아기의 수면은 건강은 물론 성장 · 발달과 밀접한 관련이 있다. 수면은 단백질 합성, 조직 재생, 긴장완화에도 필요하며 신체 회복과정이 일어나도록 하며, 기억과 학습저장에도 영향을 미치기 때문에 뇌 발달과 밀접한 관련이 있다.

규칙적인 수면 · 활동 리듬을 유지하는 것이 실제로 잠을 잔 시간보다 더 중요하며, 수면 · 활동 주기를 회복하도록 하는 것이 중요하다(김희순 등, 2009).

생후 6개월까지의 신생아는 빠른 성장이 나타나고 수면 및 활동의 주기적 양상이 확립되는 시기로서, 이 시기에 평균 13.5~14시간 동안 잠을 자는데, 밤낮 구별 없이 3~4시간 간격으로 수면, 각성, 포유, 배설을 반복하고 수유와 돌봄을 받는 시간 외에는 하루 종일 잠을 자게 된다(이화자 등 2000).

인간의 수면에는 두 종류가 있다. 수면 중에 눈동자가 빨리 움직이느냐 안 움직이느냐에 따라 REM(Rapid Eye Movement) 수면과 비REM 수면으로 나누어진다. 생후 1개월 이전의 영아들은 약 전체 수면의 75%가 REM 수면을 차지하고, 생후 1년 정도의 영아는 전체 수면의 50% 정도를 REM 수면이 차지한다(Lenard, 1970). 이렇게 영아들에게서 REM 수면이 많은 이유는 깨어 있는 시간이 짧아서 깨어 있는 동안 감각기관을 통해 받게 되는 외부자극이 충분하지 못하므로 대뇌피질이 더 많은 자극을 필요로 하기 때문으로 보고 있다. 따라서 REM 수면은 내인성 자극원으로 아기의 인지 발달에 매우 중요한 역할을 한다고 했다(조결자, 1998).

성장호르몬은 보통 깊은 수면 단계에서 왕성하게 분비되기 때문에 잠을 깊게 못 자고 자주 깨는 아기는 그만큼 성장호르몬 분비가 충분히 이뤄지지 않는다. 또 불충분한 수면은 영아의 두뇌 학습 능력을 저하시킬 수 있다. 그러므로 신생아가 충분한 질 좋은 수면을 유지할 수 있도록 도와야 한다.

(3) 모유수유

모유수유는 새로 태어나는 아기의 인생에서 최선의 출발을 하도록 해 주는 가장 중요한 결정 중 하나이다. 모유의 장점을 이해하고 올바른 수유방법에 대해 미리 배워 두는 것은 성공적인 모유수유에 큰 도움이 된다.

모유는 아기 건강에 필요한 모든 단백질과 당질, 지방을 제공해 주며 항체, 면역인자, 효소, 백혈구 등과 같은 면역 증진 성분들을 많이 함유하고 있다. 이로 인해 모유수유는 영아에게 나타나는 중이염이나 구토, 설사, 폐렴, 요로감염 등과 같은 질병으로부터 영아를 보호해 준다. 특히 초유에는 면역 성분이 농축돼 있어 출생 후 바로 초유를 먹이는 것은 매우 중요하다.

또한 모유에는 아기의 두뇌 발달에 꼭 필요한 DHA와 아라키돈산, 긴 고리 불포화지방산, 콜레스테롤, 타우린, 시스테인 등의 물질이 적절한 비율로 들어 있다. 두뇌가 빠르게 성장하는 신생아 때는 뇌의 크기가 커질 뿐만 아니라 뇌세포가 성숙하는 시기다. 또한 세포 간에 연결을 이루는데, 이때 모유는 세포막 형성의 필수 요소로 작용한다.

엄마의 따뜻한 자궁 안에서 편안한 열 달을 보낸 아이는 힘든 출산의 과정을 거치고 나면 불안정한 상태에 놓이게 된다. 이때 엄마의 젖가슴 안에서 모유를 먹는 것은 시각·청각·촉각으로 엄마의 사랑과 안정을 느끼는 최고의 순간이다. 게다가 배고픔까지 달래주는 엄마의 품을 아이는 자신의 욕구가 충분히 채워지는 믿음의 공간이라 여기게 된다. 이는 엄마와의 애착형성을 도와 영아의 발달을 도모한다. 산모 입장에서도 자궁수축과 산후 체중감량에 도움이 되며 엄마의 스트레스 호르몬이 감소하고 수유 중 분비되는 옥시토신 호르몬은 엄마의 통증을 감소시킨다. 또한 난소암 발생 위험을 감소시킨다.

그러므로 모유수유는 빠를수록 좋으며 분만 후 바로 젖이 나오지 않아도 아이가 유두를 빨아보도록 하는 것이 좋다. 또한 아기가 원할 때마다 원하는 시간 동안 충분히 젖을 물리고 하루 8~12회 수유를 하며 밤에도 수유를 하도록 한다. 그리고 양쪽 젖을 충분히 물리며 되도록 분유와 같이 먹이지 않는 것이 좋다. 이런 모유수유는 적어도 돌까지는 먹이는 것이 좋고 두 돌이 지나서까지 먹이면 더욱 좋다.

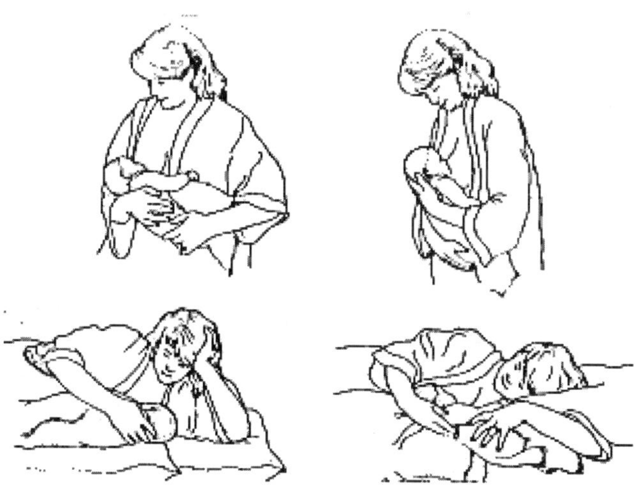

[그림 4-5] 젖을 물리는 자세

(4) 대소변

신생아는 생후 1~2일 경에 검은 녹색 또는 검은 황색의 태변을 보는데 이것은 태중에서 손가락을 빨 때에 마신 양수 또는 표피세포 등을 먹고 배출한 것이다. 태변은 대개 냄새가 없고 암녹색을 띠고 있으며 끈적끈적하고 부드럽다. 태변이 24시간 내에 나오지 않으면 장폐색이 의심되며 태변이 전부 나오지 않고 뱃속에 남게 되면 황달의 원인이 될 수도 있다. 태변은 한 번에 다 나오지 않고 조금씩 수차례에 걸쳐 나눠 나온다. 이 때 초유를 먹으면 태변이 더 잘 나올 수 있다.

2~3일이 지나면 정상적인 누런 변을 보게 되며 이를 이행변이라고 한다. 이는 태변에서 정상변으로 넘어가는 중간 단계의 변이다. 또한 모유나 인공수유를 하느냐에 따라 변의 색깔이 다소 다르고 횟수도 다르다. 모유를 먹는 아기의 배변 횟수는 보통 하루 1~5회 정도이며 분유를 먹는 아기의 변은 모유를 먹는 아기의 변보다 색깔이 좀 더 진하고 담황색을 띄고 좀 더 되직하다. 입자도 굵고 알갱이 같은 것이 섞여 나올 수도 있다. 변을 보는 횟수는 하루에 1~3회 정도로 모유를 먹는 아기에 비해 적은 편이다. 또한 정상적인 소변 양은 하루에 100~300cc 정도이며, 소변 횟수는 하루에 3~30회 정도이다. 만일 소변을 보는데 똑똑 떨어지게 누거나 소변이 실같이 가늘게 나오면 의사의 진료를 받는 것이 좋다. 신생아의 소변의 빛깔은 엷고 냄새는 진하지 않다.

표 4-1 **신생아의 소변량과 대변량**

생후	소변량	대변량
1일	1회 이상	1회 이상의 태변
2일	2회 이상	2회 이상의 태변
3일	3회 이상	2회 이상의 이행변
4일	4회 이상	3회 이상의 이행변
5일	5회 이상	3회 이상의 이행변(황색)

생후	소변량	대변량
6일	6회 이상	4회 이상의 황색변
2~3주	6회 이상	3~4회 이상의 황색변
1달	6~8회 이상	횟수는 다양함

출처: 가톨릭대학교 성모병원

3) 신생아의 행동 특성

(1) 신생아의 행동

신생아기는 출생 후부터 1개월을 말한다. 이 시기는 짧은 기간이지만 독립된 생명체로서 움직이면서 새로운 환경에 적응하는 능력을 키워 나가는 때이다. 신생아는 근육이 연하고 신경계가 아직 발달하지 않아서 동작을 자유자재로 통제하지 못한다. 몸을 뒤집을 수 없고, 앉을 수도 없으며 손을 뻗쳐 물건을 잡지 못하고 눈 움직임조차도 조정할 수가 없다. 신생아의 신경계는 아직 미발달 상태이므로 아기가 제 마음대로 동작을 조절할 수 없을 뿐더러 신체의 한 부위를 움직이려 할 때 전신이 움직여진다. 이것이 전신동작이라고 알려진 현상이며, 에너지 소모가 매우 크다. 예를 들어, 빠는 행위(Act of sucking)와 같은 간단한 동작을 하려 할 때에도 팔을 휘젓고, 다리로 차고, 머리와 몸 전체를 비틀고, 돌리는 동작이 수반된다.

부모는 대부분은 신생아가 무력하다는 사실을 알고 있으며, 아기의 손 하나 발 하나까지 보살필 준비가 되어 있다. 그렇지만 출생 후 2~3주일 이내에, 아기의 신경계가 발달되고, 근육이 강해지고 뼈가 굳어짐에 따라 이 무력함은 줄어들기 시작한다. 눈을 깜박이고, 소리가 나는 곳이나 움직이는 물체 방향으로 눈을 돌린다. 이쪽저쪽으로 머리를 돌리고, 혀를 내밀고, 입을 벌리고 다물고, 입술을 오므리며 등을 구부리고, 몸통을 돌리고, 팔을 휘두르고, 발차기를 하고, 손을 오므렸다 폈다하고, 손가락, 발가락을 꿈틀거린다. 태아처럼 신생아도 팔다리를 웅크리고 있고, 근육과 관절이 유연하기 때문에 손가락, 발가락을 빨기 위해서 손과 발을 입에 가져갈 수 있다(Brazelton, 1956).

신생아는 자신의 의사 표현을 울음으로 시작하는데 생후 1~2주까지의 신생아는 1일 평균 2시간 정도 운다. 대체로 신생아의 울음은 적당한 운동일 수도 있기 때문에 걱정할 필요는 없지만, 유아의 불만의 원인을 제거해 주고 적절히 달래 주는 것이 바람직하다. 부모는 신생아의 울음에 민감하게 즉시 대처해야 한다.

(2) 신생아의 운동발달

출생에서 만 1세까지의 신생아의 운동은 다른 발달영역과 밀접한 관계가 있으므로 운동을 할 수 있는 자극이 필요하다. 출생한지 얼마 안 되는 영아에게 누운 자세와 엎드린 자세는 타인의 도움을 받지 않고 취할 수 있는 유일한 자세이다. 이 때 시각, 청각의 자극을 주어 움직일 수 있도록 유도한다.

다음은 출생에서 만 1세까지를 제4기로 나누어서 신생아의 운동양상을 살펴보면 다음과 같다.

1 제1기(생후 0~3개월)

보통 2개월 말쯤 되면 영아는 말보다 빨리 엎드린 자세로 머리를 위로 들 수 있게 된다. 이 때까지 아기는 주위와 거의 접촉을 가지고 있지 않다.

2 제2기(생후 3~6개월)

엄마가 어르는 것을 듣기도 하고 말하는 것을 듣기도 하며 손발을 흔들고 생긋생긋 웃는다. 6개월 말쯤에 아기는 누운 자세에서 엎드린 자세로 뒤치며 양손을 쳐들기도 한다. 양쪽 겨드랑이를 들고 세워 주면 발끝을 세워서 쿵쿵 바닥을 차게 된다. 앉기 위해서는 가볍게 붙잡아 주는 것이 이 시기에 필요하다.

3 제3기(생후 7~9개월)

생후 7개월경에는 운동발달상 누운 자세를 그대로 볼 수 없게 되고 아기는 엎드린 자세로부터의 새로운 자발운동, 즉 몸을 일으키는 것과 네 발로 기어가는 것을 시도하기도 한다. 누운 자세는 쉴 때만 취한다. 운동발달상 여기부터가 새로이 얻은 기능으로서 일으키기와 엎드려 네 발로 기기가 각각 별개로 취급된다.

붙잡고 서기는 제3기 말(9개월경)에 획득된다. 이들의 수개월에 걸쳐 앉은 자세는 여러 가지 움직임의 출발점이 된다.

4 제4기 초(10개월 경)

앉은 자세→네 발로 기기→스스로 몸을 일으켜서 붙잡고 일어서기→아기침대를 따라 붙잡고 걷기, 그리고 다시 앉는 이러한 움직임이 점점 완성된다. 아기가 방안의 벽을 붙잡고 흔들흔들 걸어 다니며 손이 닿는 범위의 것 모든 것에 손을 댄다.

5 제4기 후(생후 10~12개월)

이동 동작은 점차로 그 협응성이 증가된다. 아기는 스스로 몸을 일으키고, 서고, 붙잡고 걸으며 만 1세의 생일을 전후하여 직립보행의 제1보를 밟게 되며 아장아장 걷게 된다(곽노의, 1995).

한편 Gesell(1939, 1946; Gesell & Ames, 1947)은 영아의 엎드린 자세가 23단계에 걸쳐 발달한다는 것을 밝혀 냈다. 1단계는 생후 1주일에 수동적 무릎 꿇기(Passive kneeling), 5단계는 생후 4개월에 수영자세, 7단계는 생후 5개월 반경에 개구리 자세, 11단계는 생후 7개월에 배로 기기, 16단계는 생후 8개월에 부들거리면서 양 손과 양 무릎을 바닥에 대기, 19단계는 생후 10개월에 양 손과 양 무릎을 바닥에 대고 기기, 마지막 23단계는 생후 14개월에 걷기다.

좀 더 최근의 분류에 따르면, 생후 7개월경에 배로 기고, 8개월에 양 손과 양 무릎을 바닥에 대고 기고, 생후 12개월경에 걷는다(Capute, Shapiro, Palmer, Ross, & Wachtel, 1985).

영아가 서고 이동하기 위해서 몸을 일으켜 세우는 데까지는 몇 달이 걸린다.

평균적으로 걷기를 위한 중요한 이정표가 생후 7~10개월경에 시작되어 11~15개월에 끝난다. 직립자세 능력을 장기간에 걸쳐 확보하는 과정에서 다리근력과 균형통제력이 모두 증가한다.

표 4-2 **운동발달의 과정**

개월	운동발달 양상
1개월	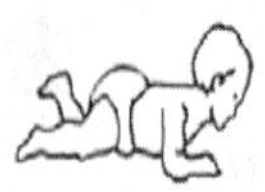 턱을 들 수 있다.
2개월	 가슴을 들 수 있다.
3개월	 물체를 주면 손을 뻗치지만 잡지 못한다.
4개월	 목을 가눈다./ 딸랑이를 흔들고 응시한다./ 받쳐 주면 앉는다.
5개월	 무릎에 앉고 물건을 잡는다.
6개월	 물체를 주면 이미 잡고 있는 물체를 내버린다. 엄지손가락을 사용하지 않는다. 아기용 의자에 앉고 물체를 잡으려고 손을 뻗친다.
7개월	 혼자 앉는다.
8개월	 엄지손가락을 이용해서 작은 물체를 집는다./ 도와주면 선다.

개월	운동발달 양상
9개월	 붙잡고 선다.
10개월	 잘 기어 다닌다.
11개월	 손을 잡고 이끌어 주면 걷는다.
12개월	 의자를 잡고 일어선다.
13개월	 계단을 기어오른다
14개월	 혼자서 선다.
15개월	 혼자서 걷는다.
16개월	손잡고 계단을 오르내린다. / 공을 던질 수 있다./ 옆으로 또는 뒤로 걷는다.
24개월	달릴 수 있다./ 혼자 계단을 오르내릴 수 있다.

4) 감각능력

신생아에 대한 과학적인 연구결과에 의하면 오늘날 우리가 알고 있는 것은 감각기관들이 출산 시에 각기 다른 수준의 발달을 보인다는 점이다. 즉, 잘 발달되어 있는 감각기관이 있는가 하면, 부분적으로만 발달되어 있어서 효과적으로 기능을 발휘하지 못하는 감각기관도 있다는 연구이다. 신생아의 감각능력은 대체로 미발달 단계에 있기 때문에 세상을 부분적으로 밖에 의식할 수가 없다고 한다.

심리학자인 William James는 신생아들은 잘 보지도 듣지도 못하는 그들에게 단지 이 세상은 와글거리는 거대한 혼돈처럼 여길 수 있다고 하였다. 그래서 신생아는 대부분의 시간을 잠으로 보내며 그들은 영양을 섭취하는 동안만 깨어 있다가 다시 깊은 잠에 빠진다고 했다.

출생 시 감각기관의 발달 정도를 알아보면 다음과 같다.

(1) 감각기관

1 후각

신생아의 초기 감각 중 후각은 예민하지는 않으나 좋아하는 냄새와 싫어하는 냄새를 구별한다. 출생 후 5일에 어머니의 젖 냄새를 후각으로 찾아 신생아가 가까이 가는 연구에서도 알 수 있다. 후각은 신생아가 엄마를 인식해 가는 한 수단이 되므로 초기의 사회적 상호작용에 중요한 역할을 한다. 후각발달을 표로 나타내면 〈표 4-3〉과 같다.

표 4-3 **후각의 발달**

생후 1일	젖 냄새와 다른 냄새를 구별한다.
생후 6일	엄마의 체취와 다른 여성의 체취를 구별할 수 있다. 아기는 젖 냄새와 엄마 냄새가 날 때 매우 민감한 반응을 보인다.
생후 1주일	엄마의 냄새와 낯선 다른 엄마의 냄새를 구별할 수 있다.
생후 1개월	출생 시 잘 조직화된 후각은 생후 1개월 간 중요한 역할을 한다. 운동 및 접촉 감각과 같이 후각도 동물로부터 진화된 초기부터 나타난 것이다.

2 미각

신생아의 미각을 후각과 마찬가지로 좋아하는 어머니의 젖맛을 알아차리고 쓴맛보다는 단맛을 선호하는 경향이 있으며, 즉 단 것은 주면 삼키고 짜거나 신 것이나 쓴 것을 주면 삼키지 않는다. 즉, 신생아는 4가지 기본 맛 모두에 차별적으로 반응한다. 또한 신생아는 설탕물보다 엄마 젖이나 우유를 더 좋아한다. 보통 2~3개월 정도 되면 신생아는 특정한 맛에 대한 기호가 생기며 3개월 정도 되면 혀의 맛을 감지하는 미뢰가 발달하기 시작한다.

신생아가 맛을 구분할 수 있음은 얼굴 표정과 빠는 속도를 통해 확인된다. 달콤한 자극에는 얼굴표정이 이완되고 종종 즐거움의 미소를 보이나 쓴맛에 대해서는 입을 크게 벌리고 싫은 표정을 짓는다.

3 통각

신생아의 통각반응은 다른 감각들에 비해 다소 둔한 편이어서 출생 직후 신생아들에게는 통각이 잘 발달되어 있지 않은 편이다. 그러나 생후 약 3~4일이 경과되면서부터 급속하게 발달해 간다. 통각에 대한 감수성은 여아가 남아보다 더 민감하며 신체부위의 통각반응은 몸통이나 하체보다 입술, 속눈썹, 이마 등의 머리 부분에 더욱 민감하고 적극적인 반응을 나타낸다.

4 촉각

신생아의 냉각과 온각은 비교적 발달이 잘 되어 있다. 특히 냉각이 발달되어 있으므로 찬물에 대한 신생아의 반응은 민감하다. 또 우유의 온도가 너무 차거나 뜨거우면 호흡과 맥박이 일정치 않으면서 우는 신체반응을 보인다. 신생아는 온도 변화에도 민감하게 반응하므로 실내 온도가 내려가면 신체운동을 더 활발히 한다.

피부접촉을 통한 자극은 신생아를 진정시키는 효과가 있다. 아기를 안아 주거나 등을 토닥거려 주고 배를 가볍게 어루만져 주는 등의 피부접촉 자극은 정상적인 발달에 필수적이며, 신생아의 성장을 돕고 애착형성에도 많은 도움이 된다.

5 시각

임신 4주면 태아의 눈의 형성이 확인되고 임신 7주면 눈꺼풀이 형성된다. 또한 임신 6개월이 되면 시각기관이 완성되고 임신 9~10개월이면 빛에 대한 강한 반응과 감지를 나타낸다. 신생아가 출산한 바로 직후에는 질병의 감염을 막기 위해 병원에서 질산은 용액을 넣어 준다. 따라서 신생아는 흐릿한 시각을 가지고 있으므로 사물의 초점을 맞추어서 응시하지 못한다. 그러나 신생아의 시각기능은 빠르게 발달한다. 신생아의 눈은 사물이 지나치게 가깝거나 멀리 있으면 볼 수 없다. 그러므로 신생아에게 부모나 사물을 보이게 하려면 신생아와 19~20cm 정도의 거리로 떨어져서 제시해야 한다. 이 거리는 바로 젖을 먹일 때 엄마와 아기의 거리이다.

생후 1개월이 되면 신생아는 시각자극에 따라 눈을 돌리고 움직이며 사물을 따라가는 추적운동이 가능해진다. 4~8개월이 되면 색 변별이 가능하며 시각의 정확도가 정상에 이른다. 11개월에 이르러서 성인과 같은 망막의 발달을 갖게 된다.

Fantz(1961)의 연구에 따르면 신생아는 복잡한 그림이나 물체보다 단순한 그림이나 물체를 더 선호하고 무늬가 있는 것을 무늬가 없는 것보다 더 좋아한다고 한다.

6 청각

신생아의 청각은 태내에서 이미 발달이 되어 있다. 그러나 신생아는 소리가 통과하는 중이가 양수로 막혀 있다. 목구멍을 통하여 양수가 점차 흘러 나가서 중이에 양수가 제거되면 청각이 원활해진다. 신생아의 청각 체계는 출생 시에 완전한 해부학적 구조를 갖추고 있으며 거의 성인 크기의 고막과 잘 발달된 와우관을 가지고 있다. 신생아들은 소리의 높낮이와 세기를 구별할 수 있을 뿐만 아니라 소리의 방향도 식별할 수 있다. 이렇듯 출생 시 청각에 대한 말초기관은 충분히 그 기능을 갖추고 태어나지만, 신경전달로는 아직 발달이 완전하지 않으며, 외부로부터 소리자극이 주어질 때 신경전달로 내의 시냅스 연결이 활발히 이루어지면서 성숙된다. 신생아의 청각이 성인수준까지 도달하기 위해서는 출생 후 약 2년 정도의 기간이 소요된다.

(2) 신생아의 감각기능에 대한 연구

1 시각연구

신생아의 시지각은 출생 2, 3주에서 10주 사이에 2배 이상 주변 시각(Peripheral vision)이 증가한다(Tronick, 1972). 점점 시간이 지나면서 6개월에서 1년 사이에 성인의 범위까지 이르게 된다(Cohen, DeLoach & Straiss, 1979).

신생아에 대한 색깔 실험에서는 4개월 된 유아가 빨강, 초록, 파랑 그리고 노랑을 구분할 수 있으며, 밝은 색을 선호한다고 설명하였다. 또 다른 연구에서는 신생아가 사물을 선호하는 능력이 출생 즉시 가능하다는 연구이다. 아기는 어떤 물체나 모양을 오랫동안 쳐다볼 수 있는 능력이 있다고 하였다. 아기는 어떤 물건이나 사물의 모양을 더 좋아하는 것과 덜 좋아하는 것이 있다는 결론을 내릴 수 있다.

그러므로 아기는 태어날 때부터 부모 얼굴이 익숙하고 친숙하게 느끼는 것으로 연구자들은 밝혀 냈고, 그것보다 더 선호하는 것은 사람 얼굴보다 더 복잡한 패턴 같은 것이라고 하였다.

Fants(1974)의 연구에서는 4개월 정도가 되면 얼굴 생김의 전체 윤곽을 볼 수 있으며, 다른 얼굴과의 비교를 할 수 있다는 것이다. 아기들은 정상적인 얼굴을 비정상적인 얼굴보다 더 선호하는 것으로 나타났다.

2 깊이 지각 연구

신생아들은 깊이에 대하여 어느 정도는 알고 있다는 연구는 이미 여러 번 발표되었다. 깊이에 대한 느낌은 생후 2개월 정도 되면 학습되어진다고 한다. 깊이에 대한 Walk와 Gibson(1961)의 연구에서는 신생아가 보면 착각할 수 있는 바둑판 모양의 깊이를 만들어 '시각적 절벽'이라고 붙이고 6개월 된 아기가 기어가도록 유도하였으나 아기는 깊게 보이는 쪽은 기어가지 않으려는 것을 발견하였다. 이러한 결과는 영아가 얕은 곳과 깊은 곳을 구별하는 깊이 지각능력을 갖고 있음을 나타낸다.

[그림 4-6] 영아의 깊이지각실험

(3) 반사능력 연구

신생아에 대한 연구들에서는 4가지로 관찰하는 방법을 보고하였다. 즉, ① 아기를 세심하게 관찰하고 아기가 무엇을 하는지, ② 아기의 기분상태에 있는 행동방식을 눈여겨보고, ③ 특정한 자극에 대한 반응을 관찰하고, ④ 학습능력을 알기 위하여 아기가 운동적 반응을 적절하게 하는지를 관찰하는 것이다(Stone, Smith & Murphy, 1973).

반사행동이란 뚜렷한 원인이나 목표 없이 나타나는 자발적인 동작과 달리, 특정 자극에 반응하여 나타나는 반사적 반응이다. 신생아의 반사는 학습된 것이 아니

다. 자동적이며 어떤 특정한 자극에 대한 반응이다. 따라서 예측이 가능하고 의도하지 않은 반응행동을 말한다. 신생아의 감각 유형은 다음과 같다.

1 바빈스키 반사(Babinski reflex)

신생아의 발바닥을 딱딱한 물건으로 건드리면 발가락을 부채처럼 펴는 반사이다. 그러나 이 반사는 나이가 들면서 소멸된다.

2 바브킨 반사(Babkin reflex)

신생아가 누워있을 때 손바닥을 누르면 입을 벌리는 반사이다.

3 찾기 반사(rooting reflex)

신생아의 옆에 사람이 있으면, 사람의 몸을 입으로 더듬는 반사이다.

4 빨기 반사(sucking reflex)

물건이 신생아의 입에 닿으면 빨려고 하는 반사이다.

5 모로 반사(Moro reflex)

신생아가 소리나 빛의 자극이 달라지면 팔과 다리가 뻗쳤다가 다시 오므리는 반사이다.

6 잡기 반사(grasping reflex)

신생아의 손에 사람의 손이나 장난감, 물건을 닿게 하면 잡는 반사이다. 실험대위로 들어 올려도 몸무게를 지탱할 정도로 손을 꽉 잡는 것을 볼 수 있다.

7 걷기 반사(walking reflex)

신생아를 출생 후 바로 어깨를 받쳐 주면 마치 걷는 것처럼 다리를 바꾸는 행동을 하는 반사이다. 이는 사라졌다가 영아 중기에서 말기에 다시 나타난다.

8 수영 반사(swimming reflex)

아기를 물 속에 넣으면 물 위에 뜨기 위해 적절한 팔다리 운동과 호흡을 한다.

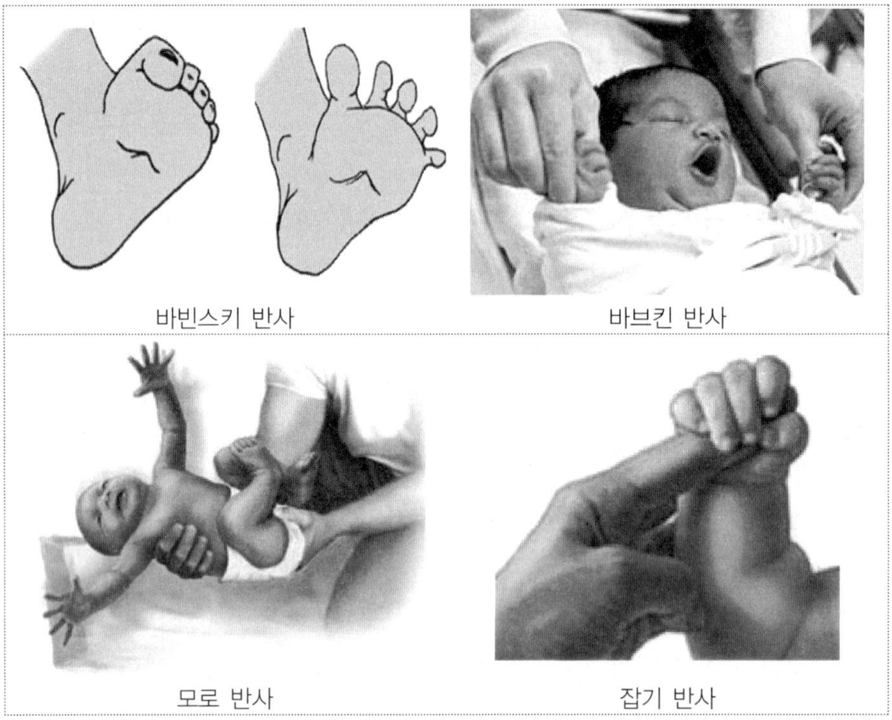

[그림 4-7] 영아의 반사행동

제5장

영아 신체발달

1. 발달적 특징
2. 신체발달
3. 신체발달을 촉진하는 성인 및 교사의 역할

1. 발달적 특징

출생 후 첫 6개월 동안 영아의 신체 발달은 아주 급진적이다. 신장의 발육은 생후 2년 내의 성장이 특히 크며 연령이 낮을수록 그 정도가 심하다. 즉, 영아기는 부모로부터 물려받은 유전적 특성과 외적인 환경적 요인의 상호작용에 의해 신체적으로 매우 빠르게 성장하는 성장의 급등기라고 할 수 있다. 신체적으로 보면, 몸무게는 출생 시보다 3배 정도가 되고 키는 2배 정도로 성장한다. 또한 생후 1년을 전후로 하여 근육과 신경계가 발달하여 서서히 걸을 수 있게 되면서 영아는 보다 활동의 폭이 넓어진다. 그 후 운동 능력은 대근육 운동에서 시작되어 소근육 운동까지 점차 발달하며 성장하면서 더 조직화되고 정교화된다. 이와 같이 급격한 신체적 변화와 운동 및 근육 발달은 지각, 인지, 언어 및 사회적 기능과 밀접하게 상호작용하면서 발달해 나간다.

영아기는 신체의 통제와 환경과의 교섭이 잘 조정되는 것이 특징이다. 다시 말하면 영아기는 신체적 · 정신적 발달의 속도가 급속도로 빨라져서 혼자서 앉고 서며, 걷는 등의 자기 신체의 조정능력이 생겨나는 시기이다. 즉, 1년에서 1년 6개월 동안에 영아들의 기초적인 감각기관의 발달이 거의 완성되며 운동기능의 조정능력도 이루어진다(김행자, 1986).

2. 신체발달

1) 신체발달의 양상

영아기는 신체적 성장이 일생 중에 가장 빠른 시기이다. 성장 비율은 생후 6개월 동안이 가장 빠르며, 그 다음 6개월은 다소 느려진다. 어렸을 때 신체가 잘 발달된 유아는 성인들로부터 좋은 반응을 많이 받으므로 정서적으로도 안정되어 있으나 성장발육이 늦어 신체가 허약한 유아는 앞으로의 사회 적응 면에서 문제점을 갖게 된다. 근육의 발달은 좋은 운동기능을 가지게 하여 많은 새로운 활동을 하게 되고, 뇌와 신경계통의 발달은 지능에 큰 영향을 줄 뿐만 아니라, 정서적 · 사회적 적응에도 지대한 영향을 미치게 된다. 그리고 일반적으로 신체발달의 속도는 초기에는 빠르고 후기에는 늦어진다(김행자, 1986).

(1) 신체의 크기

신생아의 출생 시 체중은 생후 3개월이 되면 2배 정도가 되고, 1년이 되면 약 3배인 10kg 정도가 된다. 2세가 되면 출생 시의 약 3.7배가 되며, 6세가 되면 출생 시의 5.4배인 성인의 30% 정도가 된다. 그러나 영아의 신장 발달은 체중 증가에 비하여 아주 늦다. 일반적으로 영아의 평균 신장은 생후 1년경에 약 50%가 증가한다. 즉, 처음 6개월 동안은 1개월에 2.5cm 정도가 증가하여 15~17cm 커지고, 그 후에는 1개월에 1.2cm 정도 증가하여 약 7cm 커진다. 출생 후 1년이 되면 출생 시 신장의 약 1.5배가 된다. 신장은 남아가 여아보다 발육이 좋다. 1990년 한국 소아의 발육 표준치에 의하면 1개월 된 남아는 55.6cm이며, 여아는 55cm이고, 6개월 된 남아는 67.9cm, 여아는 66.3cm, 12개월 된 남아는 74.8cm, 여아는 72.8cm이다(안영진, 1997).

신장은 1년이 지나면서 증가속도가 점차 감소하여 2년이 되면 출생 시의 1.7배, 3년이 되면 출생 시의 1.8배인 94cm 정도가 된다.

한편 출생 시에 가슴둘레보다 컸던 머리둘레는 생후 1개월이 되면서부터 가슴둘레보다 조금 작아지게 된다. 생후 1년이 되면 머리둘레는 약 45cm 정도로서 출생 시의 약 1.3배가 되고, 가슴둘레는 출생 시보다 약 13cm가 증가한 40cm 정도가 된다. 가슴둘레와 머리둘레는 다른 부분보다 성장하는 폭이 훨씬 더 작다. 3년이 되었을 때 머리둘레는 출생 시의 약 1.4배인 48cm 정도, 가슴둘레는 약 1.5배인 50cm 정도가 된다.

영아기는 인간의 발달에 있어 급속한 성장이 이루어지므로 성장 급등기(Growth spurt)라고 부른다. 성장급등 현상은 일생 동안 영아기와 사춘기에서 나타나게 되는데 출생 후 처음 6개월 동안의 기간을 제1 성장 급등기(The first growth sprut)라고 하며, 사춘기를 제2 성장 급등기(The second growth spurt)라고 한다.

영아기의 성장급등 현상은 주로 몸통과 다리 부분에서 일어난다. 출생 시의 신체비율은 머리가 신장의 약 1/4 정도였으나, 출생 후의 급속한 몸통과 다리의 성장으로 인하여 영아의 신체비율은 변화된다. 출생 후 18개월이 되면 머리는 신장의 약 1/5, 12세에는 약 1/7이 되며 성인이 되어야 비로소 1/8이 된다(김성희 · 허혜경, 1998).

신장은 체중에 비해 환경의 영향을 적게 받으나, 정상보다 심하게 신장 발육이 지체될 때에는 뇌하수체 혹은 갑상선 등의 장애 유무를 확인해야 한다.

특히 영아의 체중 곡선은 영양과 질병에 민감하게 반응한다. 즉, 영아의 체중이 감소되는 경우는 영양 결핍이나 질병으로 인한 일시적 현상이라고 할 수 있다.

표 5-1 **영아의 신장과 체중 증가의 일반적인 경향**

월령	체중	신장
신생아	남아 : 3.39kg 여아 : 3.23kg	남아 : 51.4㎝ 여아 : 50.5㎝
출생~6개월	140~200g/ 주 증가 3개월에 출생 시 체중의 2배	2.5㎝/달 증가
6개월~12개월	85~140g/ 주 증가 1세에 출생 시 체중의 3배	1.5㎝/달 증가 1세에 출생 시 신장의 50% 증가
12개월~36개월	2.5세에 출생 시 체중의 4배 2~3kg/년 증가	2세에 성인 신장의 1/2 2세에 12㎝ 증가 3세에 6~8㎝ 증가

(2) 골격 및 근육 발달

영아들의 골격은 성인에 비하여 작을 뿐만 아니라 비율, 형태, 구성에 있어서도 다르다. 뼈의 크기와 수도 증가하며, 신생아기에 부드럽던 뼈의 조직도 경화되기 시작하는데 경골화 작용은 개인차가 있지만 12~13세경에 거의 완료된다.

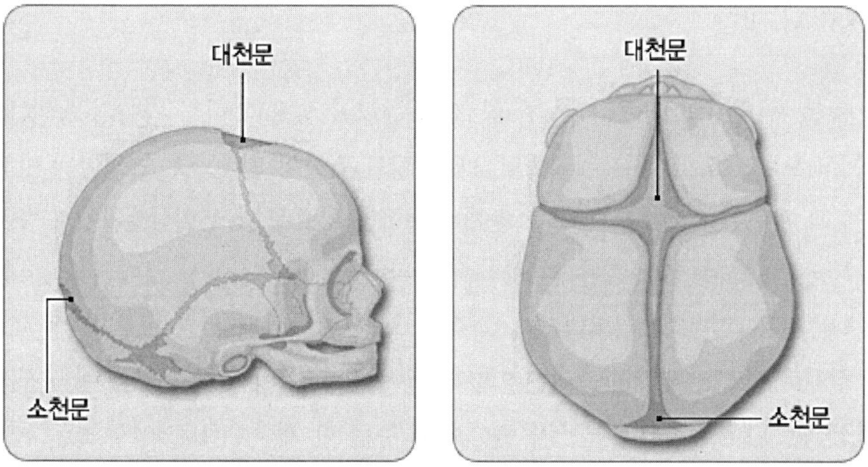

[그림 5-1] 대천문과 소천문

출생 시에 신체구조가 거의 완성되어 있으나 성인의 것과 다소 다르게 형성되어 있다. 두개골의 뼈가 완전히 연합되지 않아 머리 중심부에 부드러운 지점인 천문 또는 숫구멍이 있는데, 앞이마에 위치한 것을 대천문이라 하고 생후 1.5~2년 사이에 닫힌다. 소천문은 이마 뒷부분에 위치하며 대천문보다 작고 생후 4~8개월 만에 닫힌다. 즉, 천문은 두개골이 자라게 되면 닫히게 된다. 이것은 약 9~12개월이 되어야 완전히 닫히게 된다. 이 시기에 뼈에 어떤 외부적인 압력을 준다거나 하면 여러 가지 신체의 기형을 가져올 수가 있다. 그리고 골격 발달의 시기나 비율은 신체의 각 부위마다 다르며 각 개인마다 차이를 나타낸다.

출생 시의 근육 섬유의 수는 성인의 근육 섬유수와 같지만, 섬유수의 크기나

길이는 성인에 비해 적다. 근육 발달은 두미법칙에 의존한다. 즉, 머리 부분의 근육에서 다리 부분의 근육으로 섬유수의 크기와 길이, 기능이 발달한다. 생후 1년 동안의 영아는 신체의 수의근이 완전히 조정되지 않은 상태이므로 신체 활동에 피로가 빠르고 회복도 쉽게 된다.

또한 근육의 종류에 따라 성장 속도가 다른데 대근육이 소근육보다 일찍 발달하며, 근육의 신체비율도 남아가 여아보다 크다.

(3) 뇌 발달

출생 시 영아의 뇌에는 수 천 억 개의 뉴런이 있으며 이후 영아기 동안 뇌는 최종적으로 필요로 하는 시냅스의 2배 가량을 만들어 낸다. 그 중 영아의 반복된 경험과 관련된 시냅스는 강화를 받아 영속적인 회로로 남고 일상생활에서 충분히 반복되지 못하는 시냅스는 곧 사라지게 된다. 이런 과정에서 영아의 뇌는 점차 지각, 사고, 말하기, 기억하기에 적절한 체계로 발달해 간다.

실제로 시카고 대학의 소아신경학자들은 죽은 아기의 뇌를 해부했는데, 시각을 관장하는 뇌 피질층의 시냅스가 출생 직후 뉴런 한 개당 2,500개에서, 6달 뒤에는 18,000개로 늘어났다. 이 연결은 2살 때 최고로 올라가 10살이나 11살이 될 때까지 이 수준을 그대로 유지한다. 중요한 것은 시냅스가 많을수록 뇌는 유연성과 복원력이 높아진다는 사실이다. 베일러 의과대학 연구진들은 놀이나 접촉 경험이 없는 어린이들은 시냅스가 정상아보다 25~30퍼센트 적다는 사실을 밝혀 냈다. 쥐를 이용한 실험에서도 마찬가지였다. 장난감이 많은 상자 속에서 자란 쥐는 황량한 상자 속에서 성장한 쥐보다 뉴런 하나당 시냅스 연결이 25퍼센트 많았고, 복잡한 행동까지 할 수 있었다. 이들은 또 뇌 발달에는 특히 출생 첫해가 가장 중요하다고 말한다. 또 3살까지 버림받거나 학대당한 어린이는 정상상태를 회복하기 어렵다고 한다. 특히 과학자들은 출생 뒤 몇 년 동안 아이와 환경 사이에는 “창”이 존재하며, 이 시기에 창을 통해 적절한 자극이 주어져야 뇌의 구조가 창조되고 안정화된다고 믿고 있다.

태어날 때 350g에 불과하던 뇌 무게가 영유아기에 가장 빠르게 성장하여

1000g 이상으로 확대, 발달되며 신경회로가 점차 치밀해지고 두터워진다. 머리의 좋고 나쁨은 뇌의 무게나 크기보다 신경회로의 치밀한 정도와 두터운 정도에 따라 결정이 된다. 이러한 신경회로는 일생 중 영유아기에 가장 활발하게 발달한다. 또한 이 시기는 어느 한 부분의 뇌만이 발달하는 것이 아니라 모든 뇌가 골고루 왕성하게 발달하여 2~3세경에 어른 뇌의 모양을 갖추게 된다. 그러므로 영아기에 편중된 자극보다는 오감(시각, 청각 ,촉각, 미각, 후각)을 통한 다양한 영역의 정보를 줄 수 있도록 하는 것이 두뇌발달의 중요한 기초가 된다.

신생아기에는 뇌의 감각운동영역이 가장 활발하게 발달하며, 이 시기가 지나면 점차 공간과 언어영역을 담당하는 두정엽 · 측두엽의 활동이 활발해진다. 그리고 만 2~4세쯤 되면 감성과 사고영역을 담당하는 전두엽의 활동이 최절정에 도달한다. 이러한 인간 뇌 구조의 발달은 유전자(DNA)에 의해 어느 정도 결정돼 있는 게 사실이다. 그런데 중요한 점은 이러한 영유아기 뇌 발달이 정해진 패턴대로 진행되는 게 아니라는 것이다. 유전적 요인이 물론 중요하지만 그것이 나타나는 양상은 사람마다 개인차가 있으며, 그 개인차는 환경적 요인의 영향을 받는다는 사실이 많은 연구를 통해 입증되고 있다.

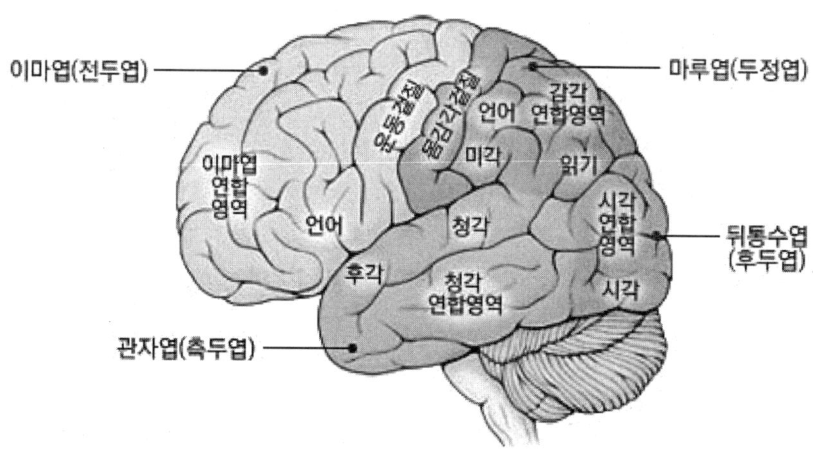

[그림 5-2] 뇌 구조

특히 최근 들어 무리한 조기교육이 심각한 결과를 초래하고 있다. 뇌는 무조건 많은 자극을 이른 시기에 주는 것보다, 두뇌의 발달양상에 따라 적절한 시기에 적절한 자극을 주는 것이 훨씬 더 효과적이다. 그러므로 영아기의 올바른 적기교육이 필요하다.

두뇌발달에 따른 적기교육에 대한 내용을 소개하면 다음과 같다.

〈두뇌발달에 따른 적기교육〉

■ **0-24개월: 뉴런들을 연결하는 시냅스가 급격히 증가하는 시기**

정서적 안정 중요. 이 시기에 아이가 받은 스트레스는 기억을 담당하는 이마의 신경망을 위축시킨다. 부모와의 스킨십이 무엇보다 중요하다.

■ **25-36개월: 이마엽과 변연계가 활발하게 발달하는 시기**

종합적인 사고와 정서적 안정의 기초를 다지고 관계를 통한 학습이 중점적으로 이루어지는 시기이다. 이 시기에는 운동 발달을 위한 놀이, 아이의 사회성이나 자아 존중감을 발달시키는 상징놀이, 사회적 놀이가 필요하다. 언어 발달도 급격히 이루어지므로 언어능력을 증진시키는 놀이도 필요하다.

■ **37-72개월: 이마엽과 우뇌가 발달하는 시기**

창의력과 정서발달이 중요한 시기이다. 자신의 감정을 조절하는 것도 배우고 적절한 말과 행동으로 자신의 감정을 표현하는 것도 익혀야 한다. 창의력이 급격하게 발달하므로 부모와의 대화를 늘려서 종합적으로 사고하고 문제를 해결할 수 있는 능력을 키운다. 음악, 미술, 체육 같이 아이의 재능을 발견하고 키울 수 있는 본격적인 교육도 가능하다.

(4) 치아의 발달

치아에는 유치(Temporary teeth)와 영구치(Permanent teeth)가 있으며, 완성된 유치의 수는 20개이고 영구치는 32개이다. 치아의 생성은 태아기부터 형성되며 유치는 출생 후 6~8개월에 나타난다. 5~6세가 되면 유치가 빠지고 영구치가 나타난다. 유치는 맨 처음 가운데 아랫니가 2개 나오고, 약 2개월 간격으로 가운데 윗니(2), 위아래 양쪽 간니(2 : 2), 위아래 첫 번째 어금니(2 : 2), 위아래 송곳니(2 : 2), 위아래 두 번째 어금니(2 : 2) 순으로 나오게 된다. 유치는 모두 20개이며, 생후 2년 6개월을 전후하여 모두 나온다(김광웅 · 방은령, 1992).

유치가 나오는 시기에 있어서도 성별의 차이가 나타난다. 근육이나 골격의 발달에서와 마찬가지로, 치아발달에도 여아의 발달이 남아와 비교해서 다소 안정된 양상을 보인다. 유치가 여아는 6~7개월경에 나오며, 남아는 7~8개월경부터 나오기 시작하는 경향이 있다. 또한 6개월경 치아가 나기 시작하면서 짜증을 내기도 한다.

표 5-2 **유치가 나오는 순서**

월령	유치 나오는 순서
6~8개월(2개)	
8~9개월(4개)	
10~12개월(6개)	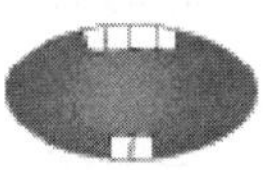
12~14개월(8개)	
14~16개월(12개)	
16~20개월(16개)	
20~30개월(20개)	

어릴 때 건강이 평생을 좌우하는 것처럼 유치가 건강해야 영구치도 건강해진다. 0~6개월에는 이가 나기 위한 준비를 하는 시기이므로 잇몸 마사지를 해 주면 혈액순환에 도움이 될 뿐 아니라 입 안에 남은 우유 찌꺼기를 없애 줄 수 있고, 입 안을 닦는데 익숙해져 나중에 양치질을 편안하게 시작할 수 있다.

6~12개월에는 막 유치가 나기 시작하는 시기인 만큼 본격적인 치아 관리에 돌입해야 하는데 부드러운 칫솔모의 칫솔을 이용해 관리해 준다. 12~24개월에는 어금니가 나므로 어린이용 칫솔을 사용해서 양치 요령을 직접 보여주며 스스로 해볼 수 있는 기회를 주고 칫솔질이 익숙한 아이라도 어금니와 같이 손이 잘 닿지 않는 곳은 성인이 한 번 더 꼼꼼하게 닦아 주는 것이 좋다.

(5) 기본적인 욕구

1 수면

영아는 생후 1개월이 되면 1회에 약 2시간 동안 하루 8~9회의 잠을 잔다. 6개월경이 되면 밤 동안 한 번 자는 시간이 늘어나서 약 4시간 정도 자며 전체적으로 자는 횟수는 4~5회로 줄어든다. 이 시기가 지나면 영아는 개인차는 있지만 밤에 깨지 않고 6~7시간을 지속적으로 잘 수 있다. 밤에 지속적으로 자게 되면 낮 동안에 낮잠은 짧게 자게 된다. 보통 생후 6~12개월경에는 하루 2~3회의 낮잠을 약 2시간씩 잔다. 생후 12~24개월에는 대부분 오전 낮잠이 없어지기 때문에 저녁 취침 시간을 앞당기는 것이 좋다. 24~36개월 영아도 낮잠이 필요한 시기이므로 2시간 정도 자게 하는 것이 좋다.

표 5-3 **영아기 수면 시간**

개월	밤잠 시간	낮잠 시간	낮잠 횟수	총수면 시간
1주	8시간 30분	8시간	4회	16시간 30분
1개월	8시간 30분	7시간	3회	15시간 30분
3개월	10시간	5시간	3회	15시간

개월	밤잠 시간	낮잠 시간	낮잠 횟수	총수면 시간
6개월	11시간	3시간 15분	2회	14시간 15분
9개월	11시간	3시간	2회	14시간
12개월	11시간	2시간 15분	2회	13시간 45분
18개월	11시간	2시간 30분	1회	13시간 30분
24개월	11시간	2시간	1회	13시간
36개월	10시간 30분	1시간 30분	1회	12시간

2 대소변

영아는 생후 4개월을 전후하여 소변과 대변을 규칙적으로 배설하게 된다. 일반적으로 생후 8주 이후부터 약 6개월까지는 하루에 두 번 대변을 배설하고 그 이후에는 한 번의 대변을 배설한다. 그 후 생후 1년까지는 보통 두 시간마다 소변을 본다. 영아들은 잠을 자는 시간보다 수유하는 동안이나 깨어 있는 동안 배설을 더 잘한다. 특히 1년이 지나면서부터 영아들은 자는 동안에는 거의 배설을 하지 않는다. 대소변을 가리는 일은 개인차가 심하지만 대체로 근육 신경계통이 발달되는 6개월경부터 가능하게 된다. 소변의 통제는 출생 후 약 6개월경부터 시작하여 20개월 정도 지나면 완료되지만 초기에는 실수를 자주 한다.

대변의 통제는 18개월경 정도가 되어서야 가능하게 되지만, 개인차가 심해서 대개는 2세가 되어도 제대로 가리지 못하는 경우도 많다. 배변 통제는 가능한 한 빨리 형성될 수 있도록 훈련을 시켜야 하지만, 그렇다고 지나치게 강요를 하는 것은 좋지 않다. 강압적인 배변 훈련은 커서 강박증이나 위생불감증 등 성격장애도 유발한다. 주위에 있는 물건을 수시로 정렬하는 등 주변이 깨끗해야 심리적 안정감을 느끼고, 반대로 음식을 흘리거나 옷이 더러워져도 더럽다고 느끼지 못하게 된다.

영아의 행동으로 보는 배변훈련 시기를 제시하면 다음과 같다.

〈아이 행동으로 보는 배변훈련 시기〉

* 아래 항목 중 한 가지만 해당돼도 배변훈련 시작 가능

- 2~3시간 정도 변을 참을 수 있다
- 매일 대소변을 보는 횟수가 규칙적이다.
- 낮잠을 잘 때 기저귀에 대소변을 보지 않는다.
- 화장실에 간다는 말을 이해한다.
- 대변이 마렵다는 표현을 할 수 있다.
- 배변 전후 표정이 다르다
- 대소변을 본 기저귀를 차기 싫어한다.
- 대소변을 보는 흉내는 낸다.
- 속옷을 스스로 내리고 올릴 수 있다.

출처: 〈강박적인 배변훈련, 아이 강박증 유발〉 헬스조선. 2013. 4

배변훈련은 단순히 기저귀만 떼는 것이 아니라 자율성을 키우는 과정이며 영아가 자신이 한 행동의 결과에 대한 주위의 직접적이고 즉각적인 반응을 깨달을 수 있는 첫 경험이다. 그러므로 배변훈련은 영아의 감정뿐만 아니라 정서적인 안정감, 대인관계 등 전반적인 사회성 발달의 기본적인 바탕이 된다는 사실을 염두에 두고 점진적으로 진행하는 것이 좋다.

3 음식 섭취 및 영양

영아의 음식은 주로 모유나 인공유로서 출생 시부터 4~5개월까지는 빠는 형태로 음식을 섭취하지만, 6~7개월이 되면 씹고 깨무는 행동이 나타난다.

그런데 이 때 젖꼭지가 작거나, 딱딱하거나 또는 먹기 어려운 음식을 강제로 주면 큰 실망을 하게 된다. 이 때 초기 경험은 그 아이가 점점 커가면서 형성되는 식성과 깊은 관계를 가진다. 영아의 섭식에 대해서는 여러 가지 견해가 있는데, 그 가운데서도 수유와 이유의 문제가 중요하다.

먼저 수유에 대해서 살펴보면, 출생 시부터 젖을 빠는 행동을 하기 시작하는데,

5~6개월경에 유치가 나오기 시작하면서부터 젖을 깨물고 씹는 행동을 한다. 일찍 이유를 시작하면 구강기적 성격, 즉 의존적이고 유아적이며 불안정하고 신경질적인 경향을 보이게 된다고 하지만, 요즈음에는 수유 시기가 영아의 성격 형성에 영향을 미친다는 데에는 약간의 의문이 있다. 오히려 이유를 함으로써 오는 어머니와의 접촉 단절과 애정의 결핍에서 생기는 문제가 더 크지 않을까 하는 견해도 있다.

일반적으로 이유 시기는 6개월에서 1년 사이가 적당하며, 이러한 이유가 너무 빠르거나 지나치게 늦으면 성격 형성에 좋지 못한 영향을 주기도 하므로 특별히 신경을 써야 한다. 이유 시에는 모유나 우유의 양을 조금씩 줄이면서 서서히 소화되기 쉬운 음식을 적은 양으로 주어야 한다. 또한 이유식은 곡식분말이나 멸치가루 등과 같이 모두 곱게 빻아서 묽게 하여 거의 유동식으로 주며, 밥과 같은 고체음식은 생후 1년이 지나야 소화시킬 수 있다.

영아는 성인에 비해 신진대사가 활발하기 때문에, 섭취해야 할 영양소의 절대량은 적지만 체중 1kg당 에너지, 단백질, 수분의 필요량은 훨씬 크다. 성인과 달리 에너지나 다른 영양소를 저장해 둘 여유가 없으므로 영양의 부족, 영양질의 불균형, 영양섭취 방법이 적절하지 않으면 그 반응이 심각하게 나타날 수 있다. 즉, 면역성의 저하와 생활력의 저하를 가져오며, 영양결핍성 질환을 갖게 되기 쉽다.

영아기는 신생아기에 비하여 성장속도가 둔화되므로 신생아기에 비해 음식 요구량과 식욕이 상대적으로 감소한다. 2세 영아는 이전보다 의사결정권을 많이 요구하고 거부하는 주장을 잘하므로 잘 먹던 음식에 대해서도 먹기를 거부하는 행동을 보이기도 한다. 이는 영아의 신체발달뿐 아니라 사회, 정서적 행동에도 영향을 줄 수 있다. 만일 영아가 배고픔을 느끼면 분노나 짜증이 유발되고 나아가 또래관계에도 부정적인 영향을 미칠 수도 있다.

영아를 위해 음식을 제공할 때 유의해야 할 점은 성장에 필수적인 5대 영양소가 모두 함유되어야 한다. 또한 영아는 소화력이 좋아야 하고 배변이 잘 되어야 하며, 섭취한 음식이 영아의 신체에 적절히 동화되기 위해서는 정신적 긴장이 없어야 한다. 그리고 모든 영아는 개인차가 있으므로 한 영아에게 적합한 규정식이 다른 영아에게는 맞지 않을 수도 있음을 알아둘 필요가 있다.

2) 운동발달

Schickendanz(2002)는 출생부터 18개월까지를 영아전기(Infant)로 보고, 19개월부터 36개월을 영아후기(Toddler)로 보았다. 영아의 운동발달을 영아 전기와 후기로 나누어 살펴보면 다음과 같다.

(1) 영아전기 운동발달

영아의 운동발달은 중추신경계, 골격, 근육의 성숙 정도에 따라 영향을 받는다. 운동발달의 속도는 개인차가 있으며, 발달의 전개는 시간적으로나 계통적으로 일정한 순서가 있다. 즉, 미분화의 전체 운동에서 분화적 특수운동으로 발달하는데, 이 분화적 특수운동이란 분화(Differentiation), 협응(Coordination), 중심화(Centralization)가 성립되어 상호 간에 통일된 관련 및 종속의 관계가 발생하게 되는 것을 의미한다(안영진, 1997).

첫째, 운동발달은 머리에서 시작하여 팔 · 다리 등의 발달로 진행된다(두-미의 방향, Cephalo-coudal direction). 아기는 먼저 머리와 목의 근육을 조절한 후 그 다음 팔과 복부를 움직이고, 제일 나중에 다리를 쓰게 된다. 즉, 머리를 먼저 가누고 난 뒤 앉을 수 있게 되며, 그 다음에 걸을 수 있는 것이다.

둘째, 신체의 중앙 부분에서부터 먼저 발달하여 가까운 부분, 즉 팔이나 다리 등의 말초부분으로 발달한다(중심-말초의 방향, Proximal-distal direction). 가까운 어깨의 근육을 먼저 조절할 수 있게 된 후에 팔, 손, 손가락의 순서로 발달하여 나가고 마찬가지로 다리 부분도 몸 가운데에서 시작하여 말초로 발달한다.

셋째, 신체의 대근육이 먼저 발달하고, 소근육이 점차 발달한다(전체-부분의 발달, Mass-specific direction). 최초의 미분화된 전체 운동으로부터 점차로 분화하여 특수화한 반응운동으로 이행한다.

운동발달은 크게 이행능력과 조작능력으로 나누어 볼 수 있다.

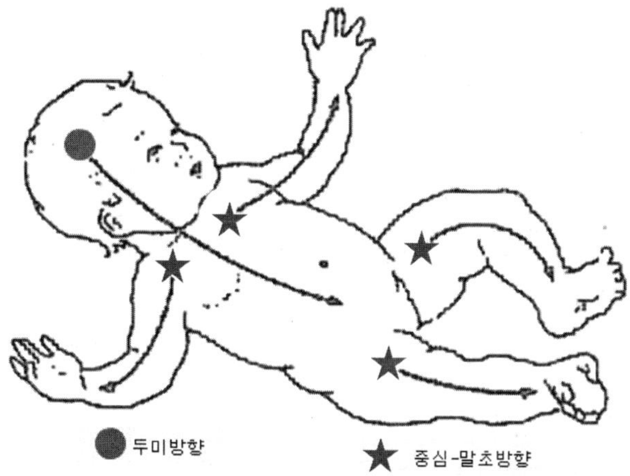

[그림 5-3] 운동발달의 순서

이행능력이란 생물체가 자기의 몸의 위치를 스스로 움직여서 옮기는 것을 말한다. 발달에 큰 변화를 가져오는 이행능력은 뒤집기, 앉기, 기어다니기, 일어서기, 걷기, 뛰기 등이며 이들의 발달은 일정한 순서대로 진행되는데 연령별로 진행되는 이행능력을 살펴보면 다음 표와 같다.

표 5-4 **영아의 이행능력**

연 령	이행능력
1개월	엎어 놓으면 턱을 든다.
2개월	엎어 놓으면 가슴을 들고 어깨를 편다.
3~4개월	혼자서 몸을 뒤집고 팔, 다리, 얼굴을 들며 받쳐 주면 앉기도 한다.
7~8개월	혼자서 앉을 수 있고 기어다닌다.
9~10개월	붙잡고 일어선다.
11~12개월	혼자서 일어서서 서 있을 수 있다.
13~15개월	걸을 수 있게 되며 계단을 기어서 올라간다.
15~18개월	계단을 기어서 뒤로 내려온다.

미국의 Mead의 연구에 의하면 미국의 정상적인 영아의 걷기 시작은 남아가 14개월, 여아가 13개월경이라고 하였다. 일반적으로 여아가 남아보다 걷기 시작

이 빠른 편이다.

걸음마기에 들어서면서 이행운동 기능은 급격하게 발달한다. 2세경까지는 급하면 뒤뚱거리며 걷던 유아가 3세가 되면 선을 따라 똑바로 걸을 수 있고, 달릴 수도 있게 된다(송영자, 1995). 그러나 이 시기 유아는 뛰고 있는 동안에는 갑자기 멈추거나 몸을 돌리지 못하므로, 아기를 보살피는 사람은 이 점에 유의하며 아기를 보살펴야 한다.

손과 팔은 물체를 쥐거나 조작하는 데 있어서 가장 중요한 부분이다. 영아의 손과 팔의 운동은 눈의 발달과 관련이 있으며 서로 상호 협응(Eye-hand coordination)이 되어야 물체를 잡을 수 있게 된다. 손과 팔의 운동은 도달(Reaching), 파악(Prehension), 손조정(Manipulation) 및 손가락 운동으로 발달한다. 팔이나 손 운동으로서는 신생아기에 나타나는 파악반사(Grasping reflex)가 있지만, 자신이 의도적으로 파악할 수 있는 시기는 출생 후 5개월 이후에 가능하다. 즉, 5개월 이후에는 시각적 공간 지각이 발달하고 엄지손가락을 쓸 수 있게 되고, 몸과 손과 팔이 협응하여 손을 물체 쪽으로 뻗어 잡으려고 한다. 그러나 정확히 파악할 수 있는 시기는 7~10개월이다(안영진, 1997). 연령별로 발달되는 조작능력을 살펴보면 다음 표와 같다(김광웅·방은령, 1992).

표 5-5 **연령별로 발달되는 조작능력**

월령	조작능력
0~3개월	쥐기 반사로 인하여 손에 물체가 닿아도 잡을 수 없어 밀기만 한다. 움직이는 물건쪽으로 고개를 돌리고, 잡으려고 어깨를 움직이지만 팔을 뻗지는 못한다.
3~6개월	손으로 물건을 잡고 논다. 매달려 있는 물건에 손을 뻗어 잡는다.
6~9개월	물체의 크기에 맞추어 잡고, 팔을 몸 중앙선에 교차해서 물건을 잡는다. 의도적으로 물건을 두드린다. 양손으로 물건을 잡고 입으로 가져간다. 우윳병을 잡고 입에 넣기 위해 기울일 수 있다.

월령	조작능력
9~12개월	종이를 찢는다. 고리넣기, 뚜껑열기, 종기 구기기, 책장 넘기기가 가능하다. 숟가락이나 크레용을 잡으려는 시도가 나타난다. 스스로 컵을 들고 마시려하지만 많이 흘린다.
12~18개월	마주 앉아서 공굴리기 놀이를 한다. 낙서형태의 그리기 가능하다. 간단한 탑쌓기 시도가 나타난다. 숟가락을 사용하여 밥을 먹는다. 양말, 신발, 모자 등 간단한 것을 벗을 수 있다.
18~24개월	돌려서 손잡이를 연다. 우세손이 대략적으로 결정된다. 사탕종이를 벗길 수 있고, 책장을 한 장씩 넘긴다. 원을 그리고 수평선 긋기가 나타난다. 큰 지퍼를 스스로 내릴 수 있다.
24~30개월	가위질을 할 수 있다. 3개의 블록으로 다리를 만든다. 빨대를 사용하여 물을 마신다. 간단한 옷을 혼자 벗는다.
30~36개월	십자, 네모 모양을 그린다. 선을 따라서 가위질을 한다. 양팔을 크게 벌려 공을 받는다. 구슬을 꿸 수 있다. 단추를 착용할 수 있고, 어려운 옷이 아니면 입고 벗을 수 있다. 젓가락으로 반찬을 집어 먹을 수 있다.

(2) 영아 후기 운동발달

2세 후반기가 되면서 영아는 빠르게 움직이거나 또는 천천히 움직이는데 있어서 이전 시기보다 좀 더 안정되며 균형을 유지하게 된다. 감각 및 탐색행동에 있어서도 보다 능동적이고 적극적이게 되며 걷고 뛸 수 있을 뿐만 아니라 쉽게 계단을 오르내릴 수도 있다. 2세 후반기의 운동능력은 낮은 장애물을 뛰어넘는 것을 가능하게 하며 던지기와 차기도 가능하지만 아직 동작이나 기술면에서 미숙함을 보인다.

구체적으로, 2세 후반기가 되면 약 10cm 정도 점프하기, 1초 동안 한쪽발로 균형잡기, 발끝으로 4발자국 걷기 등의 운동을 시도해 볼 수 있다. 2세 후반 영아는 몸통은 목표를 마주 보고 발은 고정시킨 채, 팔만을 뻗쳐 '공 던지기'를 할 수 있으며, 공을 받을 때도 아직은 공중 볼에 대한 팔 동작의 반응이 늦어, 팔과 손을 뻣뻣하게 펼쳐서 잡는 수준이다.

하지만, 세분화되고 정확한 기술적인 움직임의 능력은 아직 부족하고 점차적으로 몸의 움직임이나 이동성에서 유연하고 안정감이 있어지며 속도 조절 및 균형 유지 등이 가능하게 되어진다(유애열, 1999).

이현경(2003)은 영아들은 새로운 신체 기술을 익히고 획득하기 위하여 끊임없이 신체적 활동을 반복하며 이러한 반복은 영아들로 하여금 보다 나은 신체적 활동을 가능하게 한다고 설명한다.

운동기술과 협응능력이 발달된 영아들은 자신의 신체를 이용하여 새로운 시도를 해보고 싶어하며, 새로운 가능성에 도전하고자 한다. 영아들은 자신의 운동능력은 어느 정도인지, 자신이 환경을 얼마나 통제할 수 있는지 알아보기 위해 끊임없이 움직인다. 영아들은 움직이면서 자기의 신체로 할 수 있는 것과 할 수 없는 것을 발견하고 동시에 자기를 둘러싸고 있는 주위 공간에 대해 배운다.

영아의 신체활동은 신체발달을 도모할 뿐만 아니라 다른 발달에도 중요한 영향을 미친다. 영아기의 신체발달은 일생 동안의 건강 및 신체조절 능력, 운동 기술, 긍정적인 자아개념을 형성케 하는 중요한 요인이다. 그러므로 영아에게 다양한 신체를 활용한 움직임을 경험하게 하는 것은 영아 교육에서 필수적이다(정세정, 2013).

위의 내용을 종합해 영아의 근육 및 운동 발달을 살펴보면 〈표 5-6〉과 같다(안영진, 1997).

표 5-6

영아의 근육 및 운동 발달

연 령	근육 및 운동 발달
출생 후 2개월	근육 발달이 더욱 활발하게 이루어지고 사회적 미소(social smile)가 나타난다. 엎드린 자세에서 머리를 가눈다.
3개월	뇌와 근육 간의 연결이 원활하게 되어 자발적 운동이 더욱 활발해진다. 따라서 아기는 머리를 돌릴 수 있게 되고 원하는 물건에 손을 뻗쳐 닿을 수 있게 된다. 또한 느슨하게 손을 펴거나 오므린 채 있는다.
4개월	손가락이나 장난감 등에 관심을 가지게 된다. 손에 닿는 물체를 입으로 가져간다.
5개월	몸을 뒤집을 수 있게 된다.
6개월	운동의 독립성이 증가하여 외부 자극에 좀더 민감하게 반응하게 된다. 손 전체를 이용해 작은 크기(약 5cm 정도)의 블록 장난감을 잡는다.
7개월	등과 배의 근육이 발달하여 끌고 당길 수 있게 된다.
8개월	더욱 정교한 운동의 통제가 가능하게 되어 작은 물체를 집을 수 있게 된다.
9개월	이동성이 증가하고 운동 기술(motor skill)을 익힌다.
10개월	기고 설 수 있으며, 음식을 씹을 수 있고, 마실 수 있게 된다.
12개월	운동의 독립성을 가지게 된다.
1년 경	걸을 수 있게 되지만 걸음의 폭이 넓고 움직임이 규칙적이지 못해 뒤뚱거린다.
18~24개월	계단을 서서 오르내릴 수 있고 뛸 수 있다. 그러나 속도를 완전히 조절하지 못한다. 쪼그리고 앉았다 자유롭게 일어선다. 두 발로 깡총 뛰기 시도가 나타난다. 공을 찰 수 있다. 평균대 걷기 시도하고, 선 따라 걷기를 시도한다.
24~30개월	뒤꿈치를 들고 걸을 수 있고, 뛸 수 있다. 이 때는 속도조절이 가능해진다. 발을 교대로 하여 계단을 오르고, 두 발로 내딛고 계단을 내려온다. 바닥보다 약간 높은 곳에서 뛰어내릴 수 있다

3. 신체발달을 촉진하는 성인 및 교사의 역할

영아들은 움직임에 대한 욕구가 강하여 끊임없이 움직이면서 에너지를 발산한다. 영아들은 대근육 활동을 통해서 심리적 긴장과 다양한 욕구를 해소할 뿐만 아니라 신체 각 부분과 순환기, 배설기, 호흡기 등 여러 기관의 기능도 조화롭게 발달시킨다. 영아기는 신체 및 운동 기능의 정상적인 발달과 협응이 괄목할 만한 성장을 보이는 시기이므로 항상 실내외에서 대근육 활동을 할 수 있는 환경을 마련하여 일상생활처럼 자연스럽게 신체 및 운동 기능의 발달과 협응이 이루어지도록 한다(육아정책개발센터, 2008). 영아의 발달에 기초한 적절한 수준의 신체놀이는 영아가 충분히 숙달한 후에 점진적으로 그 다음 단계로 진행되도록 도와 준다. 12개월 이하의 영아는 여러 가지 놀잇을 만지고, 빨아보고, 소리를 들으며 탐색할 수 있는 기회를 주고 대근육을 발달시킬 수 있는 활동 및 놀잇감을 제공해 주는 것이 좋다.

1세 영아에게는 밀고 당기는 놀잇감, 탈 수 있는 놀잇감, 공과 같은 놀잇감이 필요하고, 2세 영아는 넓은 공간에서 걷고, 뛰고, 구르기를 할 수 있도록 해 주며 오르내릴 수 있는 기구, 정글짐, 사다리, 세발자전거와 같이 대근육 발달을 도와줄 수 있는 놀잇감과 함께 기본적인 신체운동을 할 수 있는 시간을 규칙적으로 제공한다.

영아가 신체놀이를 하고 있을 때 교사는 영아 자신이 무엇을 하고 있는지에 대해 구체적으로 이야기해 주고 신체기능을 연습할 때 칭찬하고 격려해 준다. 그리고 어떤 동작을 숙달하고자 열심히 노력할 때 교사는 가능한 한 개입하지 말고 다양하게 그 동작을 시도해 볼 수 있도록 도움을 제공하는 것이 필요하다. 또한 소근육이 발달하는 시기이므로 소근육을 활용하는 놀이를 제공해 주도록 한다.

영아기는 감각운동이 발달의 기초가 되는 시기임을 고려하여 영아가 여러 가지 감각적 경험을 할 수 있도록 일상생활 속에서 다양한 시각, 청각, 촉각, 후각 등의 감각적 자극을 제공한다.

무엇보다 중요한 것은 최대한의 안전이 보장된 환경에서 영아가 마음껏 주변을 탐색하며 신체를 발달시킬 수 있도록 도움을 주는 것이다. 날카로운 모서리, 뾰족한 끝, 부서진 조각, 벗겨진 페인트 등에 대한 정규점검을 실시하여 활동성이 높은 영아들이 안전하게 놀이할 수 있는 환경을 만들어 준다. 그리고 놀이시설물에 있는 구멍이나 틈에 끼어 부상을 입지 않도록 유의한다.

영아기는 성장의 급등기이므로 적절한 영양공급이 매우 중요하다. 그러므로 영아를 돌보는 성인은 3대 영양소인 단백질, 탄수화물, 지방의 적절한 제공에 신경을 써야 한다. 영아를 돌보고 교육하는 기관에서는 성장단계에 맞추어 이유식을 먹이고, 교육기관에서 이유식을 제공할 경우 영아가 먹은 음식의 종류와 시간, 식사시간, 배변들을 자세히 기록해서 부모에게 알릴 필요가 있다. 또한 영아기는 엄마로부터 분리되어 자발적으로 활동하려는 시도가 많이 나타나는 시기이므로 기본생활습관이 잘 형성될 수 있도록 도와주도록 한다.

영아기는 면역력이 약하고 생리적인 변화가 심하므로 질병에 걸리지 않도록 환경을 조성하고 영아의 상태변화를 민감하게 관찰하고 적절한 조치를 취하여야 한다. 또한 정기적인 건강검진을 통해 영아가 건강하게 잘 자라고 있는지를 수시로 체크하는 것이 필요하다. 특히 영아의 신장과 체중은 영아의 건강을 나타내는 중요한 지표이므로 발육표준치를 보면서 체크하도록 한다.

제6장

영아 인지발달

1. 감각운동기
2. 대상영속성의 개념 발달
3. 영아의 인지과정
4. 영아 지능 검사
5. 인지발달을 촉진하는 성인 및 교사의 역할

인지(Cognition)란 감각적 자료를 해석하고 이것을 기억해 두었다가 필요할 때 재생시켜서 사고, 추리, 문제해결 등에 이용하여 환경과 자신에 대한 지식을 획득해 가는 과정을 말한다. 영아기는 감각을 통해 획득한 정보를 조직하고 환경적 자극에 반응하는 도식(Schema)을 형성함으로써 인지적 발달을 꾀한다고 할 수 있다.

인지발달은 지능(Intelligence)과 이해력(Comprehension), 논리(Reasoning) 및 지식(Knowledge)의 성장을 의미한다. 최초로 '인지'를 발달단계를 통해 분석한 사람은 Piaget이다. Piaget는 인지발달 단계를 크게 제1기를 감각운동기(출생~2세), 제2기를 전조작기(2~7세), 제3기를 구체적 조작기(7~12세), 제4기를 형식적 조작기(12~15세)로 구분하여 인지발달의 개념화를 설명하고 있다. 영아기는 제1기, 즉 감각운동기에 해당한다. 이 시기의 인지발달의 특징을 알아보면 다음과 같다(김성희· 허혜경, 1998).

1. 감각운동기(출생~2세 : Sensorimotor period)

이 시기에는 행동이 자극에 대한 반응을 하기 때문에 자극은 감각이고, 반응은 운동이라 간주한다. 주로 감각이나 운동 활동을 통해서 환경을 경험해 나가는 시기이며 6개월경에는 외부 대상과 자신의 신체가 분리되어 있음을 알게 된다. 또한 상대방의 행동을 즉석에서가 아니라 시간이 흐른 후 그 사람이 없을 때에도 재생할 수 있는 자연 모방이 가능해진다. 그리고 이 시기는 환경에 대한 적응을 모두 감각운동 활동에 기반을 두며 언어 등의 표상기능 단계 이전이다.

초기에는 자기와 타인의 미분화의 반사적 수준이지만 이 시기가 끝날 무렵에는 감각 운동적 협응이 단순하게 형성되어지며 지적 활동이 명확하게 시작된다.

이 시기에는 사물에 대한 단어를 가지고 있지 않으므로 사물이 눈앞에서 사라진다고 할지라도 그 대상이 계속 존재하고 있다는 사실을 인식할 수 있는 대상영속성의 개념의 획득이 중요한 과업이다.

Piaget는 이 시기 영아들의 인지적 특성을 다음과 같이 제시하였다.

첫째, 외부 세계에 대한 영아의 반응은 거의 전부가 감각 또는 운동적이다.

둘째, 영아는 자극이 가해지는 것에 즉각적으로 반응한다.

셋째, 영아는 계획을 세우거나 의도적으로 행동을 하지 않는다.

넷째, 영아는 물체에 대한 어떤 내적인 표상 능력이 없다. 즉, 물체를 상징하고 정신적으로 다룰 수 있는 정신적인 그림이나 단어들을 갖고 있지 않다.

Piaget는 영아들의 감각운동 발달을 세분화하여 6단계로 나누었다.

1) 제1단계 : 반사기(0~1개월)

이 시기는 선천적인 반사작용이 주가 되는데, 가장 우세한 반사는 빨기반사이다. 아기는 젖꼭지를 빠는 것뿐만 아니라 자신의 손가락, 옷, 담요 등 입에 닿는 모든 것을 자동적으로 빤다. 그리하여 모든 대상을 빨기 도식(Sucking scheme)에 동화시켜 보는 것이다. 이러한 영아의 반사활동이 적응행동에 중요한 역할을 한다.

2) 제2단계 : 1차 순환반응기(1~4개월)

순환반응이란 우연한 경험에 의한 단순행동의 반복반응을 뜻한다. 즉, 행동을 반복하고 시행착오를 통한 도식의 협응을 이끌어 내는 것이다. 이 단계에서는 계속해서 손가락을 빤다든가 주먹을 쥐고 폈다 하는 등의 반복행동이 나타나는데 이러한 행동은 목적이나 의도성이 없이 재미로 하는 단순한 반복행동이다. 흥미를 일으키는 행위가 유아 자신의 신체에만 국한되어 있다는 의미에서 1차적이라는 용어를 사용한다. 아기가 손가락 빨기와 같은 행동을 우연히 하게 되어 그 결과 즐겁거나 흥미로우면, 그 행동을 다시 반복하게 된다. 또한 아기들은 자신의 손을 바라보는 것을 즐기게 된다. 4개월경이 되면, 아기는 자신의 손과 팔의 움직임을 어느 정도 통제할 수 있다.

3) 제3단계 : 2차 순환반응기(4~8개월)

이 단계의 영아는 여전히 우연적으로 일어나는 재미있는 반응을 반복하는 순환반응을 나타내지만, 이는 외부 세계에 있는 대상이나 사건에 대해 반복적인 행위를 하는 것으로, 2차적인 순환반응을 나타낸다. 즉, 외부에서 흥미로운 사건을 발견하여 반복한다. 예를 들어 유모차의 딸랑이를 계속 치는 행동 같은 것이다. 이것은 선천적인 반사가 아니라 영아가 학습을 통해 획득한 반응이다. 이 시기의 특징은 의도적으로 전에 획득한 반응을 새로운 상황에 적용하려는 점인데, 이로써 영아는 점차 스스로의 힘으로 사건을 만들어 내는 능력이 생기게 된 것이다. 2차 순환반응 단계에서는 관심의 초점이 자신이 아닌 외부에 있게 되므로 '2차'라고 하며 행동이 반복적으로 나타나기 때문에 '순환반응'이라 한다.

4) 제4단계 : 2차 순환반응의 협응기(8~12개월)

이 단계의 영아는 목적을 성취하기 위해 이전에 획득한 두세 가지 도식을 결합시킬 수 있게 되어 여러 가지 2차 순환반응을 조정할 수 있게 된다. 이 단계에서 영아는 사라진 대상을 적극적으로 찾으려고 하는 대상에 대한 영속성 개념이 최초로 싹트기 시작한다. 그리고 과거에 획득된 반응을 목적 달성의 수단으로 사용하며, 간단한 문제를 해결하기 시작한다. 또한 이 시기의 영아는 어떤 대상이 공간적으로 다른 대상보다 앞서며, 어떤 사건이 시간적으로 다른 사건보다 선행한다는 것을 알게 된다. 그리고 이 시기에는 무언가를 따라하는 모방이 많아지며 '신호'를 이해하여 미리 사태를 예견할 수 있다. 이는 어머니가 일정한 시간에 부엌에 가면 자신에게 우유를 줄 것을 아는 등의 것들을 의미한다.

5) 제5단계 : 3차 순환반응의 성립기(12~18개월)

이 단계에는 과거에 해보지 않았던 새로운 행동을 하려는 경향을 나타내는데, 즉 목적을 달성하기 위하여 여러 가지 실험적이며 탐색적인 접근을 한다.

아기들은 새로운 상황에 접하면, 이에 적합한 새로운 인지기술을 얻기 위해 적극적으로 모험을 시도한다. 이들은 무엇이 일어나는가를 알기 위해 일을 저질러 보기도 하며, 시행착오(Trial & Error)를 겪기도 한다. 이 시기에는 다른 결과를 관찰하기 위해 동일한 행동을 다르게 시도하는데 예를 들어 물줄기가 수도꼭지에서 나와 다른 방향으로 나가게 하기 위해 손을 이리저리 돌리는 것 등을 의미한다. 즉, 이 시기의 영아는 자신과 구별되는 외부세계가 있음을 인식하고 환경에 대한 호기심으로부터 그들의 도식을 발달시켜 나가며 여러 사물들 간의 관계나 특성을 이해하고 사물의 모습, 기능에 대해 많은 것을 알아나가게 된다.

6) 제6단계 : 내적표상단계(18~24개월)

이 단계에는 시행착오뿐만 아니라 통찰(Insight)에 의해서도 문제해결 능력을 갖게 된다. 지적 능력이 매우 향상되는 시기이다. 영아는 내면적으로 사고한 후에 행동을 하며, 자기 행동의 결과를 미리 예상하기도 한다. 즉, 이 단계에는 사고능력과 추리능력이 생겨나 이를 통해서 목표달성을 위한 새로운 수단을 발견해 낸다.

그 전 단계의 영아는 사물을 직접적으로 보거나 직접 행동함으로써 사태를 파악하였지만 이 시기의 영아는 눈앞에 사물이 보이지 않아도 그것을 인지할 수 있다. 그리고 이 때 영아는 언어상징을 학습하기 시작하며 생각을 하고 행동 대상의 실체가 존재하지 않더라도 스스로 상징을 만들어 그것에 대해 생각한다. Piaget는 이러한 감각적 지능이 2세 이후에 발달하는 개념적 지능의 기초가 된다고 하였다.

〈표 6-1〉에 좀 더 구체적인 내용이 제시되어 있다.

표 6-1 감각운동기에 성취되는 특성들

단계(영역) / 감각운동 발달의 영역	반사기 (0~1개월)	1차 순환반응기 (1~4개월)	2차 순환반응기 (4~8개월)	2차 순환반응의 협응기 (8~12개월)	3차 순환반응의 성립기 (12~18개월)	내적표상 단계 (18~24개월)
유목적적 문제해결	외부의 자극에 대해 반사적 반응만을 보임	최초로 획득한 순응, 두 가지 행동의 협응 (예 : 손 – 눈 협응)	흥미로운 광경을 지속시키려는 과정 : 그 결과에 대한 강화를 유지하기 위해 행위를 반복함	이전에 분리되었던 두 행동을 목표지향적 순서로 연속시킴	원하는 목표를 획득하기 위해 필요한 새로운 수단 행동을 찾음	내적 사고과정을 통해 원하는 목표를 획득하기 위해 필요한 수단 행동을 고안함
대상 영속성	시야에서 사라진 대상을 능동적으로 찾지 않음	시각영역 밖에서 움직이는 사물과의 시각적 접촉을 유지하려고 함	(a) 이동하는 사물의 마지막 위치를 예상함 (b) 자기 얼굴을 덮는 천을 치움으로써 대상과의 시각적 접촉을 다시 가짐 부분적으로 감춰진 대상을 찾아냄	대상을 단일 장애물의 아래, 뒤 등에 숨기는 것을 보았을 때 대상을 찾음	일련의 눈에 보이는 이동을 통해 숨겨진 대상을 찾아냄	대상을 획득하기 위하여 이동 순서를 재생함 보이지 않는 연속적 이동을 통하여 숨겨진 대상을 찾아냄
공간 관계	사물간의 공간적 관계를 이해하는 기미가 없음	공간적 유대로서가 아닌 독립된 공간영역(예: 시각적, 청각적)을 표상하는 것으로서 외적 자극에 반응함	자기 자신과 외부의 사건과의 관계를 이해하는 기미가 보임 (예: 빨리 떨어지고 있는 사물의 궤도를 추적함)	사물의 크기, 형태, 무게 등의 삼차원적 속성을 이해함. 사물을 교대하고 조사함	다른 공간적 형태에 있는 사물을 연합하고 연관시킴 (예: 블록을 컵 안에 넣음)	사물 간, 사물과 자신 간에 존재하는 공간적 관계를 표상할 수 있는 능력을 나타냄

인과 관계	인과관계를 이해하는 조짐이 없음	전인과적 이해의 조짐이 보임 (예: 엄지손가락을 빨기 위해 입에 넣음)	성인으로 하여금 흥미로운 광경을 반복하게 하기 위한 인과적 행위로서 현상적 과정을 사용함 (예: 일반화된 흥미)	성인으로 하여금 재미있는 게임이나 행위를 시작하거나 계속하려고 그의 손을 건드림	원하는 행위를 성인이 반복하거나 시작하게 하기 위하여 그에게 사물을 건네줌	결과만이 제시될 때 원인을 추론하고, 원인이 제시될 때 결과를 예측하는 능력을 보임
음성적 모방	음성의 전염 : 다른 영아가 우는 것을 듣고 따라 움	성인이 낸 소리를 모방하여 그 소리를 반복함	이미 자기의 목록 안에 있는 소리를 모방함	새로운 소리, 그러나 이미 만들어 낸 것과 유사한 것을 모방함	이전에 듣지 않았던 새로운 소리 패턴이나 단어를 모방함	복합적인 음성을 모방함 기억으로부터 이전에 들었던 소리와 단어를 재생함 : 자연 모방
동작의 모방	동작을 모방하는 조짐이 없음	성인의 행위를 똑같이 모방한 동작을 반복함	자신이 볼 수 있는 목록 내의 단순한 동작을 모방함	보이지 않는, 자기 동작(예: 혀 내밀기)과 자기에게 익숙한 행위로 이루어진 새로운 동작을 모방함	자신이 행하는 것을 볼 수 없는 새로운 동작과 이전에 행하지 않던 동작을 모방함	복합적인 운동 기능의 동작을 모방함 기억으로부터 이전에 관찰한 행위를 재생함 : 자연모방
놀이	의도적인 놀이행동의 조짐이 없음	일차 순환반응을 즐겁게 반복적으로 함	친숙한 대상에게 적용된 흥미 있는 행위의 반복	문제를 해결하는 도중에, 수단을 가지고 놀이하기 위하여 목적을 그만 둠 의식화: 적절한 사회적 행위를 다른 대상에게 적용시킴	적응적 놀이 : 사물을 가지고 놀이하는 동안에 한 사물을 다른 사물의 대치물로 사용하기 시작함	상징적 놀이 : 한 사물을 다른 것에 대한 상징물로 사용함 (예: 상자를 인형 침대로), 일상적으로 사용되는 사물 없이 사건을 상징적으로 행함

2. 대상영속성(Object permanence)의 개념 발달

1) 대상영속성의 개념

Piaget는 출생에서 2세 사이에 일어나는 중요한 인지 발달적 변화의 하나로서 대상영속성 개념을 제시하였다. 대상영속성이란 우리 자신을 포함하는 모든 대상들이 독립적인 실체로서 존재하며, 대상이 한 장소에서 다른 장소로 이동하였을 때, 시야에서 그 대상이 사라지더라도 다른 장소에 계속 존재한다는 사실에 대한 지식을 의미한다. 즉, 대상영속성의 개념을 획득하기 위해서는 자신이 주변 세계와 분리된 독립적인 존재라는 사고를 할 수 있어야 한다. 흔히 이러한 이해능력은 인간이 갖고 태어나는 것으로 생각하기 쉽지만, Piaget는 이 능력들이 감각 운동기 동안에 단계적으로 서서히 발달하는 것이라고 하였다(송명자, 1995).

Piaget는 대상영속성 개념도 감각운동기 하위단계에 준하는 여섯 개의 단계를 거쳐 발달한다고 하였다.

Piaget가 제시하는 대상영속성 개념의 발달단계는 다음과 같다.

2) 대상영속성의 발달양상

(1) 1단계(0~1개월)

이 단계에서는 대상영속성의 개념이 전혀 없다. 신생아는 움직이는 물체가 보이면 눈으로 그 물체를 쫓아가다가 그 물체가 시야에서 사라지면 더 이상 그 물체에 관심을 보이지 않는다. 아기는 엄마 얼굴이나 젖꼭지와 같은 친숙한 광경은 인지할 수 있으나 눈앞에 보이지 않는 대상이 존재한다는 개념은 갖고 있지 않다.

(2) 2단계(1~4개월)

한 번 보거나 만져본 대상에 대해서 아기는, 다시 보고 만질 수 있다는 약간의 기대를 하고 있음이 나타나기 시작한다. 예를 들면, 집 앞에 서 있는 엄마를 쳐다본 아기는 엄마가 사라져도 대문을 다시 바라본다. 그러므로 대상영속성 개념이 어렴풋이 나타난다고 볼 수 있다.

(3) 3단계(4~8개월)

3단계가 되면 영아는 사라진 대상물을 찾는 행동을 보이게 되는데, 대상영속성 개념이 형성되기 시작된 것이다. 그러나 이 단계 영아의 대상영속성 개념은 한계가 있다. 예를 들면, 인형의 발을 조금 보이도록 담요로 덮으면 찾아 내지만 완전히 덮으면 시야에서 사라진 대상인 인형을 찾으려고 하지 않는다. 이에 비해 사람에 대한 영속성(Person perpetuity)은 대상영속성 개념이 일어나기 전에 나타난다. 이 시기의 대부분의 아기들은 부모가 완전히 숨어서 보이지 않아도 끝까지 찾으려 한다. 특히 안정된 애착을 형성한 아기는 불안정하게 애착된 아기보다 더 빠른 시기에 대상 및 사람 영속성 개념이 발달한다.

(4) 4단계(8~12개월)

이 시기의 아기들은 대상을 완전히 감추어 눈에 보이지 않더라도 찾으려 한다. 그러나 감추어지는 과정을 보았더라도 이들은 그 대상을 이전에 보았던 장소에서 찾으려 한다. 예를 들어 아기의 왼쪽에 있는 베개 밑에 장난감을 숨긴다. 이때 아기는 이를 잘 찾아 낸다. 이러한 과정을 몇 번 반복한 후 아이가 지켜보는 가운데 장난감을 아기의 오른쪽 담요에 숨긴다. 이 경우 아기는 종전에 찾던 베개 밑을 먼저 살펴보는 오류를 보인다. 왜냐하면 대상이 A란 장소에서 B장소로 옮겨질 수 있는 독립적인 것이라는 개념은 아직 희미하며, 옆, 아래 등과 같은 개념이 부족하기 때문이다. 이를 AB오류라 한다. 즉, 이 시기의 영아는 자신의 행위와 대상물을 완전히 분화시키지 못한 채 대상물이 있는 장소와 그것을 찾는 감각 운동적 행동을 결합하는 일종의 습관만을 형성하고 있기 때문에 오류를 보인다.

[그림 6-1] AB오류

(5) 5단계(12~18개월)

이제 영아는 대상물을 어디에 숨기든지 가장 최근에 사라진 곳에서부터 대상을 찾는 능력을 보이게 된다. 그러나 5단계 영아의 대상영속성 개념에도 한 가지 한계가 있다. 5단계 영아는 자신이 볼 수 있는 공간 이동에서는 대상영속성이 가능하나, 볼 수 없는 공간 이동에서는 대상의 숨겨진 위치를 정신적인 표상만으로 정확하게 추적하는 능력을 갖고 있지 못하다.

(6) 6단계(18~24개월)

이 시기의 아기들은 대상이 완전히 숨어 버려도 정신적인 표상을 통해 이동과정을 추적하여 대상을 찾아 낸다. 이것은 아기들은 대상영속성 개념이 생겼기 때문이다. 우리는 영아가 대상영속성의 개념을 획득할 때, 지적 발달에 있어서 엄청나게 진전된 것을 볼 수 있다. 생후 초기에, 그들은 사물이 그들의 시각과 행동에 관계없이 존재한다는 것을 알지 못한다. 감각운동기 말에 가서야 비로소 대상들은 자신의 존재와 분리되고, 또한 영속적인 것이 된다. 그리하여 영아는 독립된 사물들을 포함하는 우주와 그리고 자신은 그 우주 안의 많은 것들 중에서 단지 하나의 대상임을 깨닫게 된다. 따라서 대상영속성과 더불어 그들은 자신이 독립된 개체라는 것을 명확하게 깨닫게 된다.

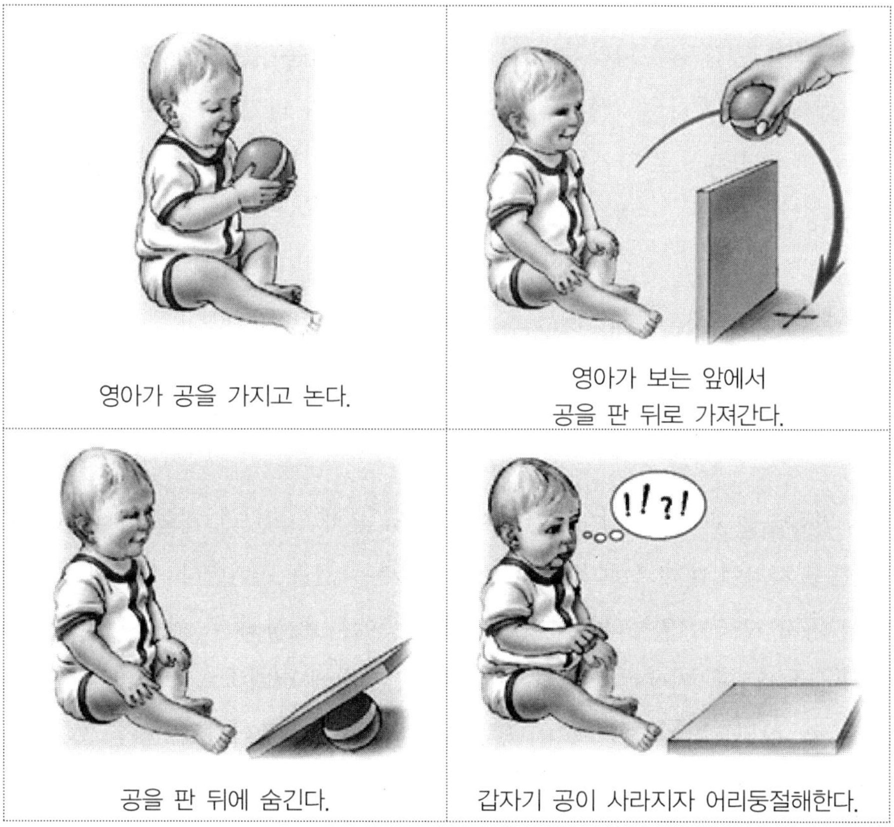

[그림 6-2] 대상영속성

3. 영아의 인지과정

영아의 초기 인지과정은 지향반응, 주의집중, 습관화, 조건화, 문제해결, 추론 등이다(강문희 외, 1997).

1) 지향반응(Orienting behavior)

지향반응은 갑자기 나타나는 자극방향으로 향하는 행동이다. 예컨대, 영아의 주변에서 다른 자극이 약할 때 갑자기 강한 소리가 나거나 어떤 새로운 자극이 일어나면 그 방향으로 고개를 돌려서 새로운 광경을 보려고 하는 행동을 지향반응 또는 정향반응이라고 한다. 조용하게 엄마와 영아가 집 안에 있을 때, 누가 큰 소리로 부르면서 집 안으로 들어오면 영아는 그 쪽을 바라보게 되는데, 이런 지향반응은 개체의 생존가치(Survival value)와 관련이 있다고 한다.

2) 주의집중(Attention)

주의집중은 한 개 이상의 여러 자극이 있을 때 어떤 한 개의 자극이나 또는 두 개의 자극에 대해 선택적으로 초점을 맞추는 것을 의미한다. 영아의 세계에는 여러 가지 자극이 일어나는데, 그런 자극 중에서 특정의 한 가지 또는 두 가지 자극에만 관심을 기울이게 된다. 예를 들면, 모빌에 선택적으로 주의를 집중하고 손을 뻗쳐서 모빌에 자기 손이 닿으려 하면 주의집중이라고 본다.

3) 습관화(Habituation)

습관화는 지향반응이 굳어져서 나타나는 것으로 본다. 그러나 자극이 낯선 새로운 것일 때는 영아가 지향반응을 나타내지만, 그런 자극이 계속적으로 반복될 때는 지향반응이 사라지고 습관화가 된다. 예를 들면, 아기 침대 위에 아기 모빌을 달아 놓으면 처음엔 신기하여 주의집중을 나타내지만 얼마의 시간이 지나가면 그 모빌에 특별한 주의를 주지 않고 무시하게 된다. 이것은 곧 습관화가 되었기 때문이다. 그래서 이 시기에는 다양한 장난감을 한꺼번에 주기보다는, 싫증을 느낄 때마다 바꾸어 주는 것이 바람직하다.

4) 조건화(Conditioning)

영아들은 성장함에 따라 많은 것을 배우게 되는데 이러한 학습은 조건화로 설명한다. 조건화란 자극, 반응이 연관을 가지도록 만드는 일을 말한다. 학습이론에서는 고전적 조건화 및 조작적 조건화로 설명하고 있는데, 영아기와 관련되어 어느 정도의 설명이 가능한지는 아직 명확히 밝혀지지 않았다. 특히 신생아가 출생 직후부터 고전적 조건화에 의하여 무엇을 학습할 수 있는지는 분명히 밝혀지지 않았으나, 생후 약 1개월 이내에 조건화가 이루어진다고 알려졌다. 즉, 생후 며칠이 지난 아기에게 소리를 조건자극으로 하여 소리에 빠른 반응을 조건화시켰다는 연구보고도 있다.

5) 문제해결(Problem-solving)

영아의 문제해결은 초보적이지만, 초기형태의 시행착오, 통찰, 가설검증에 의하여 이루어진다. 문제해결이란 바라는 목적에 도달하기 위하여 장애물을 극복하는 것이므로 학습으로도 볼 수 있다. 문제해결이란 목적을 달성하기 위해 여러 가지 전략을 사용하는데, 때로는 시행착오를 거치게 되고 통찰에 의해 문제를 해결하기도 한다. 뿐만 아니라 때로는 체계적인 문제해결 과정에서 가설을 세우고 이를 점진적인 접근으로 검증하기도 한다.

하나의 방법으로 목적을 달성하지 못하면 다른 방법을 사용하여 장애물을 제거하거나, 장애물을 피하여 돌아가는 것을 만들어서 문제를 해결한다.

6) 추론(Reasoning)

추리력은 기존의 정보에서 법칙을 찾아 내어 그 법칙에 의하여 새로운 정보를 끌어내는 것이다. 따라서 학습의 한 형태로 본다. 예를 들면, 영아는 소금이 짜다는 것을 알기 때문에 소금을 넣으면 음식이 짜게 된다는 것을 추리할 수 있다.

4. 영아 지능 검사

영아의 지능 정도를 측정하기 위한 가장 좋은 방법은 자기 능력에 도전하는 일상의 생활 사태에 대한 영아의 행동을 관찰하는 방법이다. 그러나 이와 같은 방법으로 개인의 행동을 장기간에 걸쳐서 관찰한다는 것은 대단히 어렵고 불가능한 일이다. 그러므로 비교적 정확하게 빨리 지능 정도를 측정할 수 있는 기술적 방법이 필요한 것이다.

베일리 척도(Bayley Scale), 게젤 발달 시간표(Gesell Development Schedules), 카텔 영아 지능 척도(Cattell Infant Intelligence Scale)가 영아의 정신발달을 측정하기 위하여 가장 자주 사용되는 검사도구이다. 이 검사들은 모두 같은 원칙으로 실시되며 매우 비슷하다. 검사도구 개발자들은 아기들을 세밀히 관찰하여 특정 연령에서 대부분의 영아가 할 수 있는 것이 어떤 것인지를 결정한 후 각 특정 활동에 발달적 연령을 설정하여 표준화된 척도를 개발한다(이영 · 조연순, 1988).

1) 베일리 척도(Bayley Scale)

이 척도는 출생부터 15개월까지의 아기에게 실시되며 여러 다른 검사에 있는 항목과 새로운 항목들을 추가하여 제작되었다. 측정하는 내용으로 종이 한 장을 잡아 쥐기나 정육면체를 잡아 쥐기, 물체를 따라서 머리 돌리기, 간단한 동작과 말을 모방하기, 그리고 컵으로 마시기 등이 포함된다.

정신척도 (Mental Scale)	인지발달: 기억, 문제해결, 일반화, 분류, 타인조망, 수세기 등 언어발달: 발성, 어휘, 수용언어, 표현언어, 전치사 사용 개인/사회성 발달
운동척도 (Motor Scale)	소근육 발달: 잡기, 쓰기, 도구의 사용, 손 운동의 모방 등 대근육 발달: 구르기, 기기, 앉기, 서기, 걷기, 뛰기, 균형잡기 등
행동평정 척도 (Behavior Rating Scale)	아동의 주의 및 각성 상태/ 과제 및 검사자에 대한 참여 정도, 정서 조절/ 운동의 질

[그림 6-3] 베일리 검사의 3가지 척도

2) 게젤 발달 시간표(Gesell Development Schedules)

게젤은 정상적으로 발달하고 있는 영아와 그렇지 못한 영아를 구별하기 위해 수백 명의 아동을 대상으로 조사한 결과에 근거하여 게젤 발달 시간표(Gesell Developmental Schedule) 검사를 고안하였다. 게젤은 특정 연령에서 어떤 행동이 가장 보편적인지를 확인하기 위해 각기 다른 연령의 영아들의 행동을 비교하였는데, 만약 어떤 영아의 행동이 또래의 규준과 상당히 차이가 나면 이 영아의 발달은 매우 빠르거나 매우 느린 것으로 평가하였다. 이 검사는 4개의 주요 발달 영역을 측정하며, 생후 4주에서 6세까지의 연령을 대상으로 실시할 수 있다.

이 검사는 머리를 똑바로 세우기, 앉기, 서기, 기기, 뛰어오르기, 깡총 뛰기 등과 같은 이동, 협응, 특별한 '운동 기능적 행동(Motor skills)'을 포함한다. 또한 이 검사는 특정 형태의 '적응적 행동(Adaptive behavior)'을 측정한다. 예를 들면, 사물에 도달하고 사물을 다루는 데에 있어서의 '눈과 손의 협응', 둥글고 네모진 형태를 적합한 구멍에 넣는 것과 같은 '문제해결', 그리고 새로운 사물과 환경의 '탐색'이 포함된다. 즉, 적응적 행동은 기민성과 여러 가지 형태의 탐색활동을 포함한다. 유아가 발달함에 따라서 '언어 행동(Language behavior)'이 평가된다. 예를 들면, 유아가 사람을 얼마나 잘 이해하는가, 어떻게 얼굴 표정, 몸짓, 몸의 움직임, 옹알이와 말을 통해 반응하는가 등에 관한 모든 형태의 의사소통을 포함한다. 마지막으로 인간과 환경에 대한 반응을 포함하는 '개인적인 사회적 행동(Personal-social behavior)'이 평가된다. 예를 들면, 유아가 어떻게 다른 사람이나 문화에 반응하는가 등이 조사된다. 이러한 게젤의 발달 시간표 검사는 Bayley가 개발한 영아발달검사(Bayley Scales of Infant Development)와 함께 영아기의 발달 상태를 확인할 수 있는 중요한 척도로 활용되고 있다.

3) 카텔 영아 지능 척도(Cattell Infant Intelligence Scale)

이 검사는 Stanford-Binet 검사를 더 어린 연령으로 확장시킨 것으로 생후 2개월에서 30개월까지의 연령에 실시된다. 새로운 항목들이 포함되어 있지만, 주로 Stanford-Binet, Gesell, 그리고 다른 검사의 항목들을 사용하고 있다. 지각(목소리나 종소리에 주의하기, 또는 눈으로 움직임 따르기)과 운동기능 능력(머리 들기나 손가락 사용하기)을 검사한다. 어떤 과제에도 시간제한은 없다.

이 검사도 역시 표준화 과정에 문제가 있다. 중류층 집단에 기초하고 있어서 부유층이나 빈곤층의 영아가 포함되지 않았다. 또한 검사가 3개월 간격으로 표준화되었기 때문에 2, 4, 5, 7, 8, 10, 11개월에 대한 항목은 보간법으로 설정되어서 월 간격으로 이루어졌을 때보다 항목간의 전이가 덜 매끄럽다. 장점은 총 항목수가 다른 검사보다 적고 사회적인 항목이 없는 반면, 포함된 항목들이 유아에게 흥미로우며 실시와 채점을 위한 지시가 명료하다.

5. 인지발달을 촉진하는 성인 및 교사의 역할

영아는 감각기관을 통한 탐색을 하게 되고, 주변 세계에 많은 관심을 갖게 되며,

다양한 학습이 이루어지는 시기이다. 영아의 인지발달을 위해 교사는 제공하는 환경 및 활동이 영아의 인지발달단계에 적합하도록 구성해야 하며 불필요하게 영아의 인지발달을 가속화시키려고 해서는 안 된다. 어디까지나 영아가 능동적으로 다양한 탐색과 발견을 할 수 있도록 도와주어야 하며 다양한 특성(재질, 모양, 크기 등)을 가진 사물을 자유롭게 탐색할 기회를 제공한다.

이 때 영아의 기질과 성향에 따라 조용하고 미세한 탐색을 주로 하는 영아도 있고, 반경이 크고 행동 강도가 높은 탐색을 즐기는 영아도 있다는 점을 고려하여 개별적으로 접근하는 것이 좋다. 또한 영아의 인지적 탐색과정에 교사는 근접발달지대 내에서의 적절한 지원을 하도록 한다.

어린 영아는 빨기를 이용한 탐색 욕구가 강한 시기이므로 영아가 작은 물건을 삼키거나 비위생적인 물건을 빨지 않도록 주변을 세심하게 정리하는 것이 필요하다.

또한 6개월경까지 영아는 흥미로운 결과를 내는 우연한 행동을 반복하여 탐색하면서 사물 간의 유사성을 기초로 지각적 분류를 하므로 이러한 반복적 탐색의 중요성을 알고 이해하는 것이 필요하다. 이는 지속적으로 탐구하는 태도를 갖게 하기 위한 기초요소로서 매우 중요하다는 것을 염두에 두어야 한다. 그리고 영아들은 주의집중 시간이 짧기 때문에 하나의 놀잇감을 가지고 노는 시간이 그리 길지 않으므로 여러 가지 방법으로 놀이할 수 있도록 교사의 적절한 안내가 필요하다. 예를 들어 종이상자를 늘어놓거나 쌓아보기도 하고 두들겨보거나 펼쳐보기도 하는 등 다양한 형태의 놀이를 하면서 사물의 속성을 자세히 탐색할 수 있도록 도움을 준다.

2세 영아의 경우 영아가 관심을 가지는 문제에 대해 적극적으로 반응함으로써 호기심과 문제해결 의지를 북돋우며 직접적으로 지식을 전달하려하기 보다는 사고발달과 문제해결력 발달에 중점을 두고 지도한다. 즉, 문제 상황에 대해 원인과 결과 사이의 관계를 알고 문제를 해결하기 위한 다양한 방법을 시도해 보도록 격려한다.

또한 표상능력이 급속도로 발달해 언어, 상상놀이, 상징을 이해하는 능력이 증가하므로 이와 관련된 활동을 많이 제공해 주도록 한다. 그러므로 다양한 소품을 활용한 상상놀이가 가능하도록 지원한다. 무엇보다 2세 후반기에는 호기심이 증폭되면서 질문이 많아진다. 이럴 때 질문에 진지하고 성의 있게 반응해 주는 것이 필요한데 질문에 대한 지식과 정보를 가르쳐 주려는 목적보다는 함께 공감해 주고 동조해 주는 반응이 더욱 적절하다. 다시 말해 어떠한 현상에 호기심과 궁금증을 갖는 것이 가치 있는 일이며 이를 기반으로 탐구하는 태도를 형성할 수 있도록 해야 한다.

제7장

영아 언어발달

1. 언어발달 이론
2. 언어발달 과정
3. 영아기 언어의 특징
4. 영아의 문자 언어발달
5. 언어발달을 촉진하는 성인 및 교사의 역할

영아기의 언어는 비언어적인 형태의 의사소통으로 시작되어 울음, 웃음, 쿠잉, 옹알이 등의 전 언어(Pre-linguistic)적인 형태의 의사소통을 통해 주변과 의사소통을 시도하다가(Beaty & Pratt, 2003) 태어나서 1년도 채 안 되는 시기에 어휘발달에 있어서 중요하고 경이로운 일이 발생한다. 바로 첫 단어를 산출하는 것이다. 영아들은 초기 몇 단어를 말하기 시작한 다음 몇 달인 약 18개월부터 생후 2년 동안 어휘 영역에서 새로운 단계로 도약하게 된다. 12개월에 첫 단어를 말하고 16개월에는 모든 단어의 약 25%를 명료하게 발음하게 되며 부정문을 사용하고, 양육자와 언어적 주고받기를 하는 등의 주요한 언어적 발달이 나타난다(Pence & Justice, 2010). 특히 첫 단어를 산출한 이후 50개의 어휘를 습득한 시기나 18개월 전후에 단어의 폭발(Word explosion)이 일어나게 된다(Benedict, 1979; Bloom, 1973; Nelson, 1973). 이처럼 인간은 태어나서 4, 5년에 이르는 비교적 짧은 기간 동안에 성인들이 사용하는 언어와 거의 유사한 수준의 언어를 사용하며, 일상적인 대화에 불편함이 없는 수준까지의 언어발달을 이루어 나가게 된다(김현, 2008)

영아의 언어발달은 단순히 어휘를 습득하고 문장을 구성하며 문법을 익히는 과정만이 아니라 의사소통이라는 중요한 삶의 수단을 얻는 과정이다. 즉, 의사소통의 기술습득을 위한 언어능력과 의사소통 능력은 영아기에 중요한 과업이라 할 수 있다.

1. 언어발달 이론

유아가 언어를 획득해 가는 과정을 설명하는 이론에는 Chomsky의 생득이론, Skinner의 조작이론, Bandura의 사회학습이론 등이 있다.

1) Chomsky(촘스키)의 생득이론

Chomsky는 인간의 뇌 속에는 언어의 보편적인 면에 대한 지식이 구축되어 있다고 하였다. 즉, 모든 언어는 근본적인 구조가 같다는 것으로서, 그는 이것을 심층 구조(Deep structure) 라고 표현하였다. 다만 국가나 문화권마다 다른 언어를 쓰고 있는 것은 언어의 표면이 다르기 때문이라는 것이다. 바로 언어의 심층 구조는 인간이 태어날 때 지니고 있다고 하는 것이다. 이 관점에 의하면 인간은 태어나면서 언어 습득 장치(LAD : Language Acquisition Device)를 가지고 있으며, 이것을 통해 유아가 언어를 획득하고 이해하고 생산해 낸다고 하였다. 즉, 언어를 이해하고 생산하는 능력은 인간의 고유한 특성이라는 것이다. 아기가 외부로부터 어떤 소리나 반응을 접하게 되면 심층 구조인 언어 획득 장치를 통해 수용되었다가 적절한 형태로 산출된다(윤운성 · 정정옥, 1998). 이 기제를 통하여 유아는 그가 청각을 통하여 들은 언어, 즉 언어적 입력(Linguistic input)을 처리할 수 있으며, 언어규칙을 구축하고 문법적으로 알맞은 언어를 이해하여 말할 수 있게 된다는 것이다. 우리 인간은 모두 보편문법을 선천적으로 가지고 태어나서 자기 주변의 언어경험을 통해 그 보편문법에서 특정문법을 도출한다고 본다. 즉, 모든 인간은 모두 똑같은 보편문법을 가지고 태어나서 주위에서 듣는 언어의 문법을 그 보편문법을 통해 도출해서 습득하는 것이다. Chomsky는 이 장치는 모든 언어에 공통적으로 있는 언어규칙(문법)의 체계를 다룬다는 것을 이론화했다. 또한 들어본 것 이상으로 새롭고 문법에 맞는 문장을 만들어 낼 수 있다고 주장한다. 그 예로 유아가 2세나 3세가 되면 이미 다른 사람들이 알아들을 수 있는 말을 하고, 한 번도 들어보지 못한 문장들을 만들어 낼 수 있다고 한다.

[그림 7-1] Chomsky의 언어 습득 장치

즉, 이 세상의 모든 아기들은 옹알이 시기, 한 단어 시기, 두 단어 시기 등을 똑같이 거치며 모든 언어에는 문장형태와 문법과 규칙을 지니고 있다는 점 등이 언어의 생득설을 뒷받침하고 있다. 이와 같이 언어의 생득설을 주장하는 사람들은 언어발달에 있어서 학습(Learning)을 인정하기보다 획득(Acquisition)이라는 말을 사용하고 있다.

초기의 언어발달은 뇌의 성숙과 신경계통의 분화와 관련 있는데, 뇌 가운데서도 주로 좌반구의 지배를 받는다. 그러나 아직 좌반구의 지배가 확립되어 있지 않은 영아기에는 어느 정도 손상을 입어도 우반구만으로 언어발달은 가능하다. 그러나 차츰 나이가 들면 좌반구의 지배가 확립되어 만약 좌반구가 손상을 입게 되면 언어발달이 저지되거나 기능의 상실을 초래하게 된다.

이와 같은 언어의 생득 이론은 신체기관의 성숙이 언어를 획득하고 발달시키는 데 관련이 있다. 그러나 경험적으로 검증하기가 매우 어려우므로 아직까지 충분하게 지지할 만한 연구는 이루어지지 않고 있다.

2) Skinner의 조작이론

Skinner와 같은 행동주의자들은 언어가 조작적 조건화를 통해 학습된다고 믿는 환경주의자들이다. Skinner의 이론은 언어의 획득 과정을 자극과 반응의 연합으로 보고 언어의 학습과 발달을 강화의 원리로 설명한다. Skinner는 언어가 인간의 다른 행동과 마찬가지로 조건 형성의 결과가 환경의 선택적인 강화를 받아 학습된 것이라고 한다. 즉, 언어 획득 과정에서 환경의 역할을 강조하는 것으로, 영아가 주위 사람들과 접촉과정에서 소리와 말을 배우게 된다는 것이다.

성인들은 영아의 발성을 선택적으로 강화함으로써 언어행동을 조형하게 된다. 성인들은 보통 즐거운 음으로 아기의 옹알이에 대해 반응하고, 말을 되받고 함으로써 옹알이를 강화시킨다. 점차적으로, 성인들은 성인 언어에 가까운 소리에 대해 강화하게 된다. 이런 방법으로 아기는 의미 없는 옹알이에서부터 의미 있는 언어로 발달해 나간다.

Skinner는 1975년 그의 저서 「언어적 행동(Verbal Behavior)」에서 언어도 강화작용에 의해 통제되고 형성될 수 있는 반응의 형태라고 주장하였다. 즉, 아기가 '마마'라고 말을 할 때, 엄마가 아기에게 미소를 짓거나 어루만져 주거나 먹을 것을 주거나 등의 반응으로 아기의 기분을 좋게 해 주면, 아기는 '마마'라는 말을 자주 하게 되고 곧이어 '엄마'라는 말을 할 수 있게 된다. 따라서 아기의 언어표현이 정확하고 적절한 경우 강화해 주고, 부적절하게 이루어진 경우엔 강화를 주지 않음으로써 시간이 지날수록 아기의 언어능력은 증진될 것이라고 믿었다.

언어획득이 언제나 이와 같은 조건형성에 의존한다면 부모는 자녀가 어떤 발음을 할 때마다 강화를 해야 할 것이다. 그러나 실제로는, 한 번도 강화를 준 적이 없는 단어를 유아가 사용하고, 영유아의 언어발달 속도는 부모의 강화빈도와는 비교되지 않을 만큼 빠르므로 학습이론에 대한 반론이 제기되고 있다.

요약하면 행동주의 이론에서 의사소통능력의 발달은 외부환경으로부터 비롯되며 모방이나 반복, 강화에 의해 자신이 들은 말을 학습하게 된다고 본다. 즉, 언어능력이란 단순히 언어경험을 통하여 반복적으로 들은 것을 익혀서 그것을 습관적으로 말할 수 있게 된 상태라고 간주하므로 우리가 말을 배우는 것은 전적으로 후천적인 경험에 의존하는 것이다. 따라서 영유아의 말소리나 발음은 단순히 성인의 말을 흉내낸 결과이며 부분적으로는 임의적으로 혹은 충동적으로 내어본 결과라는 것인데 행동주의적 입장은 언어행동을 언어 의미나 사고-인지문제와 직접적으로 관련짓지 못한다는 제한점이 있다.

3) Bandura의 사회학습이론

Bandura는 사람은 사회적 상황에서 다른 사람들의 행동을 관찰함으로써 여러 행동을 학습한다고 하였다. Bandura는 유아의 언어획득은 모델이 보여준 언어행동을 관찰하고 모방하는 결과라는 것이다. 유아는 다른 사람이 하는 말을 듣고 그대로 모방하게 되는 과정 속에서 모방대상의 언어의 문법구조를 획득하게 된다는 것이다. 그러나 모방이나 관찰이 어휘발달이나 문법획득에 중요한 영향을 미치지만 전적으로 그렇지만은 않다. 그 이유는 유아는 성인의 말을 단순히 모방하는 것이 아니라 어떤 규칙을 사용해서 나름대로의 언어도 창출해 내기 때문이다.

2. 언어발달 과정

초기의 언어획득 과정은 보통 한 마디 말을 사용할 수 있는 시기를 시작으로 전 언어 시기(Pre-linguistic period), 한 단어 시기(One-word stage), 두 단어 시기(Two word stage)로 나누어진다(김광웅 · 방은령, 1992).

1) 전 언어 시기(Pre-linguistic period)

아기는 태어나면서 울음으로 최초의 발성을 한다. 태어난 그 순간부터 나타난 '반사적 울음'은 소통하기 위한 의도적인 계획은 아니더라도 소통의 표현 기능을 발휘하게 되는 것이다(Owens, 2007). 울음은 의사전달의 수단으로 아기의 요구를 표시할 수 있는 유일한 방법이지만 초기의 울음은 의미가 분화되지 않은 미분화된 울음(Undifferentiated crying)이다. 처음 1개월 간 아기는 분화되지 않은 반사적인 울음소리를 내지만 1개월에서 2개월 사이엔 울음이 분화되어 아기의 욕구에 따라 울음의 강도와 길이가 다르게 나타난다. 영아의 언어기능이 증가하면서 울음은 감소하고 이는 울음이 듣고 말하는 기능이 발달하기 전까지 의사소통의 중요한 수단임을 의미하는 것이다.

생후 7~20일된 신생아는 소리의 방향, 강도, 속도 등에 기초하여 사람의 목소리와 다른 소리 간의 차이를 구별할 수 있으며 엄마의 목소리와 다른 사람의 목소리를 구별할 수 있다. 즉, 말소리에 민감하게 반응하며 특히 엄마의 목소리를 인식하고 있는 것이다.

생후 2개월쯤 된 영아의 신경근육 기제가 발달하면 소리내기가 옹알이로 변한다. 즉, 성대(Vocal cords)로 공기를 내보내는 조절능력이 발달함에 따라 자신의 의도대로 '바바', '다다' 등의 자음과 모음을 음절로 구성하여 옹알거리게 된다. 따라서 옹알이를 일종의 음성적 연습(Vocal gymnastics)으로 볼 수 있는데, 생후 6~8개월경에 절정에 이르렀다가 대개의 경우 생후 1년이 지나면 점차 감소하게 된다.

6개월 이후엔 아기들이 상대방의 반응에 따라 자신의 소리를 수정하는 모방도 하게 된다. 그러므로 이 시기 동안 아기와 함께 하는 주된 양육자와의 언어적 상호작용은 아기의 언어발달에 매우 큰 영향을 미치게 된다고 할 수 있다. 또한 이 때의 아기들은 곁에 누가 없더라도 혼자 누워 옹알이를 하면서, 자신의 목소리를 듣는 것을 즐기기도 한다.

한편 전 언어기의 유아는 음성뿐만 아니라 몸짓으로도 의사소통을 한다. 몸짓이란 팔다리나 몸을 움직여서 의사표현을 하는 것이다. 이러한 몸짓언어는 음성언어를 대신하거나 보충하는 기능을 하기 때문에 말을 할 수 있게 된 후에는 불완전한 언어능력을 보완하기 위해서 몸짓언어를 계속 사용하게 된다. 따라서 어휘력이 발달할 때까지 유아들의 언어는 단어와 몸짓을 함께 사용하는 복합적인 형태를 나타낸다.

2) 한 단어 시기(One-word stage)

아기들은 생후 9개월~12개월 정도가 되면 한 마디 말을 사용하기 시작한다. 이는 영아의 의사소통 발달에 있어서 첫 단어가 나타나는 중요한 전환점이다.

옹알이 시기 동안 정확한 발음을 내지 못하던 아기들은 이 시기가 되면, 몇 가지 단어를 분명히 발음할 수 있다. 이 때의 아기들이 말할 수 있는 단어들은 '엄마', '아빠', '마마', '까까', '멍멍' 등 자신과 함께 지내는 가족들의 명칭이나, 동물이나 사물의 소리를 나타내는 의성어가 대부분이다(김광웅 · 방은령, 1992).

한 단어 시기(9~15개월) 동안 아기들은 보통 약 50개 이상의 단어를 획득하게 된다. 그러나 이들이 사용하는 언어는 단어 그 자체의 의미뿐만 아니라 상황에 따라 여러 가지 의미를 내포하고 있는 유연성을 지니고 있다. 즉, '엄마'라는 한 마디는 '엄마' 그 자체를 의미하기도 하지만, '엄마 밥 줘'라든가 '엄마 미워', '엄마의 양말' 등의 다양한 의미를 갖게 된다. 일반적인 양육환경에서 엄마는 이러한 여러 가지 뜻을 내포하고 있는 아기의 언어를 상황에 따라 정확히 읽을 수 있다.

또한 이 시기의 아기들은 하나의 단어를 과잉확장(Over extension)시켜서 사용한다. 예를 들어 '멍멍이'라는 말을 사용할 경우 개, 고양이, 호랑이 등과 같이 다리가 4개 달린 비슷하게 생긴 동물 모두에게 적용하여 사용하고 '아빠'와 비슷하게 보이는 성인 남자에게 모두 '아빠'라고 부르는 경우 등이다.

한편 한 마디 말을 문장으로 볼 것인지 또는 단어로 보아야 하는지에 관해서는 학자들의 견해가 엇갈린다. McNeill은 한 단어가 완전히 문장의 기능을 한다고 주장하는 반면 Bloom은 한 단어 시기의 유아는 통사에 대한 지식이 없으므로 어휘적인 의미만 가질 뿐 의미관계를 표현하거나 문법적 의미로 사용되지 않는다고 주장한다. 그러나 한 단어에는 몸짓이 조합되어 어떤 의미론적 관계가 나타나므로 문장의 기능을 한다고 보는 것이 타당할 것이다.

영아기에 언어획득 과정(언어발달)을 요약하면 다음과 같다(Lenneberg, 1967).

(1) 3개월

8주 때보다 확실히 덜 울게 되고, 말을 건네고 고개를 끄덕여 주면, 미소짓고 구구(Cooing)하는 소리나, 꽥꽥거리기나, 꾸룩꾸룩거리는 소리들을 낸다. 이 소리들은 성격상 모음에 해당되고 음정이 변조된 것이다. 대개 15내지 20초 동안 구구 소리를 계속한다.

(2) 4개월

사람의 목소리에 대해 더 명확하게 반응한다. 즉, 머리를 돌리고 눈으로 말하는 사람을 찾는 것처럼 보인다. 가끔씩 깔깔 웃는 소리(Chuckling)를 낸다.

(3) 5개월

모음과 같은 구구 소리에 군데군데 자음적인 소리가 들어간다. 순음(Labial fricatives), 마찰음(Spirant), 그리고 비음(Nasals)을 많이 낸다. 음성학적으로 볼 때 모든 발성이 주위환경의 성숙된 언어 소리와는 매우 다르다.

(4) 6개월

구구 소리가 한 음절 소리와 흡사한 옹알이로 변화한다. 모음과 자음 모두 그다지 고정적으로 반복되지는 않는다. 마, 무, 다, 디 등과 비슷한 소리를 가장 많이 낸다.

(5) 8개월

중복(Reduplication)이 빈번해지고 억양 패턴이 독특해진다. 발음으로 강조와 감정을 표현할 수 있다.

(6) 10개월

발성이 꾸룩꾸룩 소리(Gurgling) 또는 비눗방울 불기와 같은 소리 놀이(Sound-play)와 혼합된다. 소리를 모방하고 싶은 것으로 보이나, 모방을 성공적으로 하지는 못한다. 들었던 단어들을 선별적으로 적용함으로써 단어들을 구분해 가기 시작한다.

(7) 12개월

비슷한 소리가 자주 반복되고, 단어(엄마 또는 아빠)가 나타난다. 몇 개의 단어와 간단한 명령(눈이 어디 있지?)을 이해한다.

(8) 18개월

3개 이상 50개 이하의 명확한 소리 목록(Repertoire of words)을 갖는다. 여전히 옹알이를 많이 하지만 이제는 옹알이가 복잡한 억양 패턴을 가진 여러 음절로 이루어진다. 정보를 교환하려는 시도를 보이지는 않으며 자기의 말이 이해되지 못한다고 좌절하지도 않는다. 단어에는 '안녕' 또는 '안 돼'와 같은 것이 포함되지만, 어휘목록(Lexical item)들을 두 단어 문구(Two-word phrase)로 결합시키려는 노력은 거의 하지 않는다. 이해력은 빠른 속도로 진전된다.

3) 두 단어 시기(Two-word stage)

영아는 약 15개월~18개월이 되면 두 단어를 결합하여 말을 하게 된다. '엄마 까까', '아빠 빠방' 등 상황에 따라 비교적 구체적으로 표현을 하게 된다. 이렇게 두 단어를 사용하기 시작하면서 유아들은 언어모방 능력이 급격하게 발달된다.

이 시기의 초기에는 두 단어의 조합이 본질적으로 한 단어 시기와 별 차이가 없다. 왜냐하면 첫 번째 단어는 호칭이거나 감탄사, 지시어인 경우가 대부분이기 때문이다. 즉, 한 단어 시기에는 유아가 엄마에게 과자를 주며 '까까'라고 말하는데 지나지 않으나 두 단어 시기에는 먼저 '엄마'라고 말하고 '까까'라고 하여 엄마와 까까 사이에 어떤 상호관계를 지시하려는 의도를 포함한 것이다(이경화, 1995).

그러나 점차 행위의 대상과 행위가 분화하여 나타낼 수 있게 된다. 예를 들면, '부웅 간다(차가 달린다)', '하미 없다(할머니가 없다)'와 같이 '주어~술어'의 문법적 관계를 만들어 나간다. 그러나 처음에는 유아가 자주 사용하는 한 단어끼리의 결합이 많다. '아냐'라든가 '없다' 등을 자주 사용하던 유아가 '신발 없다', '빠방 아니다' 하는 식으로 사용한다.

3. 영아기 언어의 특징

처음 영아가 말을 시작하고부터 걸음마기 말까지 언어 특징을 살펴보면 다음과 같다.

1) 표현적인 은어 사용

아기들은 한 마디 단어가 어느 정도 익숙해지고 두 마디 말이 가능한 13개월에서 19개월 사이에 단순한 한 단어를 뛰어넘어서 문장을 이루어 표현하고자 애를 쓰는 언어형태를 나타낸다. '아빠 빠방'과 같이 알아들을 수 없는 말을 고저와 장단을 같이 한 억양으로 이야기한다. 그러나 같은 또래의 아기와는 뜻이 통하는지 이러한 형태의 이야기를 한 번씩 주고받으면서 대화를 나누기도 한다. 또래끼리만 알아들 수 있는 말이라 하여 '표현적인 은어'(Expressive jargon)라고 한다(김광웅·방은령, 1992). 이러한 언어형태는 두 단어가 익숙해지고 산출언어 능력이 증가한 2세경에 이르면 거의 없어진다.

2) 전보문식 언어

아기들은 말이나 소리를 따라 할 때 중간중간에 자신의 귀에 익숙하거나 모방하기 쉬운 말들만 골라서 따라 하는 경향이 있다. 이것이 전보를 칠 때의 형식과 비슷하다고 하여 '전보문식 언어'(Telegraphic speech)라고 한다. 아기들은 자신의 생각을 표현할 때 명사를 위주로 중심이 되는 말만 연결한다. 즉, 주축이 되는 중요한 주축 어휘가 들어 있다. 예를 들면 '나는 과자를 먹어요'가 아니라 '과자 먹어' 등의 단순한 구조의 문장을 사용한다.

3) 자기중심적인 언어사용

영아기나 걸음마기의 유아들은 아직 타인 조망능력이 발달하지 못한 상태이며 언어능력에서도 시제 등 여러 가지 변화가 따르는 언어규칙을 획득하지 못한 상태이므로 현재를 중심으로 한 자기중심적인 언어를 사용한다. 유아들은 자신이 들은 말을 몇 번이고 반복하면서 그 말소리를 내는 것 자체를 즐긴다. 이들의 언어는 상대방을 의식하지 않은 것이 대부분이며, 자신의 요구와 상태에 따라 표현한다. 따라서 이들의 언어를 자기중심적인 언어(Egocentric speech)라고 한다.

4) 주축문법 사용

영아가 사용하는 문장은 주축이 되는 단어를 중심으로 새로이 습득하는 단어를 조합시켜 표현되는 경향이 있다. 예를 들어 '안 가, 안 예뻐'에서 '안'은 주축어, '-가, -예뻐'는 개방어이다.

5) 문법의 과잉일반화

문법습득과정에서 예외를 피하고 예측 가능한 유형으로 문법규칙을 적용하여 말하는 것을 의미한다. 예를 들어 주격조사인 '이' 또는 '가'를 앞 단어의 받침의 유무와 상관없이 사용하는 것이다. 그래서 '선생님이'라고 하기보다 '선생님이가'라고 이야기한다.

4. 영아의 문자언어발달

의사소통의 도구로 사용되는 음성언어와 문자언어는 타인과 의미를 주고받을 때 사용된다. 문자언어는 읽기와 쓰기로 구성되는데 영아는 주로 책을 통해 문자언어와 관련된 다양한 규칙과 개념을 자연스럽게 익히게 된다.

Schickedanz(2003)는 영아의 책읽기 행동을 제시했는데 〈표 7-1〉과 같다.

표 7-1 **영아의 책읽기 행동**

월령	행동
2~4개월	책을 손으로 잡지 않고 시선만 그림에 준다.
5~10개월	책을 손에 잡고 입으로 가져가 빨고 씹으며, 책을 흔들고 구기고 휘두른다.
6~8개월	하드보드지로 된 책을 양손으로 쥐고 책장을 여닫아 보면서 탐색한다.
7~10개월	책의 그림을 지적하면서 소리를 낸다.
11~14개월	친근한 책 속에 제시된 사물의 그림을 보며 그 이름을 말한다.
13~14개월	책읽기 옹알이를 사용한다.
15~20개월	인형 또는 자신에게 읽어 주는 척을 한다.
17개월	책 속의 인쇄글자 내용을 알고 있음을 나타낸다.
17~25개월	예상 가능한 글일 경우 어른과 함께 읽는다.
20~24개월	이야기를 읽어 주는 어른이 잠시 멈추는 사이 좋아하는 이야기의 전체 구절을 암송하여 말한다.

월령	행동
28~34개월	어른에게 책을 읽어 줄 것을 요청하며 친근한 몇 가지 책은 아주 정확히 암송할 수 있다.
32개월	손가락으로 인쇄글자를 따라 움직이며 무엇이라도 쓰여 있는지를 언어로 말한다.
30~36개월	스스로 친근한 책을 소리 내어 읽으며, 그 책이 예상가능할 경우 책의 내용을 정확히 읽는다.

한편 쓰기 발달에 있어서 아주 어린 영아들은 손에 크레파스와 색연필을 쥘 수 있게 되면 무엇이든지 열심히 끼적거리거나 그린다. 점차 영아가 성장하면서 글자와 비슷한 그림을 그리기 시작하는데 영아의 쓰기발달은 비슷한 패턴을 따르기는 하지만 그 발달 단계가 반드시 발달상의 순서를 제시하거나 엄격히 구분되지는 않는다.

Schickedanz(1996)는 영아의 쓰기 행동을 다음과 같이 제시하고 있다.

표 7-2 **영아의 쓰기 행동**

월령	행동
12개월	쓰기도구에 대한 탐색을 시작, 움직임을 통한 즐거움이나 그을 때마다 느끼는 만족감 때문에 끼적이기를 한다.
18개월	끼적이기를 하다 우연히 수직선이 나타나게 되면 그 후 의도적으로 수직선을 그리기 시작한다.
19개월	수평선을 그린다.
20개월	원형자국을 반복해 그리고 자신이 쓴 글자형태에 이름을 붙이기 시작한다.
22개월	수직선과 수평선을 그리면서 선 집단들을 분류하여 말하기 시작한다.
23개월	글자를 쓰겠다는 의지를 나타내고 획을 긋기 시작한다.
31개월	의도적인 자형이 출현한다.
32~42개월	자신의 이름이 어떤 글자로 구성되는지 알고는 있으나 쓰기는 어렵다.

5. 언어발달을 촉진하는 성인 및 교사의 역할

영아기는 언어 습득 및 의사소통 발달에 결정적인 시기이므로 교사는 영아와 항상 활발한 의사소통을 할 준비가 되어 있어야 한다.

옹알이를 하는 영아에게는 다양한 소리로 옹알이에 반응해 주고, 말소리와 몸짓으로 자기 의사를 주고받는 활동에 흥미를 갖도록 해 준다. 즉, 영아가 쿠잉이나 옹알이로 소리낼 때 주의하여 들어주며, 눈을 맞추고 정다운 목소리로 반응하여 교사의 말을 영아가 모방하여 말해 보게 한다.

또한 인형이나 그림, 사진, 그림책 같은 여러 가지 자료를 갖추어 언어적 상호작용이 풍부할 수 있는 환경을 마련해 주고, 적극적인 대화를 통해 영아가 새로운 말과 발음을 익히며 의사소통 기술을 습득할 수 있도록 돕는다.

2세 영아는 사람의 말소리를 구분하여 듣기부터 짧은 이야기와 노래에 담긴 운율 있는 말을 듣고 즐기는 정도의 활동을 할 수 있도록 한다. 또한 보통의 목소리, 큰 소리, 작은 소리, 귀에 속삭이는 소리 등으로 소리에 변화를 주어 말해줌으로써 영아가 소리 크기에 따른 감정을 느끼고 집중해서 듣는 태도를 기르도록 한다.

또한 교사가 하고 있는 일이나 생각을 영아에게 짧은 이야기로 들려주어 영아가 상황에 맞는 어휘와 표현을 익히도록 한다. 특히 영아기는 말하고 싶은 것은 많으나 표현이 잘 안 되는 시기이므로, 교사는 영아가 천천히 말할 수 있도록 기다려 주고 열심히 들어주도록 한다.

그리고 가작화 활동이 활발해지는 시기이므로 전화(마이크)놀이, 인형놀이 등 놀이를 하게 하여 혼잣말을 하거나 어른의 말투를 흉내내며 인형과 대화놀이를 할 수 있도록 환경을 마련해 주며 교사도 적극적으로 함께 상호작용해 준다.

문자언어발달에 있어서 영아기는 작은 그림책 들고 다니기, 그림 보기, 책장 넘기기 등 그림책 속성에 대한 관심이 많은 시기이므로 넘기기 쉬운 딱딱한 종이책, 여러 가지 촉감을 느낄 수 있는 헝겊책, 비닐책 등 다양한 책을 제공한다. 그림책을 읽어 줄 때에는 리듬감 있게 읽어 주고 그림에 묘사된 구체적인 상황에 대해 물어 보고 이야기를 하며 그림을 함께 보도록 한다. 책에 대한 선호도가 생겨나므로 좋아하는 그림책을 읽어 달라고 반복 요구할 때 적극 수용해 준다. 이 시기에 들은 많은 이야기들이 중요한 언어적 정보가 된다는 점에서, 교사는 그림책을 많이 읽어 주고 생활 주변에서 쉽게 접할 수 있는 친근한 환경인쇄물을 이용하여 자연스럽게 문자언어에 관심을 갖도록 한다.

또한 종이와 다양한 감각적 쓰기 도구를 제공하여 마음껏 끼적이도록 배려하고, 영아가 끼적인 것에 관심을 보인다. 이렇게 끼적거리며 놀이하면서 영아의 손목의 힘이 길러진다. 영아가 자신만의 그림을 그리며, 글자와 비슷한 모양을 그려내기도 하고, 끼적이며 자신의 생각을 담은 혼잣말을 하는 등 다채로운 쓰기 활동이 이루어지도록 돕는다.

제8장

영아 사회정서 발달

1. 영아의 정서 특징과 발달
2. 정서의 분화
3. 사회성 발달
4. 애착 발달
5. 사회정서 발달을 촉진하는 성인 및 교사의 역할

영아의 발달에 있어서 정서란 매우 중요한 구실을 한다. 특히 언어로 표현할 수 없는 영아의 입장에서, 그들의 희로애락의 내면적 감정으로 표현되는 정서적 반응은 단순한 감정표현 이외에 욕구, 충동, 신체적 · 생리적 반응 등 여러 가지가 포함되어 있다. 영아기 동안 대부분의 정서가 분화 · 발달되며 2세가 끝나갈 무렵 성인에게서 볼 수 있는 거의 모든 정서가 나타난다. 즉, 기본이 되는 정서의 발현은 영아기에 완성이 된다고 볼 수 있다. 이 뿐만 아니라 신체적 · 운동적, 지적, 사회적 성격 발달 등을 포함하여 현재와 미래의 생활 전반에 걸쳐서 정서는 중요한 의미를 갖는다.

1. 영아기 정서 특징과 발달

영아기에 있어서, 정서는 특히 욕구(Needs)와 결부된다. 배가 고픈 영아는 공복에 의해서 생기는 정서를 경험한다. 공복의 상태라는 욕구가 충족되지 않는 경우에는 영아의 행동의 양은 증가한다. 즉, 팔이나 다리를 버둥댈 뿐 아니라 울어대기도 하다. 이를 보는 사람들은 그 때 영아가 어떤 정서를 경험하고 있는지를 알 수가 없다. 다시 말하면, 이 시기는 미분화된 정서적 반응을 보이기 때문에 그 정확한 차이는 알 수 없지만, 학습이나 지각에 의한 경험의 증가에 따라서, 정서의 표현이 차츰 분화되어지고 더욱 풍부해져 간다는 것은 확실하다. 이와 같은 정서의 분화 발달의 과정에서 정서와 인지가 서로 영향을 미치게 된다. 어떤 심리학자는 사고를 마련하는 것은 정서라고 주장한다. 만족되지 않는 욕구와 거기에 수반되는 정서는 유기체를 활동적으로 만들며 욕구를 채우기 위한 여러 가지 수단을 강구하게 만든다. 이 말은 정서와 욕구, 나아가서는 동기화(Motivation) 사이에 상호작용이 있다는 것을 시사해 준다. 즉, 정서가 동기가 되어 행동의 원동력이 된다는 것이다.

동기화란 욕구에 의해서 설명되어지는 경우가 많은데 대부분의 행동의 배경에는 욕구가 있고 영아기에 표현하는 행동에는 언제나 정서가 존재한다고 할 수 있다. 쾌는 욕구 충족 행동에 결부되어 있고, 불쾌는 욕구불만에 결부되어서 존재하는 것이다. 이렇듯, 정서는 신체적 · 운동적, 지적, 사회적 발달 영역 등과 관련되어 있고, 영아의 현재와 미래의 생활에 대해 중요한 의미를 갖는다.

1) 영아기 정서 특징

Hurlock(한순옥 역, 1976)은 이 시기 유아의 정서 특징을 다음과 같이 묘사하고 있다.

첫째, 영아의 정서는 격렬하다. 성인은 그의 정서를 통제하려고 애쓰는 데 반하여 어린 유아들은 자신의 정서를 통제하지 않고 느끼는 대로 표현한다.

둘째, 일시적이다. 격렬하게 표현된 감정도 상황이 바뀌면 금세 다른 정서로 변한다.

셋째, 지속시간이 짧다. 한 번 격앙된 성인의 분노가 며칠씩 가는 것과는 대조적으로 어린 유아는 웃음에서 울음으로 공포에서 호기심으로, 사랑에서 미움으로 쉽게 변해 가며 금방 잘 잊는다.

2) 정서의 발달

신생아가 언제 기분이 나쁜지 알아내는 것은 쉬운 일이다. 날카로운 울음을 계속 점점 세게 터뜨리고, 팔과 다리를 흔들어 대고, 그 작은 몸을 경직시킨다. 그러나 기분이 좋은 때가 언제인지를 구분하는 것은 어렵다. 생후 1개월 동안 신생아는 사람의 목소리를 듣거나 안아 주었을 때 조용히 하고, 자기의 두 손을 짝짜꿍 식으로 움직여 줄 때 미소짓는다(Bayley, 1933; Griffiths, 1954; Wolff, 1963).

신생아 때의 덜 분화된 정서 상태는 월령이 증가함에 따라 점차 분화된 정서로 발전되고 다른 사람의 정서를 이해할 수 있는 능력도 갖게 된다. 또한 정서를 표현함에 있어서도 자신의 정서를 규제할 수 있게 된다.

[그림 8-1] 영아의 4가지 기본정서

영아기 정서에는 두 가지 기능 또는 목적이 있다.

첫째, 영아의 정서표현은 영아의 상태를 다른 사람, 특히 양육자에게 알림으로써 양육자로 하여금 영아를 보살피게 하는 기능을 한다. 정서의 조기발달은 영아의 생존을 가능하게 하는 적응적 의미를 지니는 것이다. 예를 들면, 영아의 미소는 양육자로 하여금 영아에게 무슨 문제가 있는지 살펴보고 문제를 해결하도록 한다.

둘째, 영아기 정서는 특정 자극에 대해 특정한 행동을 하도록 하는 동기를 부여한다. 예를 들면 '분노'는 공격행동의 동기를 부여하고, '공포'는 회피행동의 동기를 부여한다. 정서의 이러한 기능은 유기체가 환경에 적응하기 위한 진화의 결과로 볼 수 있다.

표 8-1 **영아의 정서발달 단계**

연 령	단 계	특 성
0~1개월	완전 자극장벽	■ 영아는 비교적 무반응적이고, 외부의 자극에 대해 거의 반응하지 않는다.
1~3개월	주위환경에 대해 관심 갖기	■ 영아는 자극에 개방되어 있다. 흥미와 호기심을 보이기 시작하고, 사람에게 쉽게 미소짓는다.
3~6개월	긍정적인 감정	■ 어떤 일이 일어날지를 기대하고 그 일이 실제 일어나지 않을 때 실망을 경험한다. ■ 화를 내거나 불안스럽게 행동함으로써 실망을 나타낸다.

연 령	단 계	특 성
		■ 자주 미소짓고 웃는다. 이 때가 사회적 각성의 시기이며 아기와 양육자간의 초기 상호교환의 시기이다.
7~9개월	능동적인 참여	■ 사회적 게임(social game)을 하고 사람들로부터 반응을 얻으려 한다. ■ 다른 아기들에게 반응만 하도록 말을 건네고, 움직이고, 부추긴다. 더 분화된 정서를 표현하며 기쁨, 공포, 분노, 그리고 놀람 등을 보인다.
9~12개월	애착	■ 일차적인 양육자에게 강하게 몰두하고, 낯선 사람들을 두려워하게 되고, 새로운 상황에서는 활발히 행동하지 않는다. ■ 1세가 되면 정서를 더 분명하게 전달하는데, 기분(moods), 반대 감정 병존(ambivalence), 감정(feeling)의 심화 등을 보인다.
12~18개월	연습하기	■ 가장 밀착된 사람을 안전 기저(secure base)로 삼아서 환경을 탐색한다. ■ 환경에 숙달될수록 자신을 주장하는 데에 더 자신감이 있고 더 열렬하다.
18~36개월	자아개념과 동일시의 형성	■ 가끔 자기 자신이 양육자와 얼마나 많이 떨어져 있는가를 깨닫고는 불안해한다. ■ 환상과 놀이에서 그리고 성인과 동일시함으로써 자신의 한계에 대한 인식을 해결한다.

출처 : Sroufe, L. A.(1979), in J. Osofsky(ed.), Handbook of Infant Development : N.Y. : Wiley.

2. 정서의 분화

신생아의 정서는 미분화의 상태이지만 시간이 지나감에 따라서 점차로 분화되어 간다. 출생 시에는 막연한 흥분 상태밖에 나타낼 수 없었던 것이 3개월 이내에서는 불쾌, 흥분, 쾌감의 정서를 가질 수 있게 된다. 그리고 6개월 이내에는 흥분, 불쾌, 분노, 혐오, 공포, 쾌감의 여섯 가지 정서를 나타낼 수 있게 되고 1년쯤에는 사랑과 애정을 새로이 나타낸다.

영유아들이 갖는 정서들을 살펴보면 다음과 같다.

1) 공포(Fear)

유아의 공포는 생활의 주변에서 일어나는 사건에 잘 적응할 수 없는 데서 발생되는 것이다. 다시 말해서 유아에게 공포가 형성되려면 그에게 바람직하지 못한 형태의 자극을 분별할 수 있는 지각의 발달이 잘 이루어져 있어야 하며, 따라서 그에 필요한 반응을 일으킬 수 있는 운동 기능도 잘 발달되어 있어야 하는 것이다. 그리고 해로운 자극에 대한 지각이 신체 내부의 생리적인 변화까지도 일으킬 수 있는 자율신경 계통이 성숙되어야 한다.

영아가 가지는 공포는 개인에 따라 다르고 개인이 가지는 경험에 따라 다르게 나타나지만 출생 후 6개월경에 나타난다. 출생 직후에 나타나는 공포는 갑작스러운 강한 자극에 대한 반사적인 놀라움이지만 약 8개월쯤이면 공포를 분명히 나타내는데 특히 낯가리기에서 찾아볼 수 있다. 약 1세까지는 갑자기 나는 큰 소리나 처음 본 사람, 이상하고 신기한 물건 등을 보면 무서움을 느낀다. 특히 1세가 지나면 엄마가 눈앞에서 사라지는 것을 두려워한다. 2세가 되면 공포의 대상이 더 넓어져서 음흉하고 놀라운 소리나 어두운 곳을 무서워하고, 개, 고양이 등

동물에 대해서도 무서워한다. 일반적으로 학령 전까지는 연령이 증가할수록 공포의 대상이 넓어지며, 사람, 소리, 물체 등 감각적으로 확인되는 것은 물론 상상의 세계(쥐, 도깨비, 유령 등)까지도 공포의 대상이 된다.

Watson의 실험에 의하면 크고 강한 소리와 신체를 지탱해 주던 지지가 사라질 때 공포심을 일으킨다는 것이고, 이들 공포심을 제외한 나머지 모든 공포심은 후천적으로 학습되어진 것이라고 했다. 불, 뜨거운 물, 높은 곳이 위험하다는 것을 가르쳐 주면 일종의 공포감을 느낀다. 그러나 울 때 '경찰 아저씨가 잡아간다' 등의 훈련은 지나친 공포증을 갖게 할 수 있으므로 과장은 삼가는 것이 좋다. 영유아가 어떠한 불안이나 공포를 경험한다고 하더라도 이것이 공포증으로 발전되지 않는 한, 그 경험은 그의 건전한 인격 발전에 도움을 주게 된다. 당연한 정상적 공포는 사람을 보호해 주는 것이므로, 영유아가 공포의 가운데서 신중한 태도를 취할 수 있는 습관을 갖도록 해 주어야 한다.

2) 분노(Anger)

분노의 반응은 신체 운동의 자유를 구속하고 방해받았을 때 나타난다. 대개 영아가 손을 뻗어 물건을 잡을 수 있는 시기이기도 하다. 그래서 '저것을 갖고 싶다'는 욕구가 방해를 받게 되면 분노가 생성된다. 영아는 손, 팔, 다리를 격렬하게 움직이고 입을 벌리고 우는데 처음에는 소리를 내어 울지를 못한다. 분노는 불쾌 자극이나 압력을 극복하려는 반응이라 할 수 있다. 즉, 영아의 분노는 자기가 하고 싶은 일을 방해받거나 갖고 싶은 것을 가지지 못할 때, 그리고 자신의 요구가 거부되어 자신의 욕구가 제대로 충족되지 않았을 때 나타난다. 이러한 분노는 공포 정서보다 자주 나타나는데, 이는 영아의 주변에 분노를 일으키게 하는 자극이 많고, 또한 분노가 영아 자신의 욕구를 어느 정도 충족시켜 준다는 사실을 그 자신이 알고 있기 때문이다.

일반적으로 영아들은 분노가 싹트는 생후 3개월쯤 되면 성난 소리로 울기 시작하며, 약 4~5개월경이 되면 사람이 곁에 없거나 장난감을 빼앗기거나 하면, 곧 사회적 기대에 불만을 나타내게 된다. 그리고 약 6개월경이 되면 큰 소리로 싫은 말을 하거나 꾸짖으면 분노를 울음으로 크게 나타낸다. 12개월이 되면 여러 가지 형태의 행동으로 분노를 나타내는데, 즉 투덜대기, 토라지기, 발버둥질, 떼쓰고 울기, 반항 등 강하게 분노를 터뜨린다.

영아기와 걸음마기에 가장 많이 나타나는 분노의 형태는 떼쓰기이다. 이 때 유아들은 울부짖고 발을 동동 구르거나, 땅바닥에 나뒹구는 행동을 한다. 이러한 형태가 가장 많이 일어나는 시기는 18개월에서 36개월 사이이다. 유아가 몹시 화가 남으로써 드러누워 발버둥치면서 달랠 수 없을 만큼 소란을 피우기도 한다. 누구나 표출될 수 있는 분노의 감정을 사랑과 수용으로 대응치 않고 확대한다면 영아는 공격성을 갖게 된다.

영아의 바람직한 정서 발달을 위해서는 안정된 환경과 자극이 주어져야 한다. 분노 정서가 반복될 때에는 영아는 불신감을 갖게 되고 불안한 정서가 발달한다. 반면 욕구가 충족되고 신체적 상태가 좋을 때에는 욕구 충족 대상에서 애정과 신뢰감을 표시하여 안정감을 갖는다.

Goodenough(1931)가 각 연령별 유아의 분노 표시 빈도에 관한 연구를 하여 발표한 것을 살펴보면 다음 [그림 8-2]와 같다.

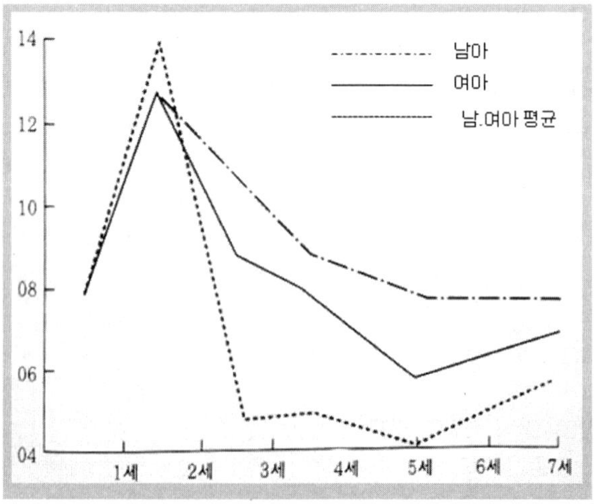

[그림 8-2] 연령별 유아의 분노 표시(Goodenough, 1931)

[그림 8-2]에 나타난 바와 같이, 남녀 유아 모두가 1년 6개월경에 가장 많이 분노를 나타내고 그 이후부터는 점차 줄어드는데 이것은 지각이 증가함에 따라 욕구 좌절을 해결해 갈 수 있는 능력이 증가되기 때문이다.

3) 슬픔(Sadness)

슬픔은 자신에게 소중한 것을 상실하였을 때 생성되는 정서이다. 슬픔은 생후 2~3개월경 신체적 아픔에 수반되는 고통으로부터 분화되어 나타나는 것으로 보고 있다. 월령이 높아지면서 점차적으로 슬픔은 사회적 조건을 갖게 된다. 예를 들어 화난 엄마의 얼굴을 보고 운다거나, 넘어졌을 때 옆에 아무도 없으면 울지 않는데 옆에 사람이 있으면 운다든가 하는 것이 그 예이다.

슬픔의 표정이 두드러지게 나타나는 시기는 생후 6~7개월경으로 이 시기는 양육자와의 사이에 애착이 형성되는 시기이기도 하다. 이 시기의 영아는 양육자에 대한 뒤따르기 행동이나 자신의 시야에서 양육자가 사라지면 우는 행동 등의 반응을 보이기도 한다. 차츰 영아는 월령이 높아지면서 스스로 울음, 즉 슬픔을 자제하는 경우가 많아지게 된다.

4) 애정(Affection)

애정 반응은 조용히 만져 주거나 부드럽게 흔들어 줄 때 편안히 안아 줄 때, 무엇인가를 입으로 빨게 할 때 나타나는 반응으로 미소를 짓거나 큰 소리로 웃으며 팔과 다리를 움직이는 것이다.

애정은 생후 1년경에 나타난다. 아기가 6개월을 전후하여 낯을 가리고 자신을 돌보아 준 사람(엄마 또는 양육자)에게 애착을 형성하면서부터 아기는 자신과 가까이 있는 대상에게 애정을 느끼기 시작한다. 이러한 감정은 1년이 지나면서 뚜렷이 나타나는데 엄마 목을 꼭 껴안고 안긴다든지 엄마 치마를 잡고 졸졸 따라 다닌다든지 뽀뽀를 한다든지 등의 표현으로 나타난다(김광웅 · 방은령, 1992).

아기는 생후 1년을 전후하여 자신이 늘 갖고 놀던 인형이나 장난감에 대해 애착을 형성하게 되어 어디든지 가지고 다니게 된다. 애정은 일방적이라기보다는 흔히 상호적으로 작용한다. 생후 2년경부터는 자신의 장난감을 좋아하게 되고 그 중에서 인형을 의인화하여 사랑하며 인형에게 이야기도 하고 음식을 먹이기도 한다. 이러한 상태는 18개월에서 24개월 사이에 절정에 달한다.

5) 기쁨(Pleasure)

영아의 기쁨이란 단순한 쾌감에서 나타나는 행복한 정서의 반응으로 영아들은 젖을 배불리 먹은 다음이나 알맞게 따뜻한 물에 목욕을 시키거나 몸을 주물러 줄 때 생리적 · 감각적 · 운동적인 동작으로 표시하는 정서이다. 대체로 미소 · 웃음 · 낄낄거림 · 손뼉치기 등으로 표현된다. 건강한 영아일수록 기쁨의 표현이 명확하고 빈번하게 나타난다. 영아가 부모의 사랑을 받으면서 정상적인 환경에서 자란다면 생후 2개월경에는 대개 방긋방긋 미소짓기 시작하고 특히 옹알이를 할 때는 웃는다. 아기들은 기본적인 수면, 배변, 섭생과 같은 욕구가 충족되고 얼러 주거나 안아 주거나 하면 기분 좋은 느낌을 표현한다.

흔히 '배내 미소'라고 하는 출생 직후에 나타나는 미소는 선천적 · 반사적인 것으로, 깊은 수면이나 부드러운 감촉 등과 같은 내적 상태에서 비롯된 반응이다. 4주경이 되었을 때 영아는 갑자기 움직이는 물체들과 같은 외부의 자극에 대해 미소를 보인다. 이 시기에 기쁨, 분노, 중성적인 표정을 가진 사람의 얼굴을 보여 주면, 이 중에서 기쁜 표정을 하고 있는 얼굴을 더 오래 주시하는 것도 볼 수 있다.

6~10주경에는 사람의 얼굴에 대해 사회적 미소(Social smile)를 보이고, 3개월경에는 친숙한 사람과 그렇지 않은 사람에 대해 다르게 미소를 지으며, 사회적 상호작용이 이루어질 때 가장 빈번하게 미소를 보인다. 이러한 반응은 친숙한 사람과의 친밀감을 강화시켜 주는 역할을 한다.

생후 4개월쯤 되면 기분 좋은 일이 생기면 큰 소리를 내서 웃는 '큰 웃음'이 나타나게 된다. 5~6개월이 되면 물체에 손을 대어 치거나 하면서 즐거움을 나타내는데 5~6개월이 된 영아가 저녁에 돌아온 아빠를 보면 방긋방긋 웃고, 아빠가 팔을 벌려 안으려 하면 기꺼이 안기려는 모습은 가정에서 흔히 볼 수 있다. 그리고 생후 1년이 되면 좋은 자극에 대해서는 웃음의 반응을 뚜렷이 보이고, 1년 6개월이 되면 기쁨을 표시하는 형태로서 음률적인 소리로 기쁨을 나타내게 된다. 즉, 기쁜 감정이 크면 클수록 그 소리는 커지고, 몸도 많이 움직이게 되는 것이다.

이 기쁨의 대상은 손발의 운동, 눈에 보이는 것, 귀에 들리는 것, 피부의 감촉과 같은 것들인데, 어쨌든 쾌감의 계통에 속하는 정서로서 이렇게 표출로서의 웃음이 분명히 나타나게 되는 것은 발달 단계로서 주목할 만하다.

건강한 영아일수록 기쁨의 표현이 명확하고 빈번하며 운동기능의 성취가 있을 때마다 웃으며 좋아한다. 기어가서 물건을 잡았을 때, 일어섰을 때, 걸음마를 하였을 때, 층계를 올라가는 일에 성공하였을 때는 반드시 좋아하며 웃는다.

6) 호기심(Curiosity)

호기심은 즐거운 정서적 상태인데, 건강하고 기분이 좋은 상태의 영아일수록 강하다. 이러한 호기심은 주위의 사물을 관찰하고 여러 가지 현상을 파악하는 등 많은 지식을 습득하는 원천이 된다. 다시 말하면 자기 주위에서 일어나는 여러 가지 행동을 관찰하여 세심한 주의를 쏟는다. 그리고 이상한 소리에 귀를 기울인다든지 이상한 물건에 흥미를 느낀다든지 하여 호기심을 나타낸다. 대체로 영아가 호기심을 나타내기 시작하는 시기는 4~5개월부터인데, 사람이나 물건 같은 것을 자꾸만 쳐다본다. 그리고 6~7개월이 지나면 물건을 잡아당겨 흔들면서 좋아하고 생후 2년이 되면 남자나 여자의 모양이나 음성에 흥미를 가지게 된다(유안진, 1987).

성인들은 가능하면 영아의 호기심을 충족시키고 많은 것을 배우도록 협조해야 하지만 자칫하면 위험할 때가 많다. 최대한의 안전을 고려하여 영아의 호기심을 철저히 감독하면서도 자유로운 영역을 확대시켜 줌으로써, 영아 스스로 알아보고, 의문을 풀고, 또 다음 단계로 들어가 알아보는 태도를 갖게 해 주어야 한다. 생후 2년경이 되면 보는 것마다 '이게 뭐야?'라고 자주 묻는다. 이 때 귀찮게 여기지 말고 공감해 주면서 친절한 태도로 상호작용을 하면 신뢰감을 형성할 뿐만 아니라 어휘력도 늘어나고 인지도 발달하게 된다.

7) 질투(Jealousy)

질투는 애정을 상실했거나 상실할까 두려워하는 정서이다. 질투는 보통 18개월경에 나타난다. 부모가 다른 아기를 안고 있거나, 뽀뽀해 주면 아기는 뾰로통한 표정을 짓거나 우는 것으로 질투반응을 나타낸다. 영아의 경우에는 부모의 사랑을 놓고 형제 자매 간에 질투를 일으키는 경우가 많다. 부모는 자기도 모르는 사이에 자녀들 간에 질투를 야기시키는 수가 있다. 특히 동생을 보게 되면 부모의 애정을 빼앗길 위협 때문에 질투가 절정에 달한다. 이 때까지는 자신이 부모의 관심을 끌던 중심적 대상이었던 것이 동생의 출생과 더불어 그 관심의 초점이 옮겨 가는 것을 느낀다. 어릴 때는 형이 동생에게 심한 질투감을 갖는다. 동생이 미운 나머지 부모 몰래 꼬집거나 때리는 경우도 있고, 어른이 못하게 하면 심술을 피우거나 말을 듣지 않거나 혹은 손가락을 빤다든지 오줌을 싸거나 말을 더듬는 등의 퇴행행동도 한다.

연령적으로 3~4세경에 질투가 가장 심하게 나타난다. 이 때 부모는 자녀들을 공평하게 대하여 주고 사랑에 대한 확신을 줌으로써 질투를 예방할 수 있다.

3. 사회성 발달

영아는 성장해 가면서 사고가 발달되고 감정을 표현하며 다른 사람과 관계를 맺어 나간다. 사회성은 타인과의 관계를 통해 발달한다.

1) 사회성 발달의 개념

사회성이란 영아가 태어난 사회의 문화 속에서 한 사람으로서 살아갈 수 있는 생활양식을 습득하는 것이다. 다시 말하면 사회 공통의 행동특정인 가치, 신념, 지식 등을 습득하게 하는 사회화의 과정이라고 할 수 있다. 영아들의 사회성도 다른 발달과 마찬가지로 차차 성장함에 따라 사회적 성숙이 이루어지는 것이다.

사람은 태어남과 동시에 사람들 사이에서 살기 시작하며 생애를 마칠 때까지 사람들 사이에서 살게 된다. 사람들은 이러한 사람들과의 생활에서 사랑을 듬뿍 받기도 하고, 주기도 하며, 서로의 주장이 충돌되어 싸움도 하고, 서로의 주장을 조절하여 협력도 하게 된다. 그리하여 사람들이 다 같이 행복하게 살기 위하여 만들어진 생활규범을 지키기도 하고 또 보다 좋은 생활규범을 만들기도 한다. 이와 같은 과정을 통해 태어난 유아는 한 사람의 사회인으로 성장 · 발달해 가는 것이다.

사회성이란 이와 같이 인간관계의 상호작용 속에서 사회적인 생활을 영위하기 위하여 개인과 개인, 개인과 집단, 사회와 개인과의 관계를 조절해 가는 행동경향성이라고 생각할 수 있다. 따라서 사회성이 발달한 사람은 자기주장이 있는 자아가 형성된 사람이며, 남과 협력할 수 있는 협조성이 있는 사람이며 사회의 생활규범을 합리적으로 받아들여 사회생활을 풍요하게 영위할 수 있는 사회적인 적응력이 있는 사람이다.

Erikson의 발달이론으로 볼 때, 이 시기의 영아는 자율성 대 수치심을 발달시키는 시기이다. 영아는 자기의 신체를 마음대로 조절할 수 있고 서고 걷고 뛰고 대소변을 가리고 수저질을 하고 옷을 입고 벗으며 세수하는 일도 스스로 할 수 있는 자율적 존재가 되어 가면서 자율성을 발달시키게 된다.

따라서 지금까지의 성인에게 의존했던 상태에서 탈피하여 반항적이 되고 고집도 세어진다. 무슨 일에나 '아니 아니', '싫어', '내가' 등의 말을 자주하며 자기주장을 나타내게 된다.

이 시기에 영아의 독립심이 키워지기 때문에 부모의 간섭과 명령이 지나치면, 영아는 자신감을 잃고 수줍어지고 수치심이 발달하며 스스로의 판단이나 결정을 잘 하지 못하고 남의 판단이나 결정에 의존하려고 한다.

2) 사회성의 발달과정

영아의 사회성의 발달과정은 다음과 같은 단계에 따라 발달해 간다. 다른 사람들에 대하여 나타내는 영아의 울음, 미소, 안구 운동은 사회적 행동의 초기형태이다. 생후 1주일이 되었을 때는 자기가 접촉하고 있는 사람이나 또는 자기가 받는 자극을 전혀 분별하지 못하는데, 이 때를 전사회적 단계라고 할 수 있다. 그러나 2개월이 되면 자기를 안아 주고, 목욕시켜 주며, 옷을 입혀 주는 사람들을 점차로 지각하게 된다. 즉, 음성을 듣고 난 후 얼굴을 돌려 미소를 짓는데, 이것이 바로 최초의 사회적 반응이다. 영아가 3개월이 되면 자기를 돌보아 주는 어머니에게 시선을 고정시킨다든가 어머니의 웃음에 응답하여 자기도 따라 웃는다든가 또는 어머니의 음성에 대하여 여러 가지 반응을 일으키는 등 사람을 구별할 수 있는 인지를 나타낸다. 이 때 영아는 사람에 대한 흥미를 느끼며, 타인들의 주목을 끌려는 행동을 하기 시작한다. 4~6개월 된 영아는 자기에 대한 어른들의 호감의 태도와 비난적 태도를 구별할 수 있게 되고, 드디어 미소와 울음으로써 어른들의 행동에 대해 적극적인 반응을 나타내며, 친숙한 사람과 낯선 사람을 식별하는 데 민감하게 된다(김행자, 1986).

그 후 7~9개월경에는 친숙한 사람에게 웃음을 보이며, 낯선 사람에게는 공포와 불안을 나타낸다. 그리고 타인의 음성이나 행동을 모방하기 시작하며, 장난감에 흥미를 갖는다. 대략 10개월에서 1년이 될 때까지의 영아는 보다 더 뚜렷한 사회적 행동을 나타내게 된다. 1세경의 영아는 자기가 하고 싶은 일을 저지당했을 경우나 갖고 싶은 물건을 빼앗겼을 경우 울음을 터뜨리며, 자기가 싫어하는 사람이나 낯선 사람에 대해서는 피하려는 행동을 나타낸다.

영아가 1년 6개월이 지나면 어른이 시키는 일에 대해서, 또는 욕구가 좌절될

때 반항을 한다. 즉, 어른의 말에 대한 거부, 반항 또는 수줍음이나 부끄러움 등의 반응을 한다. 약 18개월이 된 유아는 다른 유아들과 놀기 시작하는데, 재미있는 놀이를 하면 함께 어울려 큰 소리를 내면서 곧잘 웃는다. 이 때부터 가지고 놀던 물건에서부터 차차 같은 나이의 또래들에 대해 관심을 더 갖게 된다.

즉, 혼자서 놀기보다는 자기 또래의 유아들과 함께 어울려 노는 일에 더 많은 흥미를 나타낸다. 2세가 되면 유아는 타인과 함께 어울려 노는 일에 더 많은 관심을 가지게 되어 사회적 관계의 태도가 서서히 형성되어 나간다. 이러한 사회적 인간관계를 최초로 가질 수 있는 곳은 가정이다.

3) 사회성 발달과 부모관계

인간은 누구나 사회의 일원으로 존재한다. 태어나서는 가족의 한 사람으로 나중에는 사회의 한 구성원으로 성장하면서 많은 인간관계를 맺게 된다. 다른 사람과의 관계는 사회화의 기본이 되며, 한 사회가 가지고 있는 가치관이나 규범은 인간관계를 통하여 얻어진다.

일반적으로 영아는 그의 생활 전부를 어머니에게 의존하고 있다. 그러나 단순히 수동적인 존재는 아니다. 어머니의 특정적인 행동을 기대하면서 적극적으로 행동해 나가는 것이다. 영아의 초기에는 울음, 미소, 몸짓 등의 신호 행동이 주로 나타나지만, 이행 능력이 몸에 배면서부터는 어머니에게 보다 적극적인 접근 행동을 보이기 시작하며 또 이 때에는 낯가리기도 나타난다.

영아와 어머니 사이에는 이러한 애착 관계를 매개로 하여 '정서적인 상호 일체적 관계'가 형성되는데 이것은 영아가 최초로 경험하는 대인관계이며 사회성이 싹튼 것이다. 또한 1세 정도부터는 상호 일체적인 모자 관계 중에서 어머니에 대한 절대적인 '기본적 신뢰감'을 갖게 된다. 어머니 이외의 다른 사람에 대한 신뢰감은 인간관계를 형성하는 초석이 되기 때문에 유아기에 들어가면 아버지나 형제 등의 가족에게 또는 이웃 사람 등에 이것을 '일반화'시켜 나가게 된다.

인간의 발달에 있어서 이렇게 중요한 의미를 갖는 영아기의 상호 일체적 모자

관계의 형성에 있어서 엄마가 수유나 배변의 뒷바라지 등 영아의 생리적 욕구를 충족시켜 주는 일은 가장 중요한 것이다. 이와 더불어 피부 접촉이나 사회적 접촉, 즉 쓰다듬기, 이야기, 미소짓기, 영아의 반응에 대한 응답, 환경 자극의 풍부화 등을 충분히 베푸는 일은 영아의 사회성 발달에 있어서는 매우 중요한 요인이다.

최근 들어 자녀양육 참여에 대한 아버지의 역할이 늘어나면서 영유아의 사회화에 아버지의 역할이 중요하게 된다. 아버지의 자녀양육 참여는 유아의 친사회적 행동을 비롯한 사회적 능력 향상에 기여하고 어머니와는 다른 측면에서 사회, 정서 발달을 촉진시킨다고 하는 연구 결과들(김정신, 2000; 최한순, 1995)은 아버지의 자녀양육 참여가 유아의 사회적 능력에 직, 간접적인 영향을 끼치는 것을 알려 준다.

4) 자아인식과 자기 통제

신생아기를 지나 영아들은 서서히 주변 환경에 관심을 갖게 된다. 영아가 주위를 살핀다는 것은 자신과 그 주변 환경의 차이를 다소나마 인식하게 된 것이다. 다른 사람의 존재를 깨닫는다는 것은 자신의 존재를 인식하는 것이고, 자신의 존재에 대한 인식은 다른 사람에 대해 안다는 것이다. 심리학자들은 거울 실험을 통해 영아의 자아 인식도를 측정하였는데, 생후 1년 6개월 정도가 되어야 이 실험에 반응하는 것으로 나타났다. 생후 1년쯤 되면 영아는 자신과 타인에 대한 기초개념을 습득하게 된다.

자아개념의 발달은 아기가 자신을 환경과 구분할 수 있을 때부터 시작되며, 이 때부터 아기는 자신만의 독특한 신체적 존재를 점차 깨닫게 된다. 이 과정 동안 아기는 자신의 신체와 얼굴에 대한 시각적 심상을 형성한다. 약 6주경의 아기도 거울 속의 모습을 응시하고 만지려 하기는 하지만 대부분 약 18개월 이전까지는 자기의 얼굴에 대한 명확한 심상을 형성하지 못한다. Lewis와 Brooks (1975)는 아기의 코에 빨간 종이를 붙여 놓고 거울 속에 비친 자신의 모습에 대한 아기의 반응을 관찰한 연구의 결과 18개월 이상의 아기만이 코 위의 붉은 것을

보자 놀라서 그것을 만지려고 했으며, 18개월 이전의 아기들은 대부분 거울 속 아기의 코를 만지려 했다.

영아는 자신에 대한 학습과정을 통하여 타인에 대해서도 알게 된다. 대체로 생후 18개월까지는 자신의 신체에 대해 인식하게 된다. 즉, 영아가 거울에 비친 자기 모습을 알 수 있게 된다. 이것은 자신의 모습에 대한 정신적 상(Mental image)과 현재 거울에 비춰진 모습을 대응시킬 수 있다는 것을 의미한다.

그러므로 이 때 성인들은 영아들에게 전신 거울을 제공하여 영아가 거울에 비친 자기모습을 통해 '나'와 타인에 대해 학습할 수 있게 해 주며 주변 사물과의 상호작용을 통해 영아가 자기 자신과 분리된 사물간의 차이를 인식하도록 하게 한다. 3세 정도가 되면 유아들은 상당한 수준의 자기 신체 인식능력을 나타낸다. 또한 이 시기에 형성되는 신뢰감은 개인이 사회의 일원으로 성장해 나가는 데 기초가 된다. Erikson은 생후 첫해 동안에 형성되는 신뢰감은 평생을 통해 자신·타인, 그리고 기타 다른 것에 대한 신뢰감의 기초가 된다고 하였다.

인간에 대한 신뢰감이 형성되어야만 영아들이 외부세계를 탐색할 수 있으며, 결국 외부세계에 대한 인식은 자신의 존재를 파악하는 길인 것이다.

영아는 성장함에 따라 다른 사람과 조화를 이루며 살아가기 위해 필요한 사회적 규칙을 배워야 한다. 훈육은 영아에게 사회화에 필요한 규칙을 가르치는 것을 의미하며 궁극적인 목적은 영아 스스로 자기 통제를 배울 수 있게 하는 것이다. 체벌이나 야단치기 등의 부정적인 훈육 방법은 불안, 공포감을 조성하므로 영아의 자기 통제력을 길러 주지 못한다.

영유아는 긍정적인 훈육을 통하여 사회적으로 인정받는 바람직한 행동에 대해 알게 되고, 사회적 규칙에 따라 행동함으로써 점차 외적 통제에서 내적 통제로 바뀌게 된다. 훈육은 성인과 영유아 간에 기본적인 신뢰감이 형성되어 있을 때 효과적이다.

4. 애착 발달

애착(Attachment)은 한 개인이 자신과 가장 가까운 사람에 대해서 느끼는 강한 감정적 유대관계를 뜻한다. 애착은 근본적으로 선택적인 특성을 갖고 있어서 극히 소수의 제한된 대상에 대해서 형성되며, 애착이 형성된 대상에 대해서는 가까이 다가가고 싶고 근접해 있고 싶은 욕구를 갖게 된다.

애착이라는 용어는 Bowlby가 아기와 엄마와의 유대 관계를 설명하면서 사용하였는데, 이는 1960년 이후 발달심리학에서 사회적 관계에 대한 연구 속에서 중요한 개념 중의 하나로 자주 사용되어 왔다.

Bowlby는 애착을 '특정한 두 사람 간에 형성되는 애정적인 유대 관계'로 정의하고, 특정 인물에게 애착을 느낀 영아는 그 인물을 세상을 탐색하는 안전기지(Security base)로서 사용한다.

그는 영아의 애착 행동을 울음, 미소, 옹알이, 그리고 나중에 나타나는 부르기와 같은 신호 기능을 하는 행동과 매달리기, 접촉하기, 뒤따르기 등의 접근 기능을 하는 행동으로 분류하였다.

생후 6~8개월이 되면 대부분의 아기는 특별한 애착을 발달시키는데 대체로 주된 양육자인 어머니나 아버지가 애착의 대상이 되고 때로 기타 가족이나 친구에게로 넓혀져 나간다. 아기의 애정은 1년을 전후로 절정에 달했다가 1년 6개월경이 되면 여러 사람에게로 분산된다. 그러나 아기가 최초로 애착을 발달시킨 사람이 8~24개월경부터 아기의 성격발달에 결정적 영향을 미친다. 그 이유는 어린 시기에 바람직한 애착형성이 되지 않으면 성장한 후의 대인

관계에도 문제가 된다. 영아가 안정된 애착을 형성하지 못하면 다음 단계로의 진전에 중요한 신뢰감과 자신감을 발달시킬 수가 없기 때문이다.

애착은 영아가 울거나 도움을 청할 때 신속하게 애정을 보임으로써 형성되지만, 그렇지 못할 경우에는 애착이 형성되는 시간이 길어지고 강도도 약해진다.

Ainsworth 등은 영아의 애착형성을 4단계로 제시하고 있다(김성희 · 허혜경, 1998).

1) 애착형성 단계

(1) 애착형성 이전단계(출생~2개월)

이 단계는 영아가 사회적 반응을 변별하지 못하는 단계로서 출생 후부터 2개월까지이다. 이 시기에는 영아가 하는 여러 행동은 성인으로 하여금 영아에게 접근하거나 접촉하도록 한다. 예를 들어 쳐다보기, 눈으로 따라가기, 안을 때의 몸자세 등의 지향적 행동과 빨기, 쥐기 등을 통해 영아는 적극적으로 사람들과 접촉을 하고 이를 유지한다. 또 영아는 미소, 울음, 옹알이 등의 신호 행동으로 성인의 행동을 촉진시켜 보호자가 자신에게 가까이 오도록 하거나 자신과 접속을 하게 하는 예측의 결과를 얻는다.

영아의 초기 감각 기능은 아주 유용하며 신속히 발달한다. 영아는 출생 직후부터 여러 가지 자극을 구별하고 여기에 다르게 반응한다. 또한 영아가 반응하는 자극의 범위는 수유와 관련된 자극뿐 아니라 시각, 청각 자극까지 포함하는 광범위한 것이다. 그러나 이 시기에는 다양한 자극을 변별할 수 있지만, 자극을 제시하는 사람을 변별하지는 못한다. 그래서 이 시기를 사회적 반응을 변별하지 못하는 단계라고도 부른다.

(2) 애착형성 단계(2~7개월)

두 번째 단계는 다시 두 단계로 나누어 설명할 수 있다. 첫 번째 단계는 가까이 있는 사람에 대해 변별력과 차별 반응을 나타내는 단계이고, 두 번째 단계는 멀리 있는 사람에 대한 변별이 이루어지는 단계이다.

생후 2개월이 지나면 영아의 애착 행동은 더욱 세분화된다. 이 단계에서 영아의 사회적 반응은 몇 사람의 친숙한 성인에게 한정된다. 영아는 자기를 정규적으로 돌보아 주는 양육자에게 더 많은 미소를 지어 보이고, 그가 떠나면 싫어하는 표정을 짓는다. 낯선 사람을 볼 때는 단순히 응시하기만 한다. 그러나 아직 이러한 변화에도 불구하고 단 한 명의 특정 개인에 대한 완전한 애착이 형성된 것은 아니다.

(3) 분명한 애착단계(7개월~2년)

세 번째 단계는 출생 후 7개월부터 약 2세까지로 이 시기에 이르면 영아가 나타내는 신호는 더 이상 단순히 표현적이거나 반응적이지 않게 된다.

생후 7개월경이 되면 두 가지 중요한 변화가 일어난다.

첫째, 영아의 애착 행동이 일차적으로 한 사람을 향한다. 영아가 처음으로 한 명의 특정 개인에게 애착을 형성한 것이라고 말할 수 있다. 이제 이들은 보다 능동적으로 어머니나 다른 애착 대상에서 반응을 얻으려 한다. 영아가 기기 시작하면서 갖는 이동력이 애착 대상에게 반응을 얻으려 한다. 이 시기는 Piaget가 말하는 대상 영속성 개념이 나타나는 시기이다. 즉, 이 단계의 영아는 눈앞에 없는 애착 대상 인물을 인지적으로 표상할 수 있다. 따라서 어머니가 영아의 시야에서 사라졌을 때로 계속 존재한다는 것을 이해할 수 있기 때문에 특정 개인에게 애착할 수 있다.

둘째, 애착 행동의 중요한 양상이 변화한다. 생후 7개월경이 된 영아는 기어다닐 수 있기 때문에 자유롭게 주변을 돌아다닐 수 있고, 탐색할 수 있게 된다. 따라서 영아는 양육자를 자기에게로 유인할 수 있을 뿐만 아니라, 양육자에게 쉽게 접근할 수 있게 된다.

Ainsworth가 말한 것처럼 영아의 애착 행동이 '접근 추구(Proximity seeking)' 양상으로 변화한다. 영아가 이와 같이 분명한 애착을 발달시켰다면 두 가지 관련된 행동 패턴, 즉 사회적 참조(Social referencing)와 낯가림(Stranger anxiety) 및 격리불안(Separation anxiety)이 나타날 것이다.

생후 10개월경이 되면, 영아는 어머니나 다른 애착 인물을 안전기지로 사용할 뿐만 아니라, 새로운 상황에 대한 단서로서 사용한다. 영아는 낯선 사람이나 새로운 장난감에 접하게 되면, 먼저 어머니의 얼굴을 살펴보고 얼굴 표정을 읽게 된다.

이 시기의 영아는 감정적인 표정들을 읽을 수 있기 때문에, 어머니의 표정을 보고 새로운 상황이나 사물이 두려운 것인지, 그렇지 않은 것인지를 알게 된다. 심리학자들은 이 과정을 사회적 참조(Social referencing)라고 말한다.

낯가림이란 영아가 선택적 애착을 형성하게 된 것을 의미하는데, 낯선 사람을 보면 울거나 숨고 어머니 품에 안겨 있을 때보다 떨어져 있을 때 더 심하게 나타난다. 그러나 성장과정에서 주위 사람들과 긍정적인 사회적 경험을 가지고 있다면 이러한 현상은 심하게 나타나지 않을 수도 있다. 낯가림은 6개월에 시작하여 7~8개월경에 가장 명백하게 나타나며 15개월이 되면 사라진다.

격리(분리)불안(Separation anxiety)은 영아가 애착대상 인물과 분리될 때 나타내는 불안반응이다. 정상적인 애착유대를 형성한 유아들은 어머니와 격리되면 슬퍼하고 불안해하며 증가된 울음 반응을 나타낸다. 한동안 사라졌다가 어머니를 다시 만났을 때 붙들고 잠시도 떨어지지 않는 모습을 흔히 볼 수 있다.

격리불안은 영아의 성숙 정도, 분리 이전의 애착의 종류와 강도, 사람이나 환경과의 친숙한 정도 및 분리기간과 같은 많은 요인들의 영향을 받는다. 보통 낯가림보다 조금 늦은, 생후 9개월경에 나타나기 시작하여 15개월경에 절정에 달하며, 그 이후에는 점차 감소된다.

(4) 정서적 애착형성 단계(2년 후)

아기의 사회적 관계 중 가장 뚜렷한 특징은 일차적으로 양육자에 대한 강력한 정서적 애착을 형성한다. 애착은 아기의 사회적 관계에서 가장 독특한 것으로 돌보는 사람과의 특별한 정신적 유대관계를 말한다. 아기는 대인관계에 있어서 애착행동을 기반으로 하여 사회적인 관계를 맺고 사회성을 발달시켜 나간다.

애착이란 모든 다른 사람들로부터 구분되어 특별히 두 개인 사이에만 형성되는 능동적 · 애정적 · 상호적인 관계이다. 두 사람이 상호작용은 계속해서 서로의 결속을 강화하고 강력하게 한다. 애착은 한 아기가 어머니 상(Mother figure)에 애착되게 하기 위한 인간 종 특유의 성질 중 필수 불가결한 부분이다(Ainsworth, 1979). 그런데 애착대상은 반드시 아기의 생모일 필요가 없고 아기의 일차적인 양육자의 역할을 하는 사람이면 누구나 될 수 있다.

아기는 애착관계를 통해 자신 및 타인에 대한 기본적인 개념, 예컨대 '내가 부르면 어머니가 온다.', '나는 다른 사람에게 영향을 미칠 수 있다.', '울면 어머니가 달래 준다.' 등을 배울 수 있다. 아기는 타인에 대한 기본개념을 갖게 되면 사회적 환경에서의 적응을 더욱 잘할 수 있다.

2) 애착의 유형

애착유형의 분류는 Ainsworth(1978)에 의해서 처음 시도되었다. Ainsworth의 '낯선 상황 실험'은 실험실 안에서 진행되는 것으로 영아와 양육자로 하여금 인위적으로 두 차례의 분리와 결합을 경험하게 하는 과정에서 영아가 보이는 행동들을 통해 애착유형을 분류하게끔 하고 있다.

장난감을 놓아둔 낯선 방에 아이, 엄마를 함께 들여보낸 뒤, 아이가 장난감을 가지고 노는지 관찰한다.
잠시 후 낯선 사람이 들어와 의자에 앉을 때 친숙하지 않은 사람에 대한 아이의 반응을 살펴본다.

낯선 사람이 아이에게 접근할 때 엄마는 조용히 방을 나간다.

엄마가 돌아왔을 때 아이의 반응 양상이 애착을 결정한다.

[그림 8-3] 낯선 상황 실험
출처: '아기성장보고서, EBS, 2006, 4

Ainsworth의 '낯선 상황 실험'은 12개월에서 18개월이 된 영아를 대상으로 해서, 안정애착, 불안-회피애착, 불안-갈등애착의 세 가지 유형으로 분류하고 있다. 최근 들어 임상집단에 대한 애착유형 연구가 진행되는 과정에서 4번째 애착

유형이 탄생하게 되었다. 이것이 '혼란(양가형)애착' 유형이다. 이 유형의 애착형 영아들은 양육자와 결합시에 짧지만 강렬하게 비정상적이며 비조직적인 행동유형을 보인다. 예를 들면 양육자를 보면서 한순간 얼어 붙는다든지, 손을 허공에 든 채 잠시 서 있거나 양육자를 보고 일어섰다가 금방 바닥에 수그린다든지, 양육자를 회피해서 벽에 붙어 있고 또는 '회피형 불안' 애착형의 영아들이 보이는 행동과 '저항형 불안정' 애착형의 영아들이 보이는 행동을 복합적으로 보이는 행동들이 보고되었다(최해훈, 1997). 영아는 대부분 만 2세까지는 양육자에 대한 애착을 형성하지만, 애착관계의 질은 영아에 따라 상당한 차이가 있다.

(1) 안정애착

주위를 탐색하기 위해 영아는 엄마로부터 쉽게 떨어진다. 그러나 낯선 사람보다 엄마에게 더 확실한 관심을 보이며, 엄마와 함께 놀 때 밀접한 관계를 유지한다. 또한 엄마와 분리되었을 때에도 어떤 방법으로든 능동적으로 위안을 갖고, 다시 탐색과정으로 나아간다. 또한 엄마가 돌아오면 반갑게 맞이하며 쉽게 편안해진다. 즉, 안정애착의 경우, 영아는 엄마가 나가자 불안함을 느끼지만 엄마가 돌아오면 이내 반가워하고 쉽게 안정을 되찾는다.

(2) 저항형 불안정 애착

이 경우 영아는 엄마가 곁에 있어도 좀처럼 장난감에 집중하지 못한다. 이렇게 엄마가 방을 떠나기 전부터 불안해하고, 어머니 옆에 붙어서 탐색을 별로 하지 않는다. 엄마가 방을 나가면 심한 분리불안을 보인다. 그러나 엄마가 돌아와 접촉하려고 시도할 때 안아 주어도 엄마로부터 안정감을 얻지 못하고 안정을 못하며 계속해서 울고 쉽게 달래지지 않는다. 분노를 보이면서 내려 달라고 소리를 지르거나 엄마를 밀어내는 양면성도 보인다. 이런 경우 저항형 불안정 애착이라 하며 아이의 요구에 일관적으로 반응하지 못한 양육방법 때문이다.

(3) 회피형 불안정 애착

영아는 어머니가 방을 떠나도 울지 않고, 엄마가 돌아와도 무시하거나 회피한다. 엄마와의 관계에서 친밀감을 추구하지 않으며, 낯선 사람과 엄마에게 비슷한 반응을 보인다. 또한 엄마가 돌아왔을 때 반가워하기보다 오히려 무시하듯 회피하기도 하는데 이런 경우 회피형 불안정 애착이라 한다. 엄마에게 자주 무시당했기 때문에 엄마가 자신을 안아주고 진정시켜 줄 거라는 신뢰감이 없기 때문이다.

(4) 혼란(양가형) 애착

불안정 애착의 가장 심한 형태로 혼란 애착은 회피애착과 저항애착이 결합된 것이다. 영아는 엄마와 재결합했을 때 얼어붙은 표정으로 접근하거나 엄마가 안아줘도 먼 곳을 쳐다본다(김경옥, 이경열, 조진형, 2004).

3) 애착에 영향을 미치는 요인

(1) 어머니와 관련된 요인

애착의 강도는 어머니가 아기와 함께 보낸 시간의 양보다 양육의 질이 결정한다. 즉, 어머니가 다정하고, 세심하고, 아기의 신호에 반응적일 때 잘 발달되는 것이다. 아기가 보내는 신호를 빨리 알아채고, 민감하게 반응할 때 애착대상과 아기와의 관계는 안정적인 애착으로 발전되고 반응이 민감하지 못하면 불안정한 애착이 형성된다. 애착대상과 안정적인 애착관계가 형성되어 있을 때 아기는 애착대상을 안전기지로 하여 주변을 탐색하며 위험시에는 피난처로 사용하기도 한다.

(2) 아기와 관련된 요인

아기는 성인으로부터 수동적으로 양육을 받기만 하는 존재가 아니고 양육해 주는 사람에게 영향을 주기도 한다. 아기 편에서 성인으로부터 반응을 이끌어 내는 활동은 무엇이든지 애착행동이다. 아기가 울기 · 옹알이 · 미소 · 재채기하기 등의 애착행동을 할 때 어머니가 빈번하게 신체적 접촉을 하면서 반응해 주면 아기는 자신이 한 행위의 결과에 대한 느낌의 결과를 일으킨 자신의 능력에 대해 자신감과 능력감을 가지게 된다.

(3) 아기와 어머니와의 초기 결속 요인

인간발달에서 초기경험의 중요성을 강조하는 학자들의 견해는 이미 널리 알려진 사실이다. 인간을 대상으로 실험을 한다는 것은 쉬운 일이 아니므로, 동물을 대상으로 실험한 연구결과를 인간에게 적용하여 해석한 연구방법의 대표적인 경우가 Lorenz 각인현상이다.

이와 같이 생후 일정기간 내에만 외부의 자극에 작용하는 시기를 '결정적 시기(Critical period)'라고 일컫는데 이 때 얻어진 행동이 한평생 지속되는 가역성이 없다는 것은 초기경험의 중요성을 입증하는 것이다.

5. 사회정서 발달을 촉진하는 성인 및 교사의 역할

영아는 출생 직후 부모와 관계를 맺고 성장하면서 가정에서 교육기관으로 생활의 장이 변화되므로 부모에서 교사로, 형제 자매에서 또래집단으로 사회적 관계의 범위가 확대된다. 영아가 최초로 사회적 관계를 형성하는 부모는 영아가 안정감과 신뢰감을 바탕으로 다양한 사람과 관계를 맺을 수 있는 기반을 마련해 주어야 한다. 그러므로 영아가 주 양육자인 부모와 좋은 애착관계를 형성하고 이런 신뢰감을 바탕으로 점차 교사, 또래와 긍정적인 관계를 형성하며 대인관계 기술을

습득할 수 있어야 한다.

생애 처음 교육기관에서 생활하기 시작한 영아들은 교사와 긍정적이고 따뜻한 정서적 관계를 바탕으로 편안함을 느끼게 되면서 기관생활에 적응해 나갈 수 있어야 한다. 이에 교사는 영아의 손짓, 몸짓 등의 비언어적 의사소통을 이해하고 언어로 표현해 주며, 신체적인 접촉을 통해 영아에게 관심과 애정은 물론 위로와 휴식을 제공하는 정서적 교감을 통한 영아와 교사 간의 관계를 형성해야 한다. 아직 사회적 기술이 부족한 영아들은 또래와 노는 방법을 배우기 위해 협조적인 성인의 지원이 필요하다. 함께 노는 또래의 놀이를 언어로 표현해 주어 또래의 놀이에 관심을 갖도록 해 주거나 놀잇감을 빌려 주고 갖다 주는 등의 행동을 해볼 수 있도록 한다.

또한 영아는 또래와의 관계에서 겪게 되는 좌절 상황에 대처할 수 있는 기술이 없기 때문에 공격적이 되고 다른 영아에게 상해를 입힐 수 있다는 것을 이해하고 사전에 대처하도록 한다. 자기중심성이 강한 시기이므로 놀잇감을 넉넉하게 준비하고 똑같은 놀잇감을 여러 개 마련하여, 분쟁을 사전에 예방하는 것도 필요하다. 2세 영아에게는 다른 친구들과 함께 놀이하고 생활하기 위해서 지켜야 할 기본적인 규칙과 약속이 있다는 것을 알게 하여 지킬 수 있도록 일관성 있게 지도한다. 또한 같은 놀잇감을 서로 가지려고 다툴 때 영아가 자신의 충동과 행동을 통제할 수 있도록 돕는다.

정서를 인식하고 표현하며 조절하는 것이 필요하므로 영아가 다양한 방법으로 정서를 표현할 수 있도록 영아의 정서표현을 격려하는 대화를 많이 한다. 또한 영아가 부정적 정서를 나타낼 경우, 영아의 신체적, 심리적 원인을 파악하고 상황을 바꾸어 주고, 단호한 목소리와 표정으로 말한다. 그리고 영아에게 대안을 제시하여 선택하도록 하고, 영아의 자기통제 행동을 격려하도록 한다. 특히 영아 스스로 한 일에 대해서 항상 격려를 해 주어, 자신이 능력 있고 귀한 존재임을 느낄 수 있도록 하는 것이 중요하다.

제9장

영아 놀이발달

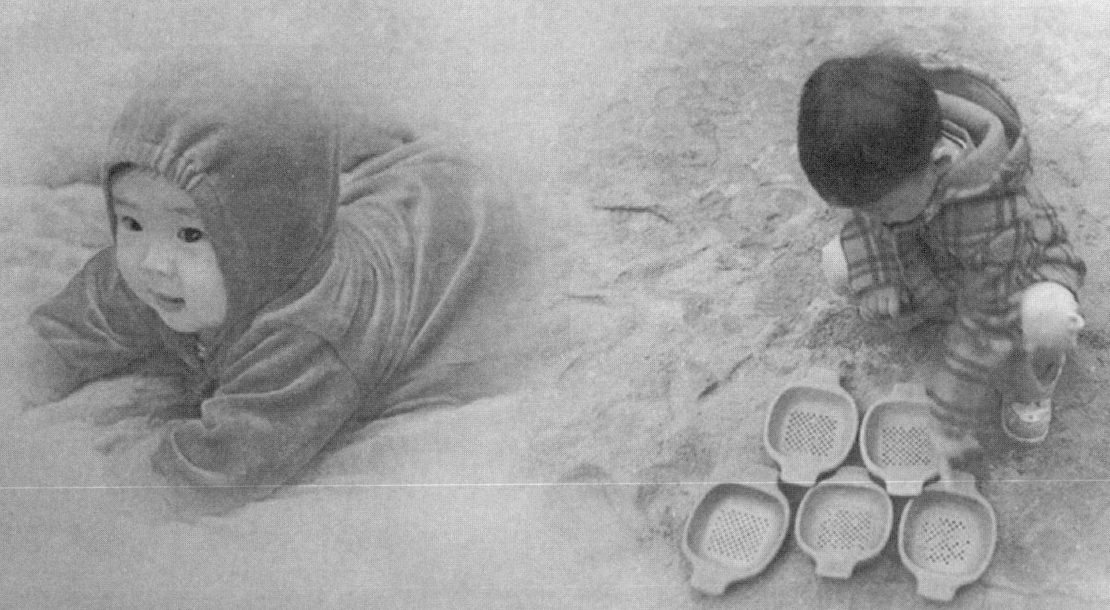

1. 놀이와 영아발달
2. 놀이이론
3. 놀이의 유형
4. 또래와의 놀이
5. 놀이발달을 촉진하는 성인 및 교사의 역할

영아는 놀이와 탐색을 통해 자신에 대한 탐색을 하게 될 뿐만 아니라 환경과 유기적인 관계를 가짐으로써 주변세계를 탐구하고 환경으로부터 여러 정보를 받아들인다(최미숙, 1992). 영아를 둘러싸고 있는 다양한 사물들을 모두 영아의 놀잇감이 될 수 있는데 영아는 이러한 놀잇감을 가지고 다양한 방법으로 놀이를 하기 전 그것을 선택하고 탐색을 하게 된다. 영아의 발달에 있어서 놀이는 아주 본질적인 것이며 영아들은 놀이를 통해서 배우고, 놀이를 함으로 건전하게 성장하고 발달한다. 영아를 돌보고 교육하는 성인은 이런 영아 놀이의 중요성과 기능을 인식하고 놀이를 통해 영아가 더욱 잘 성장할 수 있도록 도울 필요가 있다.

1. 놀이와 영아발달

영아는 놀이를 통해 그들의 신체적 능력과 지적 능력을 발달시키며 사회적 · 도덕적 가치를 발달시킨다. 놀이 속에서 영아는 생활, 의사소통, 타인과의 관계 획득을 위해 필요한 과정들을 계속적으로 연습하게 된다. 이렇듯 놀이는 영아에게 있어 일이며 생활이고 의사소통의 장(場)이며 놀이에는 다른 사람과의 관계를 만족스럽게 성취하는, 복잡하면서도 긴장된 모든 과정이 녹아 있다. 이에 놀이의 중요성과 필요성을 각 발달과정 안에서 살펴보고자 한다.

1) 놀이와 신체적 발달

영아는 놀이를 통해 근육과 감각능력을 발전시킨다. 영아는 딸랑이, 공, 그리고 다른 감각적 놀잇감을 가지고 놀이함으로써 생기는 촉각, 시각, 청각을 통해 감각능력을 발달시키며 뛰고 기어오르고 잡고 던지는 등의 놀이를 통해 기본운동능력이 증진된다. 또한 물체의 조작, 눈과 손의 협응, 잡기, 뒤집기 등의 소근육 운동능력도 향상된다. 즉, 영아는 다양한 놀이를 하면서 양적인 신체 성장과 함께 세련된 신체 기술을 익힐 수 있게 된다. 그리고 자연과 더불어 놀이하면서 생리기능을 정상적이고 원활하게 발달시킬 수 있다.

2) 놀이와 언어발달

놀이와 언어는 서로 유기적인 관계 속에서 서로를 강화시켜 주면서 발달한다.

놀이는 언어발달의 수단이며 놀이 진행에 필수적인 역할을 한다. 영아들은 놀이를 하면서 다양한 어휘를 배우고 역할에 맞는 적절한 언어를 사용할 수 있게 된다. 즉, 놀이는 영아로 하여금 언어능력을 최대한 활용하도록 자극하는데 언어는 놀이가 진행되는 과정에 필요한 의사전달 매체의 역할을 한다. 영아는 다양한 놀이 상황에서 언어를 통한 의사 전달 및 소통을 위해 적절한 언어를 선택·사용하는 과정에서 개념발달을 이루고 의사소통 능력을 기를 수 있게 되는 것이다.

영아들의 언어는 자기중심적 언어가 많다. 그런데 놀이 속에서 또래들과 상호작용하면서 사회적 언어를 사용하는 의사소통 능력을 기르게 된다. 점차 언어 자체가 놀이의 대상이 되기도 한다.

3) 놀이와 인지발달

놀이가 내적 동기에 의해 이루어지는 활동이므로 영유아의 개별적인 흥미와 요구에 따라 자발적으로 참여하여 영아 스스로 구체적인 사물을 직접 다루어 봄으로써 사물의 크기, 모양, 재질 등의 비교, 요소의 이해 등 기초적인 학습이 이루어진다. 즉, 영아는 놀이를 통해 그들의 인지능력을 발달시킨다.

놀이는 영아에게 다양한 문제 상황을 제시하고 영아가 이를 적극적으로 해결할 수 있는 능력을 고무시킨다. 예를 들어 영아가 블록 놀이를 할 때 블록을 쌓으면서 어떻게 하면 블록을 많이 쌓을 수 있을까 여러 번의 시행착오를 거치면서 이를 잘 해결해 나갈 수 있는 기회를 갖게 되는 것이다. 또한 영아는 놀잇감을 가지고 놀이하면서 사물의 크기나 형태, 사물의 이름과 기능을 익히게 되며 수학적 개념을 발달시킨다. 그리고 놀이는 대근육 기술과 이동능력을 길러 주어 영아가 공간적인 관계를 이해하는 기회가 된다.

영아는 놀이를 함으로써 구체적 사고에서 추상적 사고로의 전환이 쉽게 이루어진다. 피아제는 놀잇감에 상징적 의미가 주어질 때 표상이 시작되는데 이러한 상징적 표상이 놀이에 나타난다는 것은 영유아가 추상적으로 사고할 수 있음을 뜻한다고 하였다.

4) 놀이와 사회 · 정서발달

기쁨, 질투, 공포감, 공격성 등과 같은 정서는 놀이를 통해 더욱 다양하게 표현된다. 특히 아직 언어 표현이 서툰 영아들은 자신의 감정을 놀이를 통해 표현한다.

특히 가상놀이는 영아의 부정적 감성을 정화시키며 무엇보다 놀이는 영아에게 즐거운 감정을 유발시킨다. 또한 놀이를 하면서 긴장과 불안을 완화시키고 적극적인 태도를 길러 준다. 또한 영아들은 여러 가지 놀이를 통해 다른 친구들의 다양한 감정 표현 방법 등도 관찰하고 그 느낌을 경험함으로써 어떻게 자신을 통제하고 조절하는 것이 바람직한가도 깨닫게 된다. 즉, 놀이는 영아가 가진 생각이나 행동의 긍정적인 면을 확대시키고, 부정적인 면을 축소시킨다. 영아들은 놀이를 통해서 건전한 성장을 해 가는 것이며, 놀이는 영아들의 정서가 건전하게 발달하도록 돕는다.

한편 놀이는 사회적 기술과 지식(차례 지키기, 공유하기, 협동하기 등) 습득, 타인의 감정 이해능력 획득 등에 영향을 주는 중요한 사회적 맥락으로 작용한다. 부모, 교사, 또래 등과 같은 사회적 환경은 놀이에 영향을 주고, 놀이는 영아의 사회적 능력 형성에 영향을 준다(Ginsburg, 2007). 즉, 놀이와 사회성 발달은 양방향적인 관계라고 할 수 있다(Creasey, Jarvis, & Berk, 1998).

5) 놀이와 창의성 발달

놀이는 영아의 창조성을 발휘하게 되는 가장 좋은 상황이다. 영아는 주변의 자료들을 탐구하고 놀이하고 다루어 보면서 그들의 다양한 생각과 의도를 실험하고 시도할 수 있다. 놀이는 실험 행동이 많이 내포되어 있어 영아가 놀이를 하면서 다각적인 탐색을 하며 이로 인행 융통적인 사고를 많이 할 수 있다. 또한 놀이는 누군가 정해진 방식으로 하는 것이 아닌, 영아가 자유롭게 시도할 수 있는 자발성이 있으므로 영아의 상상력과 창의성이 마음껏 펼쳐지게 된다.

6) 놀이와 자아인식

영아는 자기 신체에 대한 적극적인 탐구와 자신을 엄마로부터 분리된 존재로 인식하는 것을 시작으로 자아 정체성을 성립하게 된다. 이러한 과정에서 놀이가 중요한 역할을 하게 된다. 영아는 놀이를 통해 그들이 누구인지, 그리고 세계 속에서의 자신의 위치를 배우게 되며 자신의 능력을 실험한다. 또 놀이 속에서 다양한 역할을 시도하며 자신의 행동이 타인에게 미치는 효과를 배우게 된다.

2. 놀이이론

놀이는 무엇이며 영유아들은 왜 놀이를 하는가에 대한 정의는 오랜 기간 동안 이루어졌고 여러 학자들마다 놀이에 대해 조금씩 다른 정의를 제시하고 있다. 놀이를 한 마디로 정의하기는 어려우나 고전적 놀이이론은 ‘놀이는 왜 존재하는가’에 대한 해답을 추구하였고 현대적 놀이이론은 유아가 발달에서 놀이의 역할 규명하는데 초점을 맞추었다.

1) 고전적 놀이이론

고전적 놀이이론은 19세기 말부터 20세기 초에 이르기까지 형성된 Schiller, Spencer의 잉여 에너지이론, Groos의 연습이론, Hall의 반복이론, Patrick의 휴식이론 등이며, 이들 이론들은 현대 놀이이론의 기초를 마련하는 데 영향을 주었다.

(1) 잉여 에너지이론

18세기 독일의 Friedrich Schiller는 놀이를 잉여 에너지가 뚜렷한 목적 없이 소비되는 것이라고 정의하였다. 19세기 영국의 철학자 Herbert Spencer도 역시 놀이는 잉여 에너지의 발산이라고 주장하였다. 일을 함으로써 에너지를 많이 소모하는 성인들에 비해 영유아들은 과잉에너지를 더 많이 갖게 되므로 놀이를 더 많이 하게 된다는 이론이다. 그러나 잉여 에너지이론으로 놀이를 해석하기에 부족한 점이 있다. 그것은 유아가 에너지 과잉상태일 때 놀이를 하기도 하지만 피로한 상태일 때에도 계속하여 흥미로운 놀이에 집중할 수 있다는 것이다.

(2) 연습이론

철학자 Karl Groos는 놀이가 성인기의 생존에 필요한 기본적인 기술을 연습하기 위해 존재한다고 주장하였다. 신생아와 갓 태어난 동물들은 생존에 필요한 불완전하고 부분적으로 형성된 본능을 전수받는데, 아주 어린 영아는 걷기 위한 기술을 위하여 기어가기, 몸 뒤집기, 앉기, 일어서기 등의 연습을 반복적으로 함으로써 불완전하고 미성숙한 행동들을 연습하여 완전하고 정교하게 발달시키는 과정이 놀이라고 할 수 있다. 그러나 놀이가 특정하게 생존에 필요한 기술만을 연습한다고 보기에는 어려움이 많다. 또한 성인기에 필요한 기술을 연습하여 준비를 끝낸 후에도 놀이가 계속된다는 점은 영유아의 놀이를 연습이론으로 설명하기에 불충분하다

(3) 반복이론

20세기에 들면서 미국의 심리학자 Stanley Hall은 유아기의 놀이과정에 인류의 진화과정이 재현되어 나타날 뿐만 아니라 전 역사가 반복적으로 나타난다고 주장하였다. 즉, 놀이단계는 인간의 진화과정에서 일어나는 것과 동일한 순서에 따른다는 것이다. 예를 들어 물놀이는 인간 태초의 기원이 반복적으로 나타나는 것이며 나무를 기어오르는 놀이는 원숭이와 유사한 조상들의 특징적인 행동을 재현하는 것이다. 그러나 유아들의 놀이에 인류의 진화과정이 반복되지 않는다는 비판이 있다. 현대 문명을 반영하는 다양한 놀잇감, 예를 들면 자동차, 자전거, 우주선 등에 흥미를 가지고 놀이를 하는 것은 반복이론으로 설명하기 어렵다는 것이다. 그리고 인류의 진화과정이 직선적으로 발달해 가는데 비해 유아의 놀이는 다양하고 복합적인 발달과정을 거친다는 점도 현대 놀이의 해석에서 밝혀지고 있다.

(4) 휴식이론

Moritz Lazarus는 휴식이론의 창시자로서 일에서 소모한 에너지를 재충전하는 것이 놀이 목적이라고 설명한다. 영유아들이 주로 앉아서 하는 정신적 활동 후에 뛰기, 달리기, 구르기 등과 같은 활동적 놀이를 하는 일과 운영 계획은 이 이론에 기초한 것이다. 그러나 휴식이론이 일로 인하여 생기는 피로감을 회복하기 위한 놀이를 전제로 한다면 일을 거의 하지 않는 영유아들이 하는 놀이를 설명하기에 부족함이 있다. 그리고 성인들은 영유아에 비해 더 많이 일을 하기 때문에 영유아들보다 더 많이 놀아야 한다는 잘못된 가정을 포함하게 된다.

표 9-1 **고전적 놀이이론**

이론	놀이의 목적
잉여 에너지이론	신체의 자연적 잉여 에너지의 발산
연습이론	성인생활에 필요한 기술의 연습

이론	놀이의 목적
반복이론	인류 진화과정 재현
휴식이론	일할 때 소모된 에너지의 재생

출처 : Johnson, Christie & Yawkey, 1987, p. 4.

2) 현대적 놀이이론

앞서 살펴본 고전적 놀이이론들은 그 한계에도 불구하고 놀이에 대한 최초의 중요한 이론으로 인식되며, 현대 놀이이론의 기틀을 제공해 줌과 아울러 놀이를 다각적으로 고찰할 수 있는 이론적 근거를 제시해 주었다.

(1) 정신분석이론

영유아는 놀이를 하면서 자신의 감정을 자연스럽게 노출할 수 있을 뿐만 아니라 현실에 적응하기 위해 타협하는 방법도 배우며 현실적으로 이루기 힘든 일을 놀이 활동 속에서 실현하여 욕구를 충족시켜 나간다. 그러므로 놀이란 자아의 기능이며 육체적인 원초아(Id)와 초자아(Superego)를 조정하는 역할을 하는 것으로, 안정된 평형의 상태로 복귀하려는 노력의 일환이라 할 수 있다.

프로이드에 의하면 영유아가 선호하는 놀이는 특정인에 대한 사랑, 존경, 공포, 분노의 감정에 기초한 역할놀이이다. 또한 공포나 불안을 유발하는 사람이나 물건이 있다면 영유아는 모방을 통해 그들과의 관계된 공포를 극복한다. 양육자에게 야단을 맞거나 폭력을 경험한 영유아가 자신의 인형을 통해 이를 똑같이 재연하는 것은 공포의 경험을 반복 시연함으로써 자신에게 가해졌던 두려움을 극복하려는 노력의 일환인 것이다(Freud, 1935). 프로이드는 이를 역할전환과 반복으로 설명하였는데, 역할전환이란 부모에게 맞고 난 후의 영유아가 자신의 인형을 때리거나 놀이친구를 벌주는 척하는 것을 말한다. 이런 놀이를 통해 역할을 바꾸고 능동적인 당사자가 되어 봄으로써, 영유아는 부정적인 감정을 대체물이나 사람에게 전이

할 수 있게 된다(이진희, 손원경, 안효전, 2006).

즉, 영유아는 놀이를 통해서 실생활에서 받았던 충격이나 불쾌한 경험을 반복하여 정서적인 상처를 극복하게 되고, 이것은 영유아를 수동적인 희생자였던 상황에서 능동적인 극복자가 되게 해 주는 기능을 한다.

(2) 인지발달이론

피아제는 놀이를 인지발달적인 측면에서 설명하였는데 발달은 영유아가 환경과 상호작용하며 순응해 가는 과정이며 외부정보를 자신이 가지고 있는 인지구조에 맞추고 정보가 자신이 가지고 있는 인지구조에 맞지 않을 때 자신의 기본체계를 변화시키는 과정이라고 보았다.

놀이를 통해 영유아는 새로운 기술을 학습하기보다 이미 습득한 기술을 연습하고 확고히 한다고 주장하였다. 영유아는 놀이를 통해 주변 세계를 이해하고 파악하므로 놀이를 인지발달의 매개물로 보았고 놀이는 영유아의 인지발달에 주요한 역할을 담당하는 것이다.

한편 비고츠키는 놀이과정을 통해 어린이의 추상적 사고력이 발달된다고 주장하였으며 놀이의 사회, 문화적 맥락을 강조하였다. 또한 근접발달지내(ZPD) 개념을 통해 놀이에서 유능한 성인이나 또래 역할의 중요성을 강조하였다.

(3) 각성이론

각성이론은 사물을 가지고 탐색하거나 혼자 놀이하는 영유아에게 초점을 두며 신체의 최적 각성수준을 유지하기 위해 놀이를 한다는 입장이다. 즉, 자극이 너무 많이 있을 때 각성이 불안정한 높은 수준까지 증가하면 그 결과 자극을 줄이는 놀이활동에 참여하게 된다. 예를 들어 영아에게 낯선 사물이 주어지면 영아의 각성이 증가하게 되고 영아는 그 물건을 탐색하는 놀이를 함으로써 각성을 줄일 수 있게 되며 차츰 그 사물과 친숙하게 되는 것이다. 반대로 자극이 충분하지 않으면 각성이 불쾌하게 낮은 수준으로 떨어지고 결국 지루함을 느낀다.

Berlyne(1969)은 낮은 각성 수준에서 벗어나기 위한 수단으로 놀이의 기능을 설명하였다. 즉, 새롭고 독특한 방법으로 사물과 행동을 다루어 놀이함으로써 자극을 증가시키는 것이다.

표 9-2 **현대적 놀이이론**

이론	놀이의 목적
정신분석이론	아동에게 세계에 대한 통제감과 금지된 충동을 표현하는 수용 가능한 방식을 제공하여 불안을 감소시킴
인지발달이론	전반적 인지발달 촉진, 이미 일어난 학습의 강화
각성조절 이론	신체의 최적 각성 수준 유지, 지루함 해소, 불확실성 감소

3. 놀이의 유형

Piaget(1962)는 영유아의 인지발달에 따라 놀이가 반복놀이, 상징놀이, 규칙 있는 게임의 세 가지 유형으로 발달된다고 보았다. 이 세 가지 놀이 유형에 포함되지 않는 구성놀이는 세 가지 놀이가 적응행동으로 전환되면서 생기는 유형이라고 하였다.

Smilansky(1968)는 놀이를 기능놀이, 구성놀이, 사회극놀이, 규칙 있는 게임의 4단계로 나누고 구성놀이는 영유아가 다양한 놀잇감을 활용하여 무엇인가를 창조하는 놀이이며, 사회극 놀이는 상징놀이가 더욱 발전된 놀이 형태로 한 명 이상의 또래가 같이 참여하는 놀이라고 하였다.

Erickson(1950)은 자아의 세계와 함께 사회적 현실과 관련지어 영유아의 놀이를

세 단계로 구분하였다. 자기 세계의 놀이단계(Autocosmic play)는 자기 신체를 가지고 놀이를 하는 시기를 의미하며, 자기 자신의 세계에서 놀잇감이나 사물이 놀이 대상이 되는 미시영역 놀이단계(Micro-sphere), 다른 사람과 함께 놀이를 하는 시기인 거시영역 놀이단계(Macro-sphere)로 분류하였다(윤진, 김인경 역, 1988).

이 중 영아기의 놀이 형태는 감각운동놀이(Sensorymotoe play)나 연습놀이(Practice play), 사물놀이(Play with object), 상징놀이(Symbolic play) 혹은 역할놀이로 요약해 볼 수 있다(Hughes, F. 1991).

이를 자세히 살펴보면 다음과 같다.

1) 감각놀이(Sensorymotoe play)

감각놀이는 영아가 우연히 발견한 어떤 행위가 본능적으로 재미있고 욕구 충족적이어서 반복적으로 행하게 되는 놀이형태이다. 감각놀이는 영아기 초기에 시작되면 선천적으로 만족스런 활동을 우연히 시도하는 것으로서 즐거움이 있는 활동의 끊임없는 반복으로 이루어진다. 감각놀이 초기에는 신체와 관련된 흥미 있는 감각놀이를 반복하며, 점차 주변 세계에서 기쁨을 주는 행동이나 결과를 즐기기 위해 행동을 반복하게 된다.

2) 사물놀이(Play with object)

사물에 대한 의도적 조작을 통해 한정된 흥미를 발산하는 놀이형태이다. 영아의 관심이 자신의 신체활동에서 주변 세계로 이동하게 되면 사물을 이용한 놀이가 나타난다. 사물놀이는 감각운동기의 영아가 사물의 기능이 제공하는 기쁨을 얻기 위해 반복적으로 되풀이하면서 행하는 놀이이다.

Rosenblatt(1977)은 영아가 사물을 적절하게 사용하는 3단계를 소개하였다.

1단계는 영아가 각 사물이 갖고 있는 특징과는 별 관계없이 모든 사물을 같은 방법으로 다루는 것이다. 모든 사물을 입에 가져가서 빨거나 던지는 등의 놀이행동이다.

2단계는 사물에 대한 구체적인 성질을 탐색하는 단계인데 예를 들어 영아가 장난감 전화를 여러 각도에서 탐색하고 전화기의 각 부분을 만져 보며 주의 깊게 살펴보는 놀이행동을 의미한다.

3단계는 사물이 갖고 있는 본래의 기능을 사용하는 단계이다. 예를 들어 전화기를 귀에 대고 말을 하며 엄마에게 바꿔 주는 등의 놀이하는 모습이다.

3) 상징놀이(Symbolic play)

상징놀이는 정신적 표상을 활용하여 한 사물을 다른 사물로 가상-전환하는 행동이 나타난다. 놀이의 가장 획기적인 발달은 바로 이 상징놀이라고 할 수 있다.

상징놀이는 상징에 기초하며 5단계의 수준으로 나뉘어 발달적 순서를 갖는다(Nicolich, 1977). 자신의 머리를 빗는 것과 같은 전 상징적 놀이에서 자는 척하는 자기 상징적 놀이, 인형에게 음식을 주는 대상 중심적 상징놀이, 아기 인형과 테디 베어를 산책시키는 것과 같은 대상 조합 상징놀이, 실제로 하기 전에 '저녁을 만들자'라고 말하는 것과 같은 계획된 상징놀이의 5단계이다. 초기에는 단순히 먹기, 마시기, 또는 잠자는 것과 같은 친숙한 활동으로 시작되지만 18개월이 되면 여러 활동이 결합된다. 상징놀이는 시간, 공간, 역할 및 사물이 실제와 다르게 변형되는 놀이로 가상놀이, 극놀이, 역할놀이 등으로 다양하게 불려지고 있다.

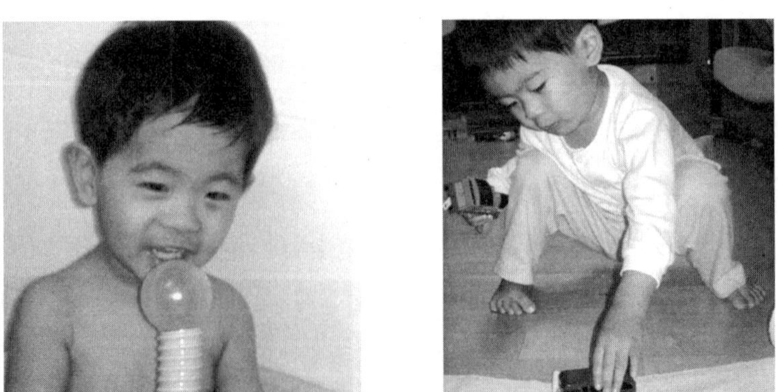

[그림 9-1] 상징놀이하는 영아

상징놀이는 탈중심화, 탈상황화, 통합의 3가지 요소로 구성된다. 이를 구체적으로 살펴보면 〈표 9-3〉과 같다.

표 9-3 **상징놀이의 구성요소**

탈중심화	■ 영유아가 자기중심성에서 탈피하여 자신과 타인의 관점에서 대상을 바라보고 인식할 수 있게 되는 것을 의미함 ■ 영유아가 가작적 행동의 대상을 영유아 자신에게서 사물이나 타인에게로 돌리게 되는 것을 말함 ■ 2세 이후부터 상당히 성숙되어 사물이 가작적 행동의 주도자로 기능하는 놀이가 나타남
탈상황화	■ 한 사물을 다른 사물로 대용하는 것을 의미하며 초기에 영유아는 실물과 형태나 기능이 유사한 사물을 대용물로 이용함 ■ 점차 유사성이 거의 없는 사물도 상징놀이에 사용하는 융통성이 증가함
통합	■ 상징놀이에서 통합의 의미를 영유아들이 발달함에 따라 놀이가 점차 패턴화하는 것을 의미함 ■ 12개월 영아가 상호연관이 거의 없는 다양한 상징놀이를 하는데 비해 18개월 영아는 단일 도식들이 결합된 행동을 하게 되며 2세 이후부터는 보다 복잡한 형태의 통합으로서 다중조식의 조합 즉, 2개 이상의 활동으로 각기 다른 주제를 포함한 놀이가 나타남

한편 Parton(1932)의 사회적 놀이단계 중 영아기에 해당되는 부분을 살펴보면 다음의 표와 같다.

표 9-4 **Parton의 사회적 놀이단계**

비몰입행동 (0~12개월)	영아들이 놀잇감을 있는 주위를 그냥 둘러보거나 의미 없이 자신의 몸을 탐색하는 것과 같은 단순한 어떤 움직임을 보이는 놀이 행동이다.
방관자적 행동 (18~24개월)	다른 사람들이 놀이하는 것을 지켜보거나 그들에게 말을 거는 것들이 있지만 이러한 것들은 어울림에 있어서 무력하거나 마지못해서 하는 것들이다. 비몰입행동과 차이점은 순간적 흥미에 끌리기보다는 특정 영아 집단을 보고 있다는 점이다.

혼자놀이 (18~ 24개월)	다른 영아와 가까운 거리에서 다른 영아가 가지고 노는 장난감과 다른 장난감을 가지고 혼자 독립적으로 놀며, 다른 영아들과 전혀 상관없이 자신의 놀이 활동을 진행한다. 즉, 가까운 사람들의 행동들에 연관되지 않고 환자서 놀이를 할 때 일어난다.
평행놀이 (24~ 36개월)	주로 2살 정도에 나타나게 되는데 영아들의 놀이는 독립적이나 영아들 근처에서 주로 사용하던 물건들을 장난감처럼 사용하여 노는 것이다. 이 시기 동안에 영아들의 놀이는 다른 영아들과 나란히 있지만 그들과 함께 놀지는 않는다.

4. 또래와의 놀이

영아에게 있어 또래는 낯선 존재이며 조심스러운 존재이나 놀이를 하면서 영아들은 또래에 관심을 보이고 놀이가 진행될수록 또래와 함께 하는 시간이 늘어나고 또래를 향한 행동도 자연스러워진다.

놀이상황 속에서 또래의 존재는 영아의 놀이 형태를 변화시키기도 하고 놀잇감 선택에 영향을 준다. 영아들은 놀이를 하다가 또래가 놀이하는 모습에 관심을 보이고 유심히 바라보며 자신의 놀이에 수정을 가하기도 한다.

또한 또래의 놀잇감은 항상 영아가 갖고 싶어하는 대상이다. 즉, 영아의 놀이에서 또래는 놀잇감 선택에서부터 놀이를 하는 과정까지 계속적으로 영향을 미친다. 영아의 놀이에서 놀잇감은 중요한 매개물이 되는데 영아는 놀잇감을 교환하거나 같은 놀잇감을 가지고 또래와 놀이에 참여하는 행동을 보인다(장영희, 1987).

영아들은 또래와의 놀이를 통해 자기중심성에서 조금씩 탈피하고 역할 간 이행 능력을 기를 수 있다. 피아제는 놀이에서의 또래 관계가 영아들에게 자극과 도전을 주어 새로운 갈등을 던져 줄 환경으로서의 역할을 한다고 하였다. 즉, 또래와의 놀이과정에서 나타나는 갈등이 영아를 탈중심화시키며 사회성 발달에 필수적이라는 것이다.

노희연(2002)은 놀이 안에 나타난 영아의 또래와의 상호작용 양상을 분석하였는데 또래의 놀이에 참여하는 행동으로 또래를 쳐다보다가 또래에게 접근하고 또래의 놀이를 살핀 후, 또래가 가지고 놀잇감을 자연스럽게 공유하는 형태의 행동을 제시하였다. 이와 반대로 또래를 자신의 놀이에 참여시키는 형태가 있는데 또래를 쳐다보고 표정을 짓고 놀잇감을 주는 행동 등이 여기에 속한다. 그 외에도 안기, 쓰다듬기, 웃음짓기 등의 정서적 표현과 또래의 놀잇감을 빼앗으려고 하거나 또래가 못 만지게 하는 등의 저항행동이 또래를 향한 행동이 나타났다. 즉, 영아들은 놀이하는 동안 계속적으로 또래에게 관심을 보이며 서로의 영향력을 구사하고, 스스로의 놀이를 발전시키며 점차 또래와 활발한 상호작용을 하게 된다.

5. 놀이발달을 촉진하는 성인 및 교사의 역할

영아는 놀이를 통해 발달하고 성장하고 주변 세계를 알아나가므로 놀이의 중요성과 기능을 잘 이해하고 발달에 적합한 놀이가 진행될 수 있도록 도울 필요가 있다.

먼저 다양한 놀이 활동을 생활주제, 교육목표, 발달에의 적합성 등을 고려하여 조직해야 한다. 또한 놀잇감을 제작하거나 선택하여 적절히 제공하고 관리하는 역할도 담당해야 한다. 그리고 놀이 시 영아의 놀이를 잘 관찰하며 개입여부와 시기를 잘 결정하여 영아의 놀이가 잘 지속되고 확장될 수 있도록 해야 한다. 영아는 주의집중력이 짧고 놀잇감을 활용하는데 있어서 아직 미숙한 부분이 많으므로 교사의 적절한 안내 및 지원이 영아 놀이에 매우 필요하다. 또한 교사는 놀이에 열중하고 있는 영아를 바라보며 미소를 지어 주거나 신체적 또는 언어적으로 격려해 줌으로써 영아의 놀이를 인정해 주는 후원자의 역할도 수행해야 한다.

특히 안전하게 놀이를 하고 있는지, 다른 영아를 공격하는 영유아는 없는지, 놀잇감을 혼자서 독점하는 영아는 없는지 항상 살펴야 한다. 이는 영아가 안정된 상태에서 자유롭고 편안하게 놀이할 수 있도록 돕는 역할이다.

만 1세 영아는 감각을 사용하여 사물의 특성을 파악하고 사물에 대한 개념을 발달시키므로 영아가 직접 보고, 듣고, 만지고, 냄새 맡고, 맛보는 등의 놀이를 할 수 있는 환경을 제공한다. 감각 매트, 밀가루 반죽, 소리나는 전화기, 타악기 및 간단한 멜로디 악기, 까꿍 놀잇감, 1~3조각의 퍼즐 등을 제공하며 만져 보고 조작해 볼 수 있도록 한다. 아직 사물을 입으로 가져가는 시기이므로 크기가 작거나 유해성분이 없는 재질로 만들어진 것으로 선택하고 정기적으로 소독하여 깨끗한 놀잇감을 제공한다. 영아를 위한 놀잇감은 동일한 놀잇감을 2~3개 준비해 주어야 한다. 이 시기의 영아는 아직 양보하고 서로 나누는 것을 할 수 없고 욕구 지연을 하기 어려워 놀잇감으로 자주 다툼을 일으키므로 이러한 갈등을 줄이기 위해 동일한 놀잇감을 여러 개 준비해 주도록 한다. 또한 영아가 놀잇감의 자리를 알도록 놀잇감의 모습과 동일한 사진 등으로 놀잇감자리를 표시하여 놀이 후 정리하도록 안내해 주어야 한다.

만 2세는 가족이나 주변 성인을 모방하며 놀이하는 것을 유난히 즐긴다. 이러한 놀이는 자기인식, 사회적 관계, 자기표현 등에 긍정적인 영향을 미친다. 만 2세 영아는 가족, 선생님 등 주변 사람을 모방하며 놀이하기를 즐기므로 충분한 공간과 놀잇감을 제공해 준다. 또한 규칙을 이해하고 제법 지킬 수 있게 되며 다양한 활동을 하고 싶어하므로 여러 가지 흥미활동 영역을 마련해 주고 놀이 규칙을 정하여 제시할 수 있다. 만 3세 교실의 흥미 영역과 유사하게 구성하며 만 1세 교실에 비해 역할 영역, 언어 영역, 미술 영역, 탐색 및 조작 영역 등이 강화되어야 한다. 특히, 역할놀이 영역과 언어 영역의 비중을 크게 하여 구성하는 것이 필요하다.

Catherine(1977)은 2세 영아들의 집단놀이 상황을 관찰해 본 결과 사회적 기술이 없는 영아들이 또래와 즐겁게 놀 수 있는 방법을 배우려면 성인의 지원이 필요하다고 하였다. 영아의 사회적 행동은 연령이 높고 교사와 상호작용이 잘 이루어질 수 있도록 혼자하는 활동에서 상호작용하는 시간이 점차 길어지고 또래와도 협동하며 논다(이현호, 1997). 그러므로 영아가 놀이상황에서 점차적으로 또래에게 관심을 가지고 조금씩 상호작용하며 놀이가 이루어질 수 있도록 적절한 지원 및 안내를 해 주는 것이 좋다.

제10장

영아 발달장애

1. 발달장애의 의미
2. 발달장애의 유형

영아기는 일생 중 가장 급속하게 성장하는 시기로 감각기관의 발달이 거의 완성되고 운동기능도 활발하게 발달한다. 말을 배우면서 자신의 의사를 표현하게 되면서 자아개념도 확립해 나가고 양육자와 형성된 애착을 바탕으로 부모와 가족 간의 접촉을 통해 정서적인 관계를 가지면서 사회성도 발달시켜 나간다. 또한 기본 생활습관의 형성으로 일생을 통해 살아나가는데 필요한 기틀을 다지기도 한다.

이 시기에 나타나는 발달장애는 장차 성장에 지장을 주거나 그 이상으로 발전할 가능성이 크기 때문에 조기에 진단하여 대처하는 게 필요하다.

발달장애의 원인에 따라 다소 차이는 있으나 조기에 진단이 이루어지면 적절한 대응을 통해 회복될 수 있으므로 시기를 놓치지 말고 전문가의 도움을 받아야 한다.

따라서 본 장에서는 영아기 발달장애(Developmental disability)의 의미를 알아보고, 영아기에 발생할 확률이 높은 발달상 장애현상들을 유형별로 분류하여 그 특징을 살펴보기로 한다.

1. 발달장애의 의미

1) 발달장애의 개념

인간은 수정(Fertilization)의 순간부터 죽음에 이르기까지 계속적인 변화과정을 겪게 되는데, 이렇게 양적으로 증대되고 구조가 정밀화하며 기능이 유능화되는 적극적이고 진보적인 변화를 발달(Development)이라 한다.

발달은 유전적 요인에 의해서만 이루어지는 것이 아니라 경험과 학습, 인적 요인과 물리적 요인이라는 환경적 요인에도 크게 영향받는다. 즉, 발달은 개체와 환경의 상호작용 결과로 이루어지는 과정이라 하겠다. 그런데 정상적으로 발달되어야 할 유아가 여러 다양한 원인에 의하여 때에 따라서 정상적 발달의 한계를 벗어나기도 하고 회복이 곤란한 손상에 의해 능력부진과 적응곤란 현상이 나타나기도 한다. 이와 같이 18세 이전에 발달상 문제가 될 만한 신체적, 감각적 혹은 인지적 문제를 포괄하여 발달장애(Developmental disability)라 부른다.

그런데 장애는 결손(Handicap)과 장애(Disability)로 구분될 수 있는데, 전자는 시각장애, 구개파열, 뇌성마비 등과 같이 구체적인 조건 등으로 인하여 문제가 생긴 경우이고, 후자는 특별한 능력에 대해 사회가 가지는 반응을 포함하여 개인의 능력에 결함이 생긴 경우로 규정한다. 따라서 발달장애 영아 혹은 발달지체 영아는 특별한 방법으로 가르쳐야 할, 그리고 그들의 장애와 능력 저하를 보완해 줄 환경적 도움이 필요한 학교교육 이전의 특별한 영아, 특수영아들을 일컫는다(한기정, 1996). 그러나 아직까지 어떤 특성을 지닌 영아를 발달장애 영아로 볼 것인가에 대한 명확한 기준이 마련되어 있지 않은 실정이다.

Hallahan과 Kaufman(1978)은 장애유아란 일반적인 유아와는 달리 인지 · 정서 · 신체 · 언어 · 청각 · 시각 · 학습문제 등에서 하나 또는 둘 이상의 현저한 장애를 가지고 있기 때문에 특별한 교육적 조치를 필요로 하는 유아라고 보았다. 또한 Kirk와 Gallagher(1979)는 장애유아를 정신적 특성, 감각 능력, 신경의 운동이나 신체적인 특성, 사회적 행동, 의사소통 능력, 중복장애 등에서 정상유아보다 편향되어 있는 유아라고 정의 내리고 있다. 그런데 '장애(Disability)'라는 용어와 '결손(Handicap)'이라는 용어를 혼용해서는 안 된다. '장애'는 어떤 사람이 기능적 한계가 있어서 신체적 또는 인지적 능력이 방해받는 것을 말하고, '결손'은 사회적, 물리적 환경이나 개인의 태도 때문에 장애가 있는 사람이 처해 있는 어떤 조건 혹은 환경을 말한다. 예를 들면, 휠체어를 사용하는 학생은 경사진 곳을 갈 수 없다는 점에서 결손 상태에 있는 것이다(Hallahan & Kauffman, 1997).

이와 같이 장애유아에 대한 정의도 다양한데, 발달상 장애를 가진 영아를 정의하고 그 특성을 알아보는 것은 장애영아를 조기에 발견하여 적절한 교육적 처치를 마련하기 위함이다. 따라서 이를 위한 기준을 마련하는 것이 무엇보다 우선되어야 한다. 그 기준은 정상 아동의 발달상황을 기초로 하여 일탈 정도가 어느 정도인가를 살펴봄으로써 확인될 수 있다.

2) 발달장애의 원인

발달장애의 원인은 간단하지가 않지만 크게 나누어 유전에 의한 장애와 환경에 의한 장애, 생물학적 요인에 의한 장애, 심리사회적 요인에 의한 장애로 분류할 수 있다.

(1) 유전성 장애

유전성 장애는 유전인자 이상과 염색체 이상으로 나눌 수 있다. 어떤 이상과 결함은 유전적으로 전달되어지며 때로는 염색체에 기인되기도 하며, 또 어떤 경우는 돌연변이로부터 온다. 흔히 정상적인 유전인자는 비정상적 특성을 가진 유전인자에 비해 우성이다. 그러나 때때로 비정상적 특성이 우성유전자에 의해 전달되는데, 이 때 자녀는 결함을 갖게 된다. 이러한 예로 연골무형성증(Achondroplasia)이 있다.

연골무형성증은 성장판에서 연골이 장골로 바뀌는 과정에 이상이 생겨 뼈의 성장이 이루어지지 않는 선천성 질병으로 상염색체 우성으로 유전하지만 환자의 약 90%는 새로운 돌연변이에 의해 발생한다. 왜소증이 되는 가장 큰 원인이며, 대개 출생 전에 진단이 가능하다. 이 질병의 문제점은 연골형성이 아니라 연골이 뼈 가운데 특히 장골로 바뀌는 과정에서 장애가 일어나 뼈의 성장이 이루어지지 않기 때문에 키가 자라지 않는다는 점이다. 이 증세는 보통 2세 이후에 뚜렷하게 나타나는데, 머리가 다른 신체 부위에 비해 크고, 근육의 긴장도가 떨어지기 때문에 이 질병을 가진 영아는 근육발달 단계에 이르는 데에도 정상보다 뒤쳐질 수 있다. 그러나 지능은 정상이고 생식능력도 정상인과 같다. 특징적으로 짧은 팔다리와 큰 머리, 튀어나온 이마, 가운데 얼굴의 발육부전, 삼지창 모양의 짧은 손, 허리 부위 전만(앞으로 굽음), 비교적 큰 몸통, 배가 나오고 엉덩이 부위가 튀어나오는 증세가 나타나며, 눈에 띄게 흔들거리면서 걷는다. 때로는 합병증으로 중이염, 수두증이 나타날 수 있고, 뇌와 척수에 문제가 발생할 수 있다. 또 휜 척추뼈,

좁은 척수관, 척추의 추간원판(척추뼈의 추체와 추체 사이에 있는 편평한 판 모양의 물렁뼈) 이상으로 척수나 신경근이 눌려서 증세가 일어날 수도 있다. 증세가 심한 경우, 가슴 부분이 지나치게 작아서 발생하는 호흡부전으로 인해 유아기에 사망할 수도 있다.

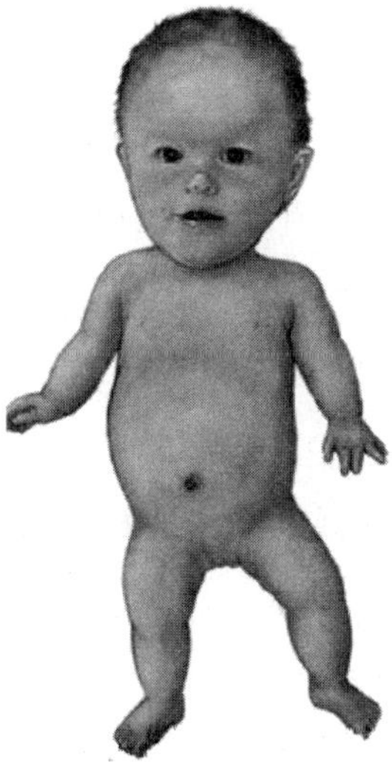

[그림 10-1] 연골무형성증 영아의 모습

열성유전자에 의해 유전되는 질병이 있으면 대개의 경우 영아기에 사망한다. 중추신경계의 악성적인 병인 Tay-Sachs병이 그 예이다.

건강해 보이는 사람도 열성유전자에 의한 병과 결함의 보유자일 수 있다. 혈우병은 열성유전자에 의해 전달되는 성별과 관련된 결함이다. 적록(赤綠) 색맹의 경우도 마찬가지인데 정상적인 어머니의 성염색체인 X 중 하나가 잘못된 경우이므로, 성별에 관련된 열성특성은 그에 대응할 만한 우성특성이 Y염색체에 없는 남아에게만 나타난다. 염색체 결함은 유전적인 것이나 어떤 것은 유기체가 발달하는 동안 발생되는 사고에 의한 것이다. 이는 그 정도가 아주 다양한데, 성염색체 중 하나가 없거나 하나가 더 많거나 해서 생긴다. 이러한 결함의 예로 클라인펠터 증후군(XXY 형태)과 터너 증후군(XO 형태)이 있다.

염색체 이상 가운데 가장 대표적인 결함은 21번째 염색체가 하나 더 있는 다운 증후군이다. 몽고증(Mongolism)이라 불리는 이 결함의 외적 특징으로는 눈의 안쪽 끝이 아래로 처져 접히고 코가 납작하며 혀가 나온다는 것이며, 또한 심장, 눈, 귀의 결함과 정신과 운동능력의 지체를 보인다. 이 증후군은 노산의 부모일 경우 발생할 확률이 높으므로 난세포의 노화현상과 관련 있는 것으로 여겨진다.

(2) 환경성 장애

환경성 장애로는 모체 내에서의 발달장애인 태내성 장애와 출산 후 환경과 유전의 상호작용에 의해 생기는 상호작용적 장애로 나누어 살펴볼 수 있다.

유전과 환경에 의해 영향을 받는 장애로는 알코올중독, 정신분열증, 유아자폐증 그리고 우울증 등을 들 수 있다. 알코올중독은 가계에 내력이 있고 환경적 요인과 유전적 요인의 상호작용으로 인해 그 위험성이 커진다고 한다. 정신분열증은 현실 감각이 없고 환각이나 환상, 여러 유형의 사고장애 등의 증상을 나타내는 복잡한 정신장애로 유전적 요인이 중요한 원인이다. 그러나 정신분열증이란 그 자체를 타고나는 것이 아니라 분열증 성향만을 타고나며, 어떤 스트레스가 발생되었을 때 이 스트레스에 반응하여 정신분열증을 일으키게 된다.

유아 자폐증(Infantile autism)은 다른 사람에 대한 반응결핍으로 특징되는 발달 이상이다. 우울증은 감정적인 병으로 자극에 대한 심약한 반응, 낮은 의욕, 침울함 혹은 의기소침 등으로 특징지워진다.

(3) 생물학적 요인에 의한 장애

영유아기 발달장애에는 뇌염, 뇌막염, 뇌 외상, 중독 등과 같은 생물학적 요인에 그 원인을 찾을 수 있다. 뇌염은 바이러스, 세균 등에 의한 일차성 뇌염과 마진, 풍진, 유행성 이하선염 등의 감염증에서 나타나는 이차성 뇌염, 백신 접종 또는 혈청으로부터 나타나는 접종 후 뇌염이 있다. 뇌염의 후유증으로 뇌성마비, 정신 발달지체, 언어장애, 간질 등이 나타난다. 외부 힘에 의해 뇌장애를 가져오는 뇌 외상 또한 뇌성마비, 정신발달 지체, 간질 등을 일으키는 경우가 많다. 그리고 일산화탄소 중독 또는 수은 등의 화학물질에 의한 중독의 경우에는 그 후유증이 심각하게 나타난다(장선철, 1994).

(4) 심리사회적 요인에 의한 장애

유아에 대한 부모의 애정 차단은 발달지수의 저하 혹은 대인관계의 장애, 신경성 도벽을 일으키는 경우가 많다. 더욱이 학대, 거부, 과잉보호, 방임 등의 바람직하지 못한 부모의 양육태도는 정서면에서 많은 문제를 야기하게 된다.

2. 발달장애의 유형

1) 지적장애

지적장애는 지적 발달수준이 낮아 지적 능력이 뒤떨어진 상태에서 학습이나 적응행동에 결함을 나타내는 경우다. 지구상에는 전 인구의 약 3%나 되는 1억 3천만여 명의 지적장애자가 있다고 한다.

지적장애에 대한 개념을 규정하기란 매우 어려우며 조심스러운 부분이다. Sattler(1974)는 영아의 경우 단순히 검사 결과만으로 판정 내리는 것은 믿을 만하지 못하다고 말하며 영아를 너무 이른 시기에 지적장애라고 낙인찍는 일은 피해야 한다고 하였다. 대개의 경우 지적장애는 몽고로이드나 뇌손상으로 인하여 외형적으로 뚜렷하게 알 수 있는 아이를 지적장애아라고 할 수 있으며, 신체적으로 이상이 없고 외형상으로는 정상처럼 보이는 지적장애아도 있다. 이와 같이 지적장애 정도가 심하여 쉽게 알아낼 수 있는 경우도 있겠으나 겉으로 보기에는 정상 아동과 전혀 구분할 수 없는 아이들이 많기 때문에 어린 시절에 지적장애아를 가려내기란 어려운 일이다.

(1) 지적장애의 정의

지적장애란 정상적인 경우보다 지능발달이 늦을 때 쓰이는 말이다. 그래서 지적장애 아동은 여러 가지 원인으로 보통 아동보다 지능발달 정도가 낮아 성숙이 늦고 학습장애가 심하며 적응행동에 결함을 갖는 아동을 말한다.

미국지적장애학회(American Association of Mental Retardation : AAMR)에서 규정한 지적장애에 대한 정의를 살펴보면 다음과 같다.

"지적장애는 유의하게 평균 이하인 지적 기능과 동시에 그와 연관된 적응적 제한성, 이 두 가지 또는 그 이상의 실제 적응기술 영역들, 즉 의사소통, 자기관리, 가정생활, 사회성 기술, 지역사회 활용, 자기 지시, 건강과 안정, 기능적 학업교과, 여가, 직업 기술의 영역에서 존재하는 것으로 특징지워진다. 지적장애는 18세 이전에 나타난다."

위의 정의는 네 가지 측면으로 나누어 살펴볼 수 있다. 첫째로 지적장애는 현재 기능에 실질적인 제한성(Substantial limitation)이 있다는 것은 지적장애가 학습과 일상생활 기술의 수행에서 근본적인 어려움이 있음을 의미한다.

둘째로 유의하게 평균 이하인 지적 기능(Significantly subaverage intellectual functioning)이란 지능지수(IQ)가 대략 70에서 75 혹은 그 이하인 표준점수로서 정의됨을 의미한다.

셋째로 지적장애가 지적 제한성과 적응기술에서의 제한성이 동시에 일어남을 정의하고 있는데, 이는 적응기술에서의 제한성의 증거는 지적기능 한 가지만으로는 지적장애 진단이 불충분하기 때문에 제한성의 영향은 적어도 두 가지 적응기술 영역을 포함할 만큼 충분히 종합적이어야 한다는 의미이다. 의사소통, 자기관리, 가정생활, 사회성 기술, 지역사회 활용, 자기지시, 건강과 안정, 기능적 학업교과, 여가, 직업 기술 등은 성공적인 생활 기능에 핵심적이며 지적장애인을 위한 지원의 필요성과 자주 관련된다.

넷째로 지적장애는 18세 이전에 나타난다는 것은 만 18세란 미국사회에서 성인의 역할이 기대되는 나이에 근접하기 때문에 적절한 나이로 규정한 것이다(Luckasson et al., 1992).

(2) 지적장애의 원인

지적장애의 주요 원인을 살펴보면 다음과 같다.

첫째, 유전적 원인으로서 유전적 요인들은 대개 성염색체의 열성기제로 유전되는 선천성 대사 이상, 멘델 유전을 하면서 여러 가지 표현으로 나타나는 단일-유전자 이상, 그리고 염색체 이상 등이 있다.

둘째, 배 발생의 초기 변화과정상 원인으로서 임신 중 독성약물(마이신, 항암제, 카페인 등)의 복용은 태아의 뇌 성장에 이상을 가져다 주며, 피임약에도 '에스토라디오제'가 있어서 태아에 이상을 줄 수 있다. 뿐만 아니라 임신 중에 음주와 흡연을 할 경우에도 지적장애아를 탄생시킬 수 있으며 모가론, 페노바비탈, 바리움 등의 진정제 중독증 환자에게서 출생한 아이는 대부분 지적장애, 구개 파열, 소두증, 심장이상 영유아가 된다고 한다.

셋째, 임신과 출산 시 문제로서 임신부의 영양상태, 풍진과 같은 세균감염, 성병 등과 출산 시 난산, 역산, 장기분만 등의 요인들은 태아의 뇌에 산소 공급이 중단될 수 있으며 태아의 영양실조, 미성숙 등을 포함한다.

넷째, 영유아기 때 있었던 일반적인 의학적 상태로서 출생 후 어린 시절에 부모의 부주의로 인해 뇌손상을 입거나 뇌염, 특수 바이러스 감염 등으로 중추신경조직에 이상을 일으켜 뇌에 결함을 가져오는 경우도 있다. 또한 기타 외상, 중독(예: 납중독) 등에 의하거나, 뇌막염, 열병 같은 질병을 앓고 난 뒤 뇌발육에 이상이 생겨 지적장애아가 되기도 한다.

다섯째, 환경적인 영향 및 기타 정신장애로서 이는 영양결핍, 사회적 자극, 언어적 자극, 기타 자극의 결핍 그리고 자폐성 장애 등의 심한 정신장애를 포함한다.

그러나 모든 지적장애의 50% 정도는 어린 시절에 관심도를 높임으로써 막을 수 있다. 예를 들면, 초년 시절에 알맞은 영양섭취나 사고나 질병, 독극물(예: 납이 들어있는 페인트) 등의 예방, 또 아이들에게 안전을 보장하고 필요한 것들을 제공, 그리고 환경을 자극시키는 것이 있다(Smith & Lukasson, 1995).

(3) 지적장애의 특성

지적장애아들의 발달적 특성을 명확하게 제시하기란 쉬운 일이 아니다. 지적장애에 동반되는 특정 인격과 행동 특징은 없다. 어떤 영아에게서 나타나는 특징이 또 다른 영아에게는 나타나지 않는 경우가 허다하며, 어떤 지적장애아는 수동적이고 처져 있고 의존적인 반면 어떤 지적장애아는 공격적이고 충동적일 수 있다.

지적장애아는 대뇌장애에 의한 지체로서 대부분이 지적으로 열등하다는 공통적 특성이 있으며, 대뇌 손상으로 인한 부수적 특성을 나타내기도 한다. 몇 가지 독특하게 나타나는 발달상의 특성을 나눠 본다면 다음과 같다.

첫째, 신체적 특성으로 신장, 체중, 흉위, 폐활량 등에서 정상아보다 발달이 뒤쳐진다. 심한 정도의 지적장애아의 경우에 운동기능에서 현저하게 열등함을 나타낸다. 또한 이들은 병에 감염되기 쉬우며 치아에 이상을 나타낸다.

둘째, 지적 특성으로 지적장애아는 표준지능검사의 측정결과 IQ 70 이하를 나타낸다. 그리고 언어적 능력에 지체를 보여, 여러 질문에 똑같은 대답을 반복하기도 하고 또 자기 비판력이 결여되어 있다. 또 단기 기억력이 정상아에 비해 크게 떨어지고 있어 암기가 어려우며, 평범한 이야기 속에서도 불합리성을 인지하지 못한다. 인식작용에 있어서도 이들의 특성은 분화도가 낮고, 추상능력이나 개념화가 곤란하며, 사물의 연관관계를 생각하지 못할 뿐만 아니라 주의의 범위가 매우 좁고 산만하다.

셋째, 학습특성으로 지적장애아는 학습능력이 대체로 열악하여 초등학교 6학년까지는 유치원 정도이고, 학령기를 마칠 때까지는 3학년 정도의 능력을 갖는다. 훈련이 가능한 지체아의 경우에는 의사소통 능력은 기를 수 있으나 일반적 문자학습과 기술기능은 거의 배울 수 없다(장선철, 1994).

2) 언어장애

사람들은 언어를 통하여 주변 세계와 관계를 맺고, 자신의 생각이나 의도를 명확하고 효과적으로 전달하며 의사소통을 할 수 있다. 그러나 말을 배우고 언어를 통해 의사소통을 할 수 있는 나이가 되었음에도 불구하고 말의 이해와 표현에 문제가 있는 사람들이 많이 있다.

언어에서의 장애는 자라나는 영유아들의 지적, 사회적, 정서적, 성격적인 측면의 조화로운 발달에 부정적인 영향을 미치게 되어 원만한 사회생활과 건전한 발달을 어렵게 만들기도 한다.

언어장애는 어린이집 및 유치원에서 초등학교 저학년에 이르기까지의 영유아에게 발생할 확률이 가장 높으며 그 원인은 매우 다양하다.

여기에서는 언어장애의 개념과 원인 그리고 몇 가지 유형을 간략하게 살펴보고, 언어장애 아동의 의사소통 지도방법에 대해 알아본다.

(1) 언어장애의 정의

언어장애(Speech and language disorders)란 선천적 혹은 후천적 원인으로 인해 언어 습득 및 발달에 지장을 초래하여 음성언어 발성에 곤란을 겪고 있는 현상을 일컫는 말이다. Riper(1972)는 언어장애를 “다른 사람의 말과 너무 차이가 나서 말 그 자체에 주의가 끌리거나, 말의 의미가 전달되지 않거나, 그 말의 소유자가 부적응의 원인이 될 때 그 말은 장애되어 있다”고 설명했다(장선철, 1994).

언어장애 영유아는 수용언어장애(이해의 장애)와 표현언어장애(말하기의 장애)의 두 가지 장애를 동시에 나타내거나, 그 중 한 가지 장애만을 갖고 있는 영유아를 말한다. 말을 이해하는데 어려움이 있는 영유아는 어떤 말이든지 이해하는데 힘이 들며, 낱낱의 단어를 이해하지 못하거나, 단어는 이해하지만 문장을 이해하기에는 어려움을 겪고 지시를 따를 수 없다. 그런데 언어를 이해하는데 어려움을 가진 영유아들은 말하는 것을 배우기도 어렵다. 따라서 수용언어장애를 가진 영유아들은 표현에도 문제가 있다. 표현언어장애를 가진 아동들은 어휘가 제한되어 있기 때문에 전혀 말을 못하거나 몇 개의 단어만을 구사한다.

이와 같이 언어장애는 정상적인 언어에서부터 이탈되어진 상태로, 언어의 이해 및 표현 모두에 장애를 보이거나 혹은 그 중 한 가지에 장애가 있을 경우, 말을 더듬거나 만성적 음성장애가 있거나, 심각한 조음 문제로 인해 사회적, 정서적으로 영향을 받게 된다. 그 외에도 청각장애, 구개파열, 뇌성마비, 지적장애, 정서장애, 중복장애, 그리고 다른 감각이나 건강의 이상을 수반하는 경우에도 언어장애가 발생한다.

결국 언어장애는 언어 이해나 언어 표현이 정상에서 이탈된 경우로, 특히 개인의 비언어적 능력의 발달 정도와 비교해 볼 때, 언어발달 정도가 2/3선에 미치지 못하여 장애를 겪고 있는 영유아를 언어장애아라 부를 수 있다.

약간의 언어 이상이 있는, 가벼운 조음장애와 같은 경우는 언어장애라고 하지 않는다. 많은 영유아들이 특정한 소리를 어떤 단어 속에서는 정확하게 소리 내지만 어떤 경우에는 부정확하다. 이는 어떤 발음을 못 내서가 아니라 부정확하게 학습했기 때문에 일어난다고 하겠다. 이런 경우는 평상시 정확한 발음을 낼 수 있도록 아동을 환기시키고 정확한 단어를 발음할 기회를 주도록 한다면 교정이 가능하다.

일반적으로 언어장애를 다음과 같이 분류하고 있다.

- 조음장애(Articulatory disorders)
- 언어발달지체(Retarded speech development)
- 음성장애(Disorders of voice)
- 말더듬이(Stuttering)
- 구개열(Cleft palatal speech)
- 뇌성마비(Celebral palsy speech)
- 청각장애(Impaired hearing)
- 실어증(Aphasia)

(2) 언어장애의 원인

대부분의 언어장애자들은 어릴 때부터 언어를 습득하는데 어려움을 겪어 왔는데, 이들 장애의 대부분은 언어발달과 밀접한 관련이 있는 것으로 생각되는 다른 기능에 결함이 있음으로 인해 발생된다. 그러나 생후 수년 동안의 언어 학습과 관련된 요인이 언어장애의 원인일 수도 있다. 이런 장애 요인들은 서로 복잡하게 영향을 미치고 있으므로 그 원인을 꼬집어 말할 수 없다. 그러나 언어발달을 저해하는 요인으로는 크게 신경심리학적 요인과 환경적 요인으로 나누어 볼 수 있다.

신경심리학적 요인에는 인지발달, 정보처리화 전략(선택적 주의집중, 변별, 개념 형성, 기억), 운동 산출능력(신경 근육 조정/협응), 사회 · 정서적 발달과 동기유발, 구조적 및 신체적 요인, 감각능력(청각, 시각, 촉각, 미각, 후각), 구어 전달기제 등을 들 수 있다. 그리고 환경적 요인은 사회 · 문화적 변인(사회 경제적 수준, 언어, 문화, 방언), 경험(양육자-어린이의 상호작용, 언어적 압력, 양육과 반응), 물질적 배경(장난감, 그림, 조작 물체) 등을 들 수 있다.

(3) 언어장애의 유형별 특성

언어장애가 있는 영유아는 언어발달과 밀접한 관련이 있는 것으로 생각되는 다른 기능에 결함이 있어 장애가 나타나기도 하고, 언어의 장애로 인해 다른 장애를 수반하기도 한다. 몇 가지 유형의 언어장애의 증상 및 특성과 교정지도에 관해 살펴보면 다음과 같다.

1 조음장애

조음장애(Articulatory disorders)는 구음장애 또는 발음장애라고도 불린다. 이는 구강 안에서 말소리를 만드는 데에 잘못이 생겨서 또래 영유아들이 말하는 것과 다르게 발음하는데 문제가 있는 것으로, 소리가 생략되거나 왜곡 또는 군더더기 말이 첨가되거나 어떤 말을 다른 것으로 대체해 말하기도 한다. 그러나 조음에만 장애가 있으며 다른 언어장애에 비하여 거의 정상에 가깝다. 조음장애아는 전체

장애아 수의 80~85%에 이른다. 대개 조음이 완성되는 시기가 4세경인데, 만 4세가 넘어서도 조음이 계속 불가능한 경우에는 조음장애아로 간주할 수 있다. 조음장애의 직접적인 원인은 발음기관인 입술, 혀, 구개, 코, 인후, 치아 배열 등이 비정상이거나 질병이 있기 때문이라 볼 수 있다. 잘못된 언어학습이나 지적장애, 심리 · 정서적 원인으로 인해 조음발달이 바르지 못했을 때 발생되기도 한다. 또한 뇌성마비로 인한 조음기관의 미비나 정서장애 및 지적장애, 불안정한 환경 적응 등을 원인으로 들 수 있다. 그리고 청각장애아의 경우 언어 환경이 나쁜 경우, 유아의 기분이 불안정한 경우 등에도 발생한다.

심각한 조음 문제가 있는 영유아는 무의미한 소리를 지껄이다가 횡설수설하고 있는 것처럼 소리를 낸다. 이런 경우에는 쉽사리 의사소통하기가 힘들다. 조음장애 증세의 예를 들면, 생략의 경우에는 어두나 어미 부분의 음소를 생략하여 아빠를 '빠'라고 하거나 아저씨를 '아씨'로, 책을 '액'으로, '강아지가 겅충겅충 뛴다'를 '앙아지가 엉중엉중……'으로 발음한다. 대치의 경우에는 개나리를 '개다리'로 수박을 '뚜박'으로, 사과를 '아과'로 바꾸어 발음한다. 첨가는 학교를 '핵꼬'로 발음하는 것이며, 왜곡은 정상음을 내려는 시도에서 일어나는 것으로 나이 많은 유아들에게서는 생략이나 대치보다 잦은 빈도로 나타난다. 특히 마찰음 'ㅅ'이나 'ㅎ'이 제자리에서 발음되지 않아 그래서를 '그래처'로, 힘을 '심'으로 발음한다.

영유아들이 말을 배우는 과정에서 조음상의 오류를 범하는 경우가 허다하므로 영유아의 연령에 비추어 당연한 현상인지, 문제점이 있는지 우선 확인해야 한다. 그리고 조음장애의 유형, 빈도, 지속 정도 등을 관찰하여 조음장애아의 교정지도 시에 고려해야 한다. 일반적으로 가정에서 영유아의 말에 대하여 꾸중을 함으로써 영유아가 말하기를 기피하게 됨으로써 실패하는 경우가 많다. 그러므로 가정보다는 전문기관에 의뢰함이 바람직하다.

2 언어발달지체

언어발달지체(Retarded speech development)는 영유아의 연령에 비해 이해력과 표현력이 발달되어 있지 않은 경우다. 그 원인은 낮은 지능, 청각 및 정서장애,

영유아기의 질병, 뇌손상, 뇌기능 장애, 실어증, 자폐증 그리고 언어 환경의 결핍 등을 들 수 있다. 영유아기에 나타나는 언어발달 지체아의 경우에는 입이 뜻대로 잘 움직이지 않아 말이 제대로 안 된다. 그리고 발음이 똑똑하지 못하거나 유아어를 사용하여 말을 잘 알아듣지 못한다. 사용하는 어휘수가 적으며 표현 능력이 부족하며 말을 잘 하려고 하지 않는다. '에, -로, -은, -을'과 같은 조사를 쓰지 못하는 등의 구체적인 증상을 보인다.

언어발달 지체아의 지도를 위해서는 언어발달을 지체시킨 원인을 밝혀 최대한 제거시키는 것이 우선이며, 필요에 따라 의학적 치료와 언어 치료를 병행하여 가급적 빨리 시작하는 것이 좋다. 그리고 지체의 유형에 따라 발성 · 발어 훈련, 단어와 어휘 훈련, 생활경험을 통한 언어 훈련, 문장 훈련 등 다양한 교정 지도를 하는 것이 바람직하다.

3 구개열 언어장애

구개파열로 인한 언어장애인 구개열 언어장애는 임신 3개월 전에 발달이 저하되어 구개의 골과 조직의 결합이 이루어지지 않으며 구강의 상벽이 파열된 상태, 즉 입천장이 좁게 갈라진 채 태어나게 된 경우다. 구개의 결합이 이루어지지 못하는 원인은 분명하지 않으나 영양불량, 산소 공급부족과 유전적 요인 등을 그 원인으로 들 수 있다. 구개가 파열된 아동은 콧소리를 지나치게 하거나 조음장애가 따른다. 이 경우에 외과 수술을 통해 정상적이 될 수도 있으나 잘못되면 좋은 발음을 내기가 어렵다. 수술 연령은 늦어도 조음 습득 초기인 1~2세 전에 실시되어야 한다.

이들은 정상적인 발성법과 단어 사용을 연습하고 연구개, 인두의 기능을 개선시키도록 해야 한다.

4 뇌성마비 언어장애

뇌성마비는 수의(隨意)근육의 조정이 어려운 장애이다. 뇌성마비에는 여러 유형이 있는데, 언어장애는 뇌성마비 유형과 장애 정도와 관련이 있다. 호흡 조정의 이상으로 일어난 발성장애, 발음기관의 운동 조정 부족에 따른 발음장애를 비롯해 심한 경우에는 전혀 말을 못하기도 한다. 또한 초기에 그들의 생활 경험이 제한되었거나 지적장애나 청각장애까지 겹쳐 있다면 언어장애가 일어나게 된다.

뇌성마비의 언어장애는 지도하기가 매우 어려우며 각종 언어장애의 교정법 모두를 이용해야 하는 경우도 있다.

5 실어증

실어증(Aphasia)은 상대방의 말을 음향으로만 들을 뿐 이해하지 못하는 감각성 실어증과 상대방이 말하는 뜻은 알지만 자신은 입 밖으로 말을 하지 못하는 운동성 실어증이 있다. 또한 자기 집 이외에서는 절대로 말을 하지 않는 함묵증도 있다. 대개 함묵증은 가정적인 불화나 모자 관계에서 많이 발생된다고 한다.

이러한 실어증의 치료에 있어서 가장 중요한 문제는 가정에서의 사랑을 통해 심리적 안정을 줌으로써 그들과 밀착되어야 한다는 것이다.

6 말더듬

사람은 누구나 말을 할 때 어느 정도는 더듬는다. 그러므로 정상적인 비유창성(Normal disfluency)인지 비정상적인 유창성(Abnormal disfluency)인지를 살펴봄으로써 말더듬을 정의할 수 있다.

정상적인 경우에는 낱말 전체와 구의 반복이 대부분을 이루는데 반하여, 말더듬의 경우는 음절과 낱말 부분에는 반복이 훨씬 많다. 영유아들에게 있어서 말더듬이(Stuttering)는 흔히 나타나는 증상인데, 말더듬이는 말하기 리듬에 장애가 있는 것으로 대부분의 경우 생후 2~5세 사이의 유아기에 시작되며, 말할 때 말소리, 음절, 단어가 반복되거나 '어'라는 불필요한 말을 많이 쓰며 주저하므로 말의 유창성이 방해되는 경우다. 이것을 가리켜 '정상적인 비유창성'이라고 하며 이는 아동들이 말을 사용하고 배우는 과정에 있어서 얼마든지 일어날 수 있으므로 이런 행동의 문제들을 크게 관심을 나타내지 않고 지나치면 자연히 없어지게 된다. 그러나 주위에서 의식하고 아동 자신이 이것을 지나치게 느끼면 심각한 문제가

될 수 있다.

영유아가 말을 더듬는 경우는 첫째로 자기중심적인 사고로 인해 타인을 고려하지 않고 의도한 대화를 계속하기 위해 같은 말을 반복하는 경우며, 둘째로 어휘가 제한되어 있으므로 적절한 단어를 찾기 위해 주저하기도 한다. 셋째로 정서적인 문제로 인해 유발된다. 즉, 부모의 비수용적 태도나 놀림 환경은 정서적 긴장과 불안을 유발케 하여 말더듬 현상을 지속시키게 된다. 넷째로 가족이나 이웃에 말더듬이가 있어 잘못된 모방으로 인해 말더듬이가 될 수 있다. 그 외 대뇌이상에 의해 기질적으로 발생된다는 것과 욕구불만이나 갈등에 의해 유발된다는 점도 제시되고 있다. 따라서 말더듬이를 교정하기 위해서는 심리적 안정을 유지시키는 것이 무엇보다 중요하다. 벌을 주거나 불안, 죄의식, 적대시하는 마음을 갖지 않도록 해야 한다. 그래서 영유아가 자신감과 성취감을 경험하고 자신이 사랑받고 있음을 느낄 수 있도록 해야 한다. 또한 영유아가 말을 더듬어도 중간에 차단하거나 거들지 말고 끝까지 인내심을 가지고 들어주도록 한다. '천천히 말해라', '더듬지 마라' 등의 직접적인 주의를 주지 않도록 한다. 그리고 여러 영유아와 함께 말하게 하고 집단적 활동에 참여시킨다. 이야기를 들려준다든지, 책을 읽는다든지, 같이 노래를 부른다든지, 같은 소리를 내어 표현하는 등의 기회를 많이 갖도록 하는 것도 좋은 방법이다. 말더듬을 정서적으로 지도하기 위해서는 무엇보다도 영유아를 있는 그대로 인정하고 받아들이는 것이 중요하다.

3) 자폐증

1919년 Blueler에 의해 처음 사용되었던 자폐증(Autism)은 사회적 관계나 의사소통 능력이 결핍되거나 계속적인 강박행동을 나타내는 영유아기의 문제행동 증후군 중의 하나로서, 이전에는 소아 정신분열증이나 지적장애로 진단되던 증후였다. 그러나 1943년 아동정신과 의사인 Leo Kanner에 의해 처음으로 유아자폐증(Infantile autism)이라 명명되어 자폐증의 증후군이 밝혀졌다. 자폐증이 출생 후 2년 반 이내에 일어났을 때 이를 유아자폐증이라 한다.

자폐증은 주로 생후 30개월 이전에 발생하며, 청각과 시각에 대한 비정상적인 반응을 하고, 반향어, 비정상적으로 같은 동작을 반복하기도 한다. 자폐증의 원인은 잘 알려져 있지는 않지만 정서적 결함 대신 인지적 결함으로 개념화하는 추세에 있다. 여러 가지 원인으로 보려고 하나 종합해 볼 때, 자폐증은 임신 또는 출생 후 몇 년 안에 발생한 중추신경의 어떤 손상이 원인이 된다는 것이 공통된 의견이다.

미국의 전국자폐아협회(The National Society for Autistic Children)는 만 명당 5명 정도가 그들의 환경과 연관되어 자폐아로 출생하거나 출생 후 곧 자폐 증세를 나타내게 된다고 추정하고 있다. 여아보다는 남아가 다섯 배 더 많다.

(1) 자폐증의 정의

Kanner는 생후 1년에 과도하게 퇴행(退行)현상을 보이는 11명의 영아들을 대상으로 5년 이상 실시해 온 그의 임상 경험을 토대로 1943년에 유아자폐증의 증후군을 아동기 정신분열증으로부터 분리시켜 밝혔다. 그는 유아자폐증의 주된 증후로 극단적인 자폐적 고립, 언어 및 의사소통에 있어서의 심한 장애, 그리고 동일성에 대한 강한 욕망 등을 제시하였는데 이는 오늘날에도 자폐증 진단의 기초가 되고 있다.

이러한 행동특성을 가진 영유아들은 주위 사람들과 관계를 맺지 못하고 그 대신 계속적으로 사물이나 장난감 또는 자신의 신체를 가지고 놀기를 더 좋아한다. 언어가 있다 해도 심하게 결여되어 있으며 가끔 반향어나 앵무새처럼 반복하는 언어를 사용한다. 그러나 자폐아들은 어느 정도 그들의 환경에 대해 인식하고 있는데, 이들은 자신의 의례적 놀이가 방해를 받거나 또는 주위 환경에서 친숙한 물건의 변화가 있을 때 몹시 불안해하거나 분노발작을 일으키곤 한다. 이 증후군의 시작은 때로는 출생 시부터라고 보고되기도 하지만 거의 3세 이전의 영아기 때부터이다. 그러나 Kanner는 자폐아의 집단에서 가끔은 뛰어난 소근육 운동능력, 지적인 외모, 뛰어난 기계적 암기력과 같은 특수한 능력이 나타남을 발견하였다.

자폐증은 3~4 : 1의 비율로 남아들에게 훨씬 더 많으며, 다른 정신적 결함보다 비교적 드문 증후군이다. 그러나 이는 심각한 성격장애들 중 가장 일찍 나타나기 때문에 매우 중요하다.

(2) 자폐증의 원인

자폐증의 정확한 원인은 아직 밝혀지지 않고 있으나 최근의 경향은 기질적 손상으로 보는 입장이 두드러진다. 자폐증은 그 증상이 매우 일찍부터 나타나므로 여러 가지 다른 원인들이 기본 중추신경계에 결함을 일으켜 자폐증상을 일으킬 수 있다는 것이다.

Schopler와 그의 동료(1980)들은 영유아에게 자폐증이 발생하는 원인에 대해, 영유아 개인에 대한 특별한 원인은 알 수 없으며, 여러 가지 원인 중 대체로 주 원인은 어떤 두뇌 이상이나 생화학 물질의 불균형에 따르는 지각과 이해의 부족에서 온다고 언급했다. 한편, Rutter는 생리학적 원인론을 주장하여, 대뇌의 언어영역이 손상되어 언어장애와 다른 부수적인 증상이 나타나는 것으로 영유아의 출생 시에 일어난 뇌손상으로 인해 중추신경체계가 비정상적인 기능을 하기 때문에 자폐증이 된다고 보았다.

이와 같이 자폐증의 원인에 대한 견해는 다양하나 Kanner, Paluszny, Bettelheim, Tustin 그리고 Ward 등의 견해를 종합하여 다음과 같이 그 원인을 분류하여 제시한다.

1 심리 유전적 원인

Kanner는 '선천적 혹은 후천적'이라는 두 대립되는 개념에 초점을 두어 유전과 환경간의 상호작용을 언급했다. 즉, '유전과 소질의 문제에도 불구하고 일상 경험이 이런 아동을 혼란시키고 정상적 관계를 불가능하게 하거나 위축시키고 정신분열적 행동을 유발한다.'는 것이다(Kanner, 1957).

Bettelheim과 Tustin과 같은 정신역동적 견해의 연구자와 임상가들은 환경적 원인설을 지지하며 발달의 반응일탈 형태로 자폐적 행동을 설명해 왔다. 신생아가 태어나서부터 약 3개월 정도의 초기단계는 자폐기에 속한다. 이 단계에 정상적인 모자관계를 통해 신뢰감을 형성한다. 그러나 발달의 정상 초기단계에서 커다란 결함을 경험했거나, 혹은 양육 중 부분적인 결함이 계속된다면 이상초기자폐증(Abnormal primary autism)이 초래된다. Bettelheim도 자폐증을 유아의 초기 생의 경험에서 일어나는 것으로 보아 부모의 양육태도가 자폐증 발생에 영향을 미친다고 했다. 이러한 입장에서 볼 때 많은 자폐아의 부모들이 좌절하고 죄의식을 가지며, 전문가에 대해 적대감을 느낀다는 것을 이해할 수 있다.

한편 Ward는 「소아자폐증과 구조적인 치료」(1976)라는 책에서 임신기간 중 산모의 불안은 아동의 감각 발달을 느리게 한다고 제시했다. 그는 자폐아의 어머니들은 임신 기간 동안 정서 문제, 가족들과의 긴장, 혹은 다른 문제들로 인한 스트레스를 심하게 받았다고 보았다. 이를 통해 산모의 불안이 실제로 태아 발달에 부정적 영향을 주는 다른 물질이나 과도한 에피네프린(Epinephrine)을 분비함을 짐작할 수 있다.

2 생물 유전적 원인

자폐증이 발달 초기에 출현한다는 사실은 자폐증이 중추신경계의 손상을 유발하는 조건과 관련된다는 생물학적 문제를 제시한다. 예를 들어, 임신 중의 풍진이 중추신경계에 영향을 미치고 청각장애, 지적장애, 소두증 등의 많은 선천성 기형을 일으킨다는 사실에서 자폐증과의 관계를 생각할 수 있다. 또한 뇌막염, 뇌염 및 페놀케톤뇨증과 같이 중추신경계에 영향을 주는 조건들이 자폐적 행동유형과 연관되어 있다고 보고되고 있다.

여러 연구자들은 자폐증상을 일으키는 가능한 생물 유전적 동인으로 유전, 생화학, 바이러스 등에 관해 제안했다. 그리고 자폐증에서 염색체 이상의 가능성이 탐색되어 왔다. 즉, 우성염색체, 열성염색체, 혹은 성과 관련한 조건이 유전되는 장애로 추론된다. 하지만 자폐증이 단순한 유전적 조건의 결과로 인한 것이 아니고 자폐증에는 가계 성향이 있음을 알아야 한다.

또한 자폐증을 발생하게 하는 신경전달 물질에 관한 생화학적 연구가 있다.

신경전달 물질은 근육수축과 신경활동에 영향을 주는 화학적 매개체로 기분, 정서, 사고과정에 영향을 준다고 알려져 있다. 예를 들어, 세라토닌은 필수아미노산, 트리토판의 신진대사 생성물로서 정상적인 뇌기능에 필요하다. 과잉행동 아동은 전체 혈액 중에 낮은 수준의 세라토닌을 보이지만 아동이 임상적 개선을 보였을 때 이러한 세라토닌이 정상 수준으로 접근했다. 자폐아의 경우에도 세라토닌의 높은 수준이 정상 수준으로 감소할 때 발전이 있을 수 있다.

그 외 바이러스와 관련지어 볼 때 임신기간 중 어떤 세균 감염은 발달 중인 태아에게 심각한 손상의 원인이 된다고 본다. 자폐증은 임신 중 세균에 감염된 몇몇 아동들에게서 발견되어 왔다.

이와 같이 자폐증은 다양한 생물학적 손상의 결과로 발생할 수 있다. 유전적, 생화학적, 세균 혹은 다른 손상이 근본적 원인이건 아니건 간에 중추신경계에 자폐증상을 일으키는 결함이 생성된다. 이에 관련된 연구자들은 지적장애, 학습장애와 같이 자폐증은 여러 요인을 통해 일어나는 증후라고 했다.

3 정서적 원인

정서적 원인이란 신생아의 정서 발달에 있어서 문제가 발생함을 의미한다. 예를 들면, 영유아의 감각 발달과정에서 정서적으로 큰 충격을 받아 정서불안이 심화되어 자폐증이 발생할 수 있다. 또한 주변 환경으로부터 자극을 골고루 받지 못하여 비정상적으로 정서가 발달된 경우에도 발생할 수 있다.

특히 30개월 전후에 심한 수술을 받았거나 경기 또는 동물 등에 의하여 영유아가 크게 놀랐거나 공포를 느꼈을 때, 또 부모조차도 알지 못하는 충격을 받고 스스로 그것에서 벗어나지 못했을 때 정서 불안과 정서장애가 발생할 수 있다. 이는 자폐적 행동을 유발시킬 수 있고 또 자폐증으로도 발전될 수 있다. 20개월을 전후한 영아기에 입은 정서적 충격은 언어장애와 대인관계 장애를 동반하고, 이는 돌출된 행동을 나타내며 결국 자폐증이 되고 만다. 그러므로 영아기에 충격적인 사건에 노출되지 않도록 부모들은 매우 조심하여야 한다.

한편 외부적 자극의 부족이라 함은 영유아들에게 대인접촉이나 여러 가지의 자연과 사물을 직접 보고 듣고 만지고 느낄 수 있는 경험들이 박탈된 경우를 말하며 이러한 결핍이 정서적 발달과 능력 향상에 저해 요인이 된다. 예를 들면, 영유아의 가정환경 및 부모의 애정과 양육태도가 문제될 수도 있다. 왜냐하면 영유아는 그가 생활하는 환경을 통해서 많은 영향을 받기 때문이다.

(3) 영유아 자폐증의 증상 및 특성

자폐아의 부모들은 생후 1년 또는 2년에는 자녀들에게 아무 문제도 없는 것으로 알고 있다. 모든 면에서 정상적이다. 그러나 일반적으로 3세 이전에 퇴행이 일어나기도 하며 이전에 습득했던 기술들을 잃어버리고, 자폐증의 전형적인 증상들이 몇몇 나타난다.

1 정서적 접촉 장애

정서적 접촉(Affective contact)의 장애는 자폐증의 1차적 증후라고 볼 수 있는데, 이와 같은 증후로 인해 자폐아는 다른 사람과 관계를 맺는데 장애를 나타낸다.

보통 영유아의 발달 과정에서 타인을 인식한다는 첫 번째 증거 중의 하나는 웃음이다. 아기들이 1, 2개월경이 되면 어른들의 얼굴이나 목소리에 대한 반응으로 웃는다. 자폐적인 아동들도 행복감과 만족감을 나타내나 이 웃음은 사회적인 웃음이 아니라 빛, 소리 그리고 기타 자극에 대한 반응일 뿐이다. 또한 정상적인 아이들은 쉽게 어머니의 얼굴에 대해 반응한다. 아기들은 얼굴을 빤히 쳐다보고 만져 보며 웃고, 또 손으로 어머니의 눈이나 코, 입들을 콕콕 찌르면서 탐색하게 된다. 그러나 자폐아들은 어머니를 거의 쳐다보지 않고 특히 눈을 잘 맞추지 않는다. 이러한 자폐아들은 안정된 애착을 형성하지 못함으로 인해 어머니가 떠날 때 울거나, 어머니가 다가올 때 웃는 반응을 보이지 않는다. 대부분의 6개월 된 아동들은 낯선 사람에 대한 불안감을 나타내며, 친숙한 사람에게는 애착을 보인다. 그러나 자폐적인 아기들은 낯선 사람과 친숙한 사람에 대한 차이를 나타내지 않는다. 뿐만 아니라 자폐아들은 정상 유아에게서 흔히 나타나는 놀이에 참여하지도 않는다. 1세경의 아기들이 대부분 쉽게 하는 '까꿍놀이(Peek a boo)' 또는 '곤지곤지(Pat-a-cake)' 등과 같은 놀이도 자폐아에게는 흥미롭게 다가오지 못한다.

2 언어

자폐아는 언어에 지체 현상을 나타낸다. 생후 2개월이나 3개월이 되면 대부분의 아기들은 말소리를 낸다. 그러나 자폐아들은 적절한 말을 사용하지 않고 모방이나 몸짓으로도 의사소통을 하려 하지 않는다.

자폐아의 경우 언어에서의 문제점은 매우 중요하다. 자폐아동의 전반적인 언어지체는 정신연령이 같은 지적장애 아동의 경우보다 더 심각하다. 이는 청각 자극을 받아들이는 능력의 부족에 기인하는 것으로, 이로 인해서 말소리에 대해 반응을 보이지 않는다. 말을 획득하는 자폐아에게서 나타나는 반향어(Echolalia)나 대명사 반전('나'를 말해야 할 때 '너'를 말하는 등의 인칭대명사를 혼동하는 것)은 이들에게 언어이해능력에 결함이 있음을 나타내는 증거이다. 자폐아들은 성장함에 따라 언어적 의사소통이 계속적으로 문제가 된다. 말은 존재하나 의사소통을 위해 말을 사용하지 못한다. 때로 의사소통을 위해 말을 사용할지라도 극히 제한된 언어표현과 형태의 왜곡이 나타난다.

3 지각

자폐아는 후각 자극을 제외한 감각자극에 대해서 비정상적인 지각반응을 한다. 주변의 사물들에 무관심해 보이지만 사실은 섬광과 같은 눈빛으로 많은 것들을 보고 있기도 하며 한 사물에 집중하여 아무 생각 없이 쳐다보고 있기도 한다. 그리고 소리에 선택적으로 반응한다. 즉, 바로 곁에서 엄청나게 많은 접시 더미가 무너져 내려도 전혀 관심을 보이지 않다가도 자신의 흥미를 끄는 광고 음악소리나 사탕껍질 까는 소리 등에는 아주 작은 소리라도 민감한 반응을 보인다. 이 점이 청각장애아와 구분되는 점이다. 촉각과 통각에도 이상 반응을 보이는데 심하게 다쳐도 울지 않거나 이상스러운 촉감의 물건을 만지는데 집착한다.

4 행동

자폐아는 여러 가지 행동장애 양상을 가지고 있는데 변화에 심한 거부감을 가진다. 예를 들어 머리를 벽에 쿵쿵 박거나, 이상스러운 손가락 모양을 해서 벽이나 방바닥이나 그릇이나 할 것 없이 두드려 보는 행동을 한다. 또한 자신에 대하여 자해적인 행동을 하기도 하나 공격성은 없다. 다른 아동에게 맞으면 때려서 방어하지 않고 오히려 소리 지르며 자기를 깨물거나 자기 머리를 때린다. 그리고 반복적인 일, 즉 상동행동을 중시한다. 즉, 끊임없이 방의 한쪽에서 다른 쪽으로 뛰어다니는 행동이나, 손가락을 부채처럼 펴고 흔들어 대는 등의 무의미한 행동을 반복적으로 지속한다. 그러나 신체 기능이 아주 발달되어 높은 곳에 기어오르기, 균형잡기, 뛰어내리기 등에 놀라운 기술을 보이기도 한다.

5 지능과 기억

영화 레인 맨(Rain Man)의 주인공처럼 지능이 평균수준이거나 오히려 높은 경우도 있지만, 대부분은 지능의 문제 때문에 학습에 어려움이 발생한다. 몇몇 자폐아는 기억력이 아주 좋아 가르쳐 주지 않았는데도 책을 혼자 읽는 등 뛰어난 점을 보이기도 한다. 또한 읽고 쓰는 것은 아주 쉽게 익히는데 반해 수 개념 발달은 느리고 한계가 있다.

다음의 발달행동은 첫돌쯤 되면 또래 아이의 90% 이상에서 할 수 있는 행동과 반응을 나타낸 것이다. 〈표 10-1〉을 참조해서 뭔가 남달리 늦다 싶거나 유별난 행동이나 반응이 발견될 때 이를 참고하고 그 원인을 찾아야 한다.

표 10-1 **첫돌이면 할 수 있는 정상적인 발달행동**

운동능력	- 혼자 선다. - 손잡고 걷는다. - 장난감 자동차를 민다.
적응행동	- 물건을 엄지와 집게로 정확히 집는다. - 달라고 하면 장난감을 준다.
언어능력	- '엄마', '아빠'를 인식하며 말한다.

	- 엄마, 아빠 이외의 단어를 말할 수 있다. - 말로 지시한 내용을 수행한다('안녕'하면 꾸벅, '빠이빠이'하면 손 흔듦).
개인사회적 행동	- 옷을 입을 때 협조한다. - 컵으로 마신다. - 숟가락을 사용하기 시작한다.
인지적응능력	- 이름을 부르면 다가온다.

4) 정서장애

(1) 정서장애의 정의

정서장애(Emotional disturbance / Behavior disorders)는 열등감, 지나친 자아의식, 사회적 위축, 수줍음, 불안, 공포, 과민, 우울, 자신감의 부족 등으로 학교를 포함한 일상생활이 힘들고 정서, 감정조절 발달에 문제가 생기는 장애를 정서장애라고 한다.

Kirk(1972)는 아동의 행동이 자신의 발달과 적응에 이롭지 못한 영향을 미치거나, 다른 사람의 생활을 방해할 경우에서의 일탈행동을 정서장애로 보았으며, Cruikshank(1980)는 정서 발달상에 장애가 있다는 것은 어떤 심리적인 이유로 성격을 기능적으로 작용시키지 못하고, 또한 생활상 문제가 될 만한 반응을 보임으로써 자기 자신은 물론 다른 사람에게도 지장을 초래하는 상태를 의미한다고 했다.

영유아의 정서생활을 결정하는 두 가지 요소는 아동에게 가해지는 스트레스 양과 곤란한 심리적 상황을 다루는 영유아 능력의 강도이다. 문제 영유아가 되었다면 이 영유아의 행동은 정상아보다 빈도(Frequency)와 강도(Intensity)에서 차이가 난다는 것을 알아야 한다. 요약해 보면, 정상아동도 장애아동과 같이 일탈 혹은 부적절한 행동을 하는데 장애아동은 보다 심각하고 장기간 지속되며 발생빈도가 높고 복합적이라는 점에서 다르다. 이러한 영유아의 행동은 성인의 포용력에 따라 달라진다.

DSM-IV(정신장애에 대한 진단 및 통계편람)에서는 유아기, 소아기, 청소년기의 기타 장애 범주에 정서장애의 대표적 유형인 분리불안장애를 포함시켰다. 이 장애는 유아가 애착을 느끼는 사람들과 이별하거나 집을 떠나게 될 때, 혹은 친숙한 환경으로부터 분리될 때 경험하는, 발달적으로 볼 때 부적절하고 지나친 불안을 특징으로 한다고 보았다.

(2) 정서장애의 원인

영유아의 모든 연령군에서 가장 흔한 정신 병리적 문제가 정서장애이다. 영유아의 정서장애의 원인을 올바르게 이해하기 위해서는 무엇보다도 발달학적 관점에서 생각해야 한다. 영유아는 태어난 이후 걸음마와 말을 배우고 사회적 가치에 접하며 사회적 역할을 익히고 집단의식을 기르며 추상적인 사고의 훈련을 받아가면서 차차 성인과 닮아간다. 이러한 발달과정에서 각 단계별로 달성해야 할 과업이 있다. 영유아기에 도달해야 할 중요한 과제 중의 하나는 부모와의 애착관계 및 신뢰감 형성이다. 따라서 이 시기에 애착형성에 문제가 생길 때 정서장애가 일어날 수 있다. 또한 걸음마기에는 자율성의 발달과 공격성 및 충동을 조절함이 발달 과제인데 문제가 생길 경우 거부증과 반항적 행동 등이 시작될 수 있다. 그리고 영유아기에 사회성이 발달되고 역할과 관습을 익혀야 함에도 불구하고 이에 문제가 생길 경우에 불안장애, 야뇨증, 유분증 등이 발생할 수 있다.

이와 같이 발달적 측면과 관련시켜 볼 때 정서장애는 부모와 자녀관계에서 그 원인을 찾을 수 있다. 부모의 자녀에 대한 건전하지 못한 태도는 자녀로 하여금 건전하지 못한 반응으로 대응하게 만든다. 부모의 건전하지 못한 태도 중에서 가장 일반적인 형태는 거부와 과잉보호이다.

자녀에게 거부적 태도를 보이는 어머니들은 대부분 미숙하고, 불안정하며 신경증적인 경향을 띄고 있는 경우가 많다. 이러한 거부의 근본 원인으로 경제적인 이유, 부부간의 불화, 불행한 어린 시절을 보낸 부모의 경우 등을 들 수 있다. 거부의 결과는 신체적 또는 정신적인 병리로 나타나 정서장애 및 행동장애를 일으키게 된다.

자녀를 과잉보호하는 부모의 경우에도 자녀에게 문제를 일으키게 만든다. 자녀를 과잉보호하는 유형으로는 보상적인 과잉보호와 단순한 과잉보호를 들 수 있다. 보상적인 과잉보호는 부모의 완벽주의에 의해 자녀를 거부하게 되는 것을 정당화시키기 위해 자녀를 강압하게 된다. 따라서 앞으로 다가올 불행을 예방하기 위해서 과잉보호 행동을 나타내게 된다. 그러나 단순한 과잉보호는 이와 성격이 다르다. 오랫동안 기다리던 자녀를 얻게 되었을 경우에나 잘못으로 자녀를 잃었던 경험이 있는 부모들은 자녀를 혼자 내버려 두지 않고 지나치게 보호하려고 하여 자율성을 잃어버리게 만든다.

Beardslee(1996)은 부모가 정서장애를 보이는 경우에 자녀에게서 정서장애가 발병할 확률이 높은데, 이는 정신사회적 요인과 유전적 영향이 합쳐진 결과라고 보았다. 또한 Lilliams(1990)는 어머니의 우울이 영유아의 내면화(Interalizing)장애와 연관된다고 하였다. Bowlby(1973)는 부족한 부모 양육이 애착과 탐구행동의 역동적 균형을 방해하고 불안한 애착을 촉진하게 된다고 하였다.

어머니의 애착양상은 자녀의 애착양상과 반복되는 경향이 있고 불안정한 애착은 아동기 불안장애의 위험요소이다. 특히 분리저항과 강한 애착이 동반된 양가적 불안정 애착을 보였던 영아들이 아동기와 청소년기에 불안장애의 진단을 받게 되는 경우가 많다고 하였다(Bernstein, 1996; 임계원, 1996, 재인용).

(3) 정서장애의 증상과 특성

영유아의 정서장애는 성인의 신경증과 유사하며 불안장애, 우울장애, 강박신경증, 공포증, 전환장애, 건강염려증과 같은 증상 등을 포함한다. 그러나 영유아의 정서장애는 어른에 비해서는 덜 분화되어 있다.

정서장애로 분류된 영유아는 다음의 문제에 해당하는 공통의 특성을 갖고 있다.

1 낮은 충동 통제력

좌절에 대한 인내력이 부족하고 희열을 지속시킬 능력이 부족하므로 부적절하게 울화를 터트린다. 그리고 문제해결 시에 공격성을 보이고 병에 대한 저항력이 부족하다.

2 낮은 자아개념

자신을 나쁘거나 어리석고 문제성이 있다고 보므로 장래에 대한 부정적 견해를 가지며 성공적 경험이 부족하다.

3 낮은 정서조절력

자신이나 타인의 감정을 적절하게 다루는 능력이 부족하여 정서의 표출과 이해에 어려움을 겪고 정서가 불안정하다.

4 대인관계 결핍

친밀감을 갖지 못하고, 성인에 대해 공포심을 가져 접촉을 회피하는 한편 타인에게 과도하게 의존하는가 하면 타인을 기만하고, 지나친 요구를 한다. 따라서 동료집단과 어울리는데 어려움이 있다. 사회적 기술이 부족하며, 타인에 대한 편견을 가지고 있다.

5 불안정한 가정

가족 간에 침울하며 유대관계가 결여되어 있다.

6 제한된 놀이능력

한두 가지 놀이 활동만 하거나 그것 밖에 모른다. 혼자 혹은 집단으로 노는 능력이 부족하다.

(4) 분리불안장애(Separation Anxiety Disorder)

영유아기에 잘 발생하는 정서장애로는 불안장애와 애착 형성장애, 선택적 함구증 등을 들 수 있는데, 이 중 영유아기 분리불안장애를 살펴보면 다음과 같다(애착

형성 장애는 제8장에서 소개하였으므로 이를 참고).

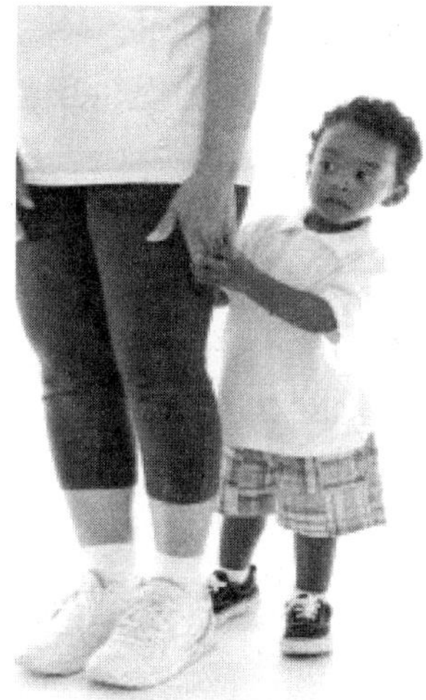

분리불안 자체는 절대로 비정상적인 증상이 아니다. 오히려 어머니와 애착이 형성되었다는 증거이기도 하다. 그러나 이러한 분리불안 현상이 1개월 이상 지속되면, 병적인 상황으로 간주하여 분리불안장애라고 부른다. 즉, 엄마와 아이 사이의 애착형성이 불안정하여서 분리불안장애가 발생하는 것이다. 보통 영아가 6개월이 지나면서 엄마와 별개의 존재라는 것을 인식하게 되고 그러면서 불안함을 느끼게 되고 생후 8개월 전후로 영아들은 좋고 싫은 것을 구별하고 표현할 수 있게 된다, 그래서 좋아하는 사람과 싫어하는 사람을 구별하면서 엄마와 떨어지는 것을 매우 싫어하게 되는 분리불안이 나타나게 되는 것이다. 이런 분리불안은 대개 부모와 자녀 사이의 상호작용이 중요한 원인이라고 알려져 있다.

분리불안장애를 가진 영유아들은 분리가 일어나거나 분리가 일어날 것 같은 상황이 발생하게 되면 심한 공황상태에 빠질 정도의 불안이 나타난다.

분리불안장애 영유아가 나타내 보이는 주요 증상은 다음과 같다(장선철, 1994).

- 자기와의 주요 애착대상에게 어떤 위해가 닥칠지도 모른다는 비현실적인 걱정과 애착대상의 인물이 자기 곁을 떠나서 돌아오지 않을 것 같다는 두려움을 가지고 있다.
- 어떤 돌발적이며 불행한 사건이 자기와 자기가 애착을 느끼는 대상을 분리시킬 것이라는 비현실적인 걱정을 한다. 이들이 예상하는 사건으로는 미아가 되는 것, 유괴당하는 것, 살해될지도 모른다는 것 등이 있다.
- 자기의 주요 애착대상, 주로 어머니와 함께 있기 위해 유치원에 가는 것을 싫어하거나 거부하는데, 강요를 당하면 복통, 두통, 구역질, 구토 등과 같은 신체 증상을 호소하며 계속 등원을 거부한다.

- 주요 애착대상인 사람이 곁에 없는 곳에서 잠자기를 싫어하거나 거부하며, 잠자리에서 분리당하는 상황과 관련된 악몽(Night mare)을 자주 꾼다.
- 주요 애착대상으로부터 분리당하거나 분리가 예상될 때는 거세게 울며 매달리는 등의 반응이 나타나는 분노발작이 일어난다.
- 주요 애착대상으로부터 분리당했을 경우 무감동 상태, 사회적 철수, 비애 또는 유아교육 활동이나 놀이에 대한 주의집중 곤란 등의 증세가 나타난다.

분리불안은 부모와의 신뢰 관계 속에서 극복해야 한다. 갑작스레 엄마가 숨거나 눈앞에서 보이지 않게 된다면 오히려 극심한 불안으로 인해 영아는 더 큰 상처를 받을 수 있다. 그러므로 잠시 어디를 가야 할 때는 아이에게 충분히 말로 설명을 해 주고, 아이가 이를 인지하게 한 후 잠깐씩 자리를 비우는 행동을 취하도록 하는 것이 좋다. 또한 부모는 가족구성원 사이의 경계선을 분명히 하고 자녀가 자율적이고 독립적인 태도를 가질 수 있도록 양육해야 한다. 그리고 가족 환경에 변화가 있을 때 자녀의 심리적인 변화 및 적응 과정에 대한 면밀한 관찰과 지지가 필요하다.

제11장

연령별 발달 특성에 따른 교육활동

1. 0세 발달 특성에 따른 교육활동
2. 1세 발달 특성에 따른 교육활동
3. 2세 발달 특성에 따른 교육활동

영아의 보육과 교육을 담당하는 성인 및 교사는 영아의 전인적 성장을 위하여 신체 및 건강, 인지, 언어, 정서 및 사회성 발달을 도모할 수 있는 다양한 활동을 균형 있게 잘 설정해야 한다.

특히 영아들의 발달 특성과 능력 및 흥미에 기초하여 영아의 자발적인 놀이중심으로 활동이 진행되어야 한다. 영아를 돌보는 성인 및 교사는 영아들에게 단지 일상생활에서의 보호뿐만 아니라 최상의 교육적 경험을 제공하기 위해서도 노력해야 한다. 즉, 교육과정에 대한 충분한 이해에 기초하여, 영아의 발달 및 사회적인 요구에 적합한 교육과정을 계획하고 실행할 수 있어야 한다.

또한 교사는 영아의 놀이에 관심을 보이고 칭찬하거나 격려를 해 주어야 하며, 자료 및 아이디어를 제공해야 한다. 그리고 놀이에 함께 참여하며 영아의 흥미를 유도함으로써 영아들의 놀이를 지도하고 지원해 주는 역할을 해야 한다. 이렇듯 교사의 적절한 개입은 영아의 놀이를 발전시키고 확장시키는 데 도움을 준다.

다음에 소개하는 것은 0~2세의 발달 특성에 따른 교육활동이다. 집 안에서 또는 교육기관에서 영아들과 함께 할 수 있는 실제적인 놀이 활동 및 구체적인 상호작용을 잘 참고하여 발달적으로 적합한 보육 및 교육활동을 제공해야 한다.

1. 0세 발달 특성에 따른 교육활동

내 몸을 만져 주세요

활동목표

· 팔과 다리의 감각과 자극을 느낀다.

· 타인과 긍정적인 상호작용을 한다.

표준보육과정 요소

· 신체운동 - 감각과 신체 인식하기 - 신체 탐색하기

· 사회관계 - 더불어 생활하기 - 안정적인 애착형성하기

· 의사소통 - 듣기 - 경험과 관련된 말 듣고 알기

활동자료 : 카펫 또는 매트

활동방법

1. 영아가 잠에서 깨어나 기저귀를 갈기 전후 시간을 이용하여 매트에 눕힌다.

- 우리 여기에 누워 볼까?
- 폭신폭신하지?

2. 영아의 얼굴을 쳐다보면서 손과 발을 두 손으로 부드럽게 주물러 준다.

- 손을 부드럽게 눌러 줄게. 어이구, 기분이 좋아요?
- 하나, 둘, 셋, 넷, 다섯 손가락이 예쁘기도 하네.
- 손등은 꾹꾹, 손바닥도 꾹꾹, 손가락은 쭉쭉!
- 발가락도 몇 개인가 볼까?
- 발바닥도 시원하게 주물러 줄게.

3. 팔과 다리를 옮겨가며 주물러 주며 상호작용한다.
- 발도 꾹꾹 주물러 보자. 간지럽구나.
- 허벅지도 꾹꾹, 종아리도 꾹꾹, 발목도 꾹꾹
- 쭉쭉 키가 크겠네!
- 이렇게 주물러 주니까 기분이 좋아요?

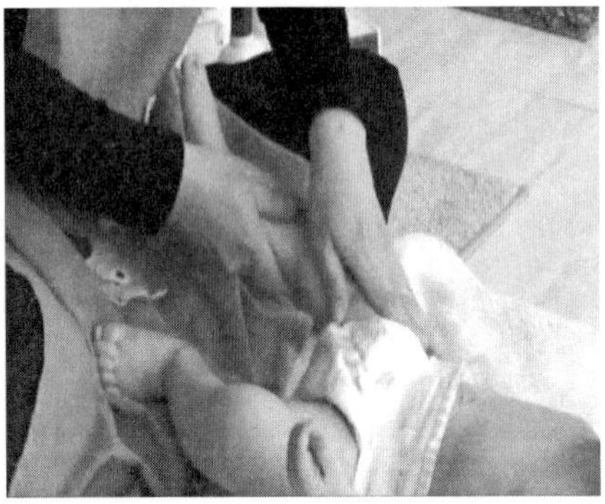
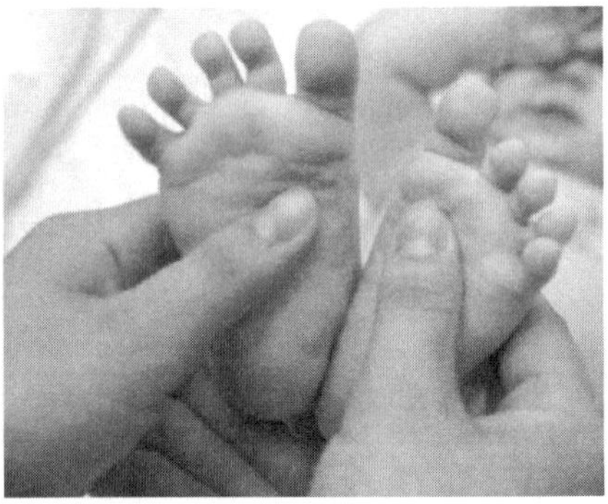

〈쭉쭉쭉 시원한 마사지!〉

참고사항

영아에게는 신체적인 접촉이 매우 중요하므로 안아 주거나 마사지해 주는 등의 신체적인 접촉이 포함된 활동을 많이 해 준다.

냠냠 우유를 먹어요

활동목표

· 교사의 품에 안겨서 편안하게 우유를 먹는다.

· 우유의 맛과 온도를 느껴 본다.

표준보육과정 요소

· 기본생활 – 건강하게 생활하기 – 즐겁게 먹기

· 신체운동 – 감각과 신체 인식하기 – 감각적 자극에 반응하기

활동자료 : 가제수건, 분유나 모유가 담긴 우유병, 수유 쿠션

활동방법

1. 영아를 편안히 안고 우유병을 보여주며 이야기 나눈다.
- ○○야! 맛있는 우유 먹자.
- 우유가 많이 있지? 이거 다 먹고 쑥쑥 자라자.
- 손으로 만져 보자. 따뜻하지? 선생님이 따뜻하고 맛있는 우유 줄게.

2. 수유하는 동안, 눈을 마주 보며 이야기해 준다.
- ○○ 입으로 젖꼭지가 쏘옥 들어가네.
- 우유를 맛있게 잘 먹는구나. 배가 고팠어?
- 꿀꺽꿀꺽 소리가 나네! 먹는 소리도 정말 귀엽다.
- 우유 맛이 좋아요? 다음에 또 줄게요.

3. 수유 후 영아를 세워 안고 등을 토닥토닥해 주며 트림시켜 준다.

- 와, 잘 먹었다. 봐봐. 우유병이 비었지? 맛있게 다 먹었네!
- 배 좀 만져 볼까? 와! 배가 볼록해졌네!
- 이제 트림해 보자. 선생님이 ○○ 등을 토닥토닥해 줄게.
- 와, '끄윽'하며 트림도 잘했네. 너도 시원해?
- 우유도 잘 먹고 크림도 잘 하고 우리 ○○, 애 많이 썼다!

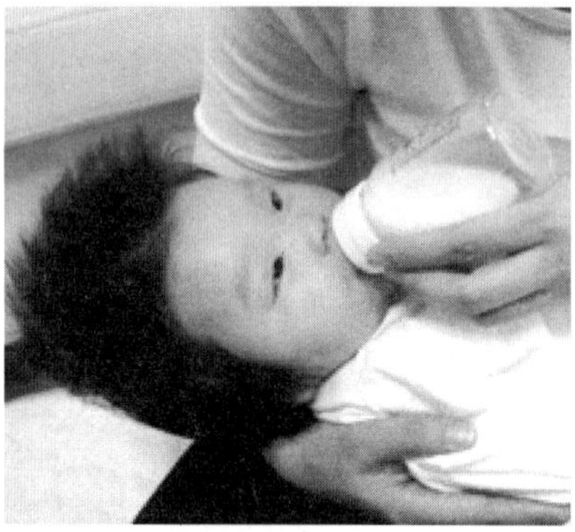

〈쭉쭉 잘 먹고 '끄윽' 트림하자!〉

참고사항

· 수유를 하면서 영아와 지속적으로 상호작용하며 눈을 맞추도록 한다.

· 수유 후 바로 트림을 시키려 애쓰는 것보다는 시간 여유를 두고 천천히 트림을 시도하는 것이 효과적이다.

무슨 소리일까?

활동목표

· 그림책의 친숙한 그림을 보며 사물을 인식한다.
· 호기심을 가지고 다양한 소리와 느낌을 탐색해 본다.

표준보육과정 요소

· 의사소통 - 읽기 - 그림책과 환경 인쇄물에 관심 가지기
· 자연탐구 - 탐구하는 태도 기르기 - 탐색 시도하기

활동자료 : 다양한 소리가 나는 그림책

활동방법

1. 영아가 교사의 무릎에 앉거나 옆으로 나란히 앉아 그림책을 넘기면서 상호작용한다.

- 와! 여기에 뭐가 있나 보자!
- 여기 한번 눌러 보자. 무슨 소리지?
- 또 잘 들어보자.
- ○○과 선생님이 책을 함께 넘겨 볼까?"

2. 영아가 자유롭게 그림책을 만지거나 눌러 보며 스스로 탐색할 수 있도록 격려한다.

- 와! 여기 버튼을 눌렀구나. 아주 잘 했어!
- 선생님한테 또 들려줘.
- ○○가 손가락으로 아주 잘 누르는 구나.

- 이번엔 또 어떤 소리 들려줄 거야? 또 해 보자.

3. 그림책의 소리를 흉내내어 말해 준다.
- 삐약삐약(꼬꼬댁 꼬꼬댁 등) 소리가 나네! 삐약삐약 함께 해 보자!
- (큰 동작으로) 형님 병아리 소리로 삐약삐약~
- (작은 동작으로) 아기 병아리 소리 삐약삐약~

〈책에서 재미있는 소리가 난다!〉

참고사항

· 영아가 주도적으로 소리책을 탐색할 수 있도록 하고 교사가 직접 소리를 내어 줌으로써 녹음되어 있는 소리와 자연스럽게 변별할 수 있도록 한다.
· 소리와 함께 해당동물의 움직임도 함께 표현해 준다.

신나게 신나게 콩콩콩

활동목표

· 음악에 맞춰 몸을 움직여 본다.
· 신체 이름을 들어 본다.

표준보육과정 요소

· 신체운동 신체활동에 참여하기 - 몸 움직임 즐기기
· 신체운동 - 감각과 신체 인식하기 - 신체 탐색하기

활동자료 : 신나는 음악

활동방법

1. 음악을 잘 들어 본다.
- (소리를 작게 들려주며) 어? 무슨 소리지? 잘 들어 보자.
- (볼륨을 조금 높이며) 와! 이제 큰 소리로 음악소리가 들린다!
- 와! 음악이 어때? 너무 신나지?

2. 음악을 듣고 자유롭게 몸을 움직여 본다.
- 선생님은 음악에 맞춰 신나게 춤을 추고 싶다!
- 우리 함께 음악에 맞춰 춤춰 보자!
- ○○가 정말 신나게 춤을 잘 추는구나!

3. 음악에 맞춰 몸의 각 부분을 흔들어 본다.
- (함께 동작을 하며) 엉덩이를 실룩실룩 !

- 이번에 팔을 흔들흔들!
- 머리도 끄덕끄덕

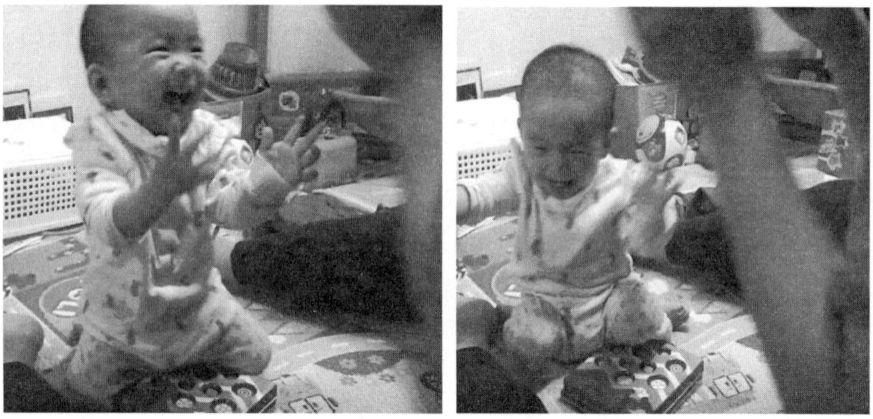

〈흔들흔들! 신나게 콩콩콩!〉

참고사항

· 음악 소리 음량에 변화를 주어 집중하도록 한다.

· 음악에 맞춰 자유롭게 몸을 움직여 춤을 춰 본 후, 교사가 이야기하고 시범을 보이는 신체 부위를 음악에 맞춰 흔들어 보도록 한다.

까꿍까꿍 꼭꼭 숨어라

활동목표

· 까꿍놀이를 하며 즐겁게 놀이한다.
· 놀이를 하며 이불 속과 바깥을 경험해 본다.

표준보육과정 요소

· 의사소통 - 듣기 - 경험과 관련된 말 듣고 알기
· 자연탐구 - 수학적 탐구하기 - 주변 공간 탐색하기

활동자료 : 작은 이불 또는 커다란 보자기

활동방법

1. 이불로 선생님 몸을 가린 후 영아의 이름을 부르며 찾기 놀이를 한다.
- ○○야, ○○야, 선생님 어디에 있을까?
- 어디에서 소리가 나는 거지?
- 선생님 어디에 있는지 찾아보세요!

2. 영아가 관심을 보이며 다가오면 까꿍놀이한다.
- (이불을 걷히고) 까꿍! 선생님 여기 있지!
- ○○가 선생님을 잘 찾았구나. 고마워.
- 선생님 다시 숨어 볼게. 또 찾아 주세요.

3. 영아와 함께 보자기로 몸을 가리며 까꿍놀이한다.
- 선생님하고 ○○도 같이 까꿍놀이해 볼까?

- (영아를 가려주며) ○○가 어디에 숨었지? 어디 있을까?
- 까꿍! 여기 있었구나! 이불 속에 잘 숨어 있었네!
- 다시 숨어 보자. 선생님이랑 같이 숨을까?
- (이불 속에 함께 들어가서) 이불 속이 깜깜하네. 밤처럼 깜깜하다.
- (이불을 걷으며) 까꿍! 이불 밖에 나오니 환하고 시원하네.

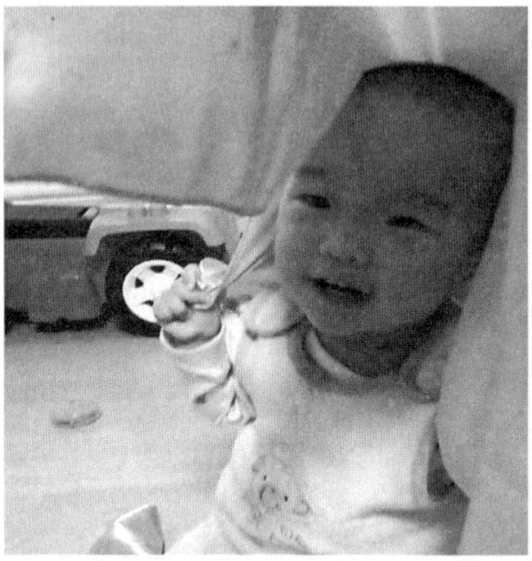

〈까꿍놀이가 정말 재미있다!〉

참고사항

· 영아가 교사가 숨어 있는 이불을 걷어 보도록 기회를 준다.

· 영아가 충분히 재미를 느낄 수 있도록 '까꿍'할 때 재미있고 우스꽝스런 표정을 지어 보인다.

하늘로 날아라!

활동목표

· 신체놀이를 통해 선생님과 친숙해지는 활동을 한다.
· 신체의 균형감을 기른다.

표준보육과정 요소

· 사회관계 - 더불어 생활하기 - 안정적인 애착 형성하기
· 신체운동 - 신체조절과 기본운동하기 - 신체 균형잡기
· 신체운동 - 신체활동에 참여하기 - 몸 움직임 즐기기

활동자료 : 쿠션

활동방법

1. 영아의 이름을 다정하게 불러 영아가 다가오도록 한다.
- ○○야! 선생님한테 와 볼래?
- 선생님이 ○○ 재미있게 해 줄게.
- ○○가 잘 기어오는 구나!

2. 영아를 다리 위에 눕히고 가슴을 잡아 주며 아래 위로 가볍게 몸을 흔들어 준다.
- ○○야! 이리 와서 선생님 다리 위에 올라와 볼까?
- 선생님이 몸을 꼭 잡아 줄게.
- 위 아래, 위 아래. 흔들흔들 재미있지?

- 와! 높이 올라가니까 기분이 어때요?
- 하늘을 날아가는 것 같지?

2. 조금 높이 위 아래로 흔들어 준다.
- ○○야. 이번에는 아까보다 조금만 높게 흔들어 줄게.
- 하늘에 더 빨리 올라가고 있어요!
- ○○이가 새가 되어 날아가네!
- 훨훨 날아가니 행복해요!

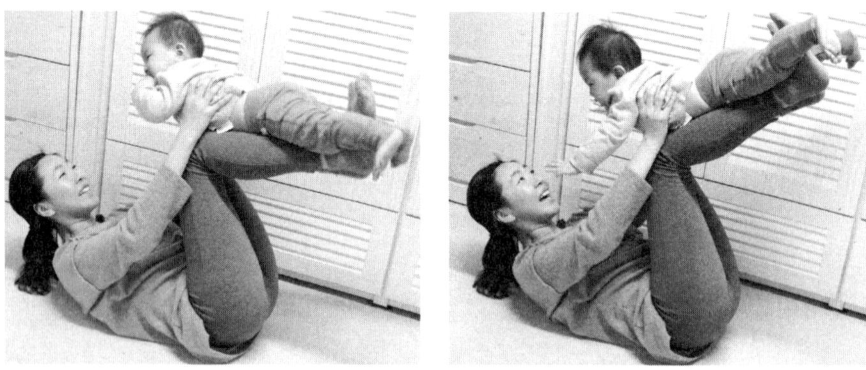

〈하늘을 훨훨 날아가요〉

참고사항

· 영아가 눕거나 앉을 때 스스로 몸을 조절해 보게 하며, 안전에 유의하여 잡아 준다.
· 영아가 놀라지 않도록 속도와 높이를 조절한다.

내 이름이에요

활동목표

· 이름을 듣고 반응한다.

· 영아가 자신의 이름을 인식한다.

표준보육과정 요소

· 의사소통 - 듣기 경험과 관련된 말 듣고 알기

· 사회관계 - 나를 알고 존중하기 - 나의 것 인식하기

활동자료 : 손 인형

활동방법

1. 영아에게 다가가 영아의 이름을 다정하게 불러 준다.

- ○○야, 안녕! ○○야, 너를 사랑해.
- (손으로 영아를 가리키며) 너는 ○○, (교사를 가리키며) 나는 선생님.
- ○○ 이름이 참 예쁘지?
- 선생님은 ○○를 하늘만큼 사랑해.

2. 손 인형을 움직이며 인형이 말하는 것처럼 흉내내어, 영아의 이름이 들어가는 문장을 만들어 말해 준다.

- ○○야, 안녕! 오늘 맘마는 맛있게 잘 먹었니?
- ○○야, 아까 우리 밖에 나가서 나뭇잎 봤지?
- ○○야, 내 얼굴 쓰다듬어 줘.
- ○○야, 나는 네 친구가 되고 싶어. 나랑 친구하자.

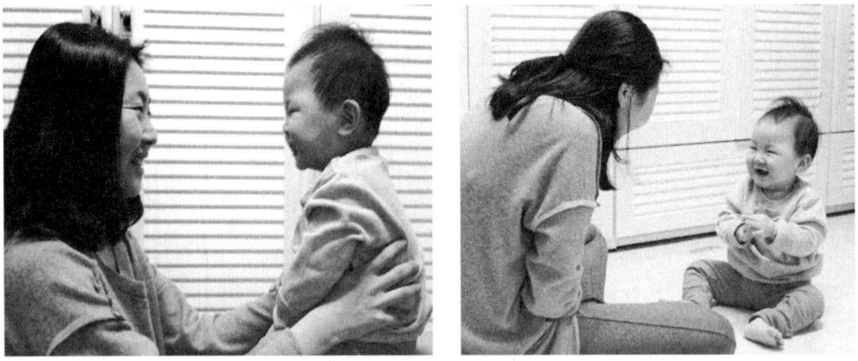

〈내 이름이 좋아요〉

참고사항

· 일상생활 속에서 영아의 이름을 자주 불러 주어 영아가 자연스럽게 자기 이름을 인식하고 자아감을 형성하도록 한다.

2. 1세 발달 특성에 따른 교육활동

방울방울 비눗방울 놀이

활동목표

· 비눗방울의 모양과 성질을 탐색한다.

· 비눗방울이 날아가는 모습에 아름다움을 느껴 본다.

표준보육과정 요소

· 자연탐구 - 과학적 탐구하기 - 물체와 물질 탐색하기

· 예술경험 - 아름다움 찾아보기 - 예술적 요소에 호기심 가지기

활동자료 : 비눗방울 놀잇감

활동방법

1. 비눗방울을 보여주며 흥미를 북돋운다.

- 와! 이게 뭐지? 뭐가 이렇게 동글동글할까?
- 예쁜 비눗방울이야.
- 선생님이 또 불어 볼게.

2. 비눗방울을 만져 본다.

- 비눗방울 많이많이 불어 볼게.
- 와! 정말 동글동글 예쁜 비눗방울이 엄청 많구나.
- 손으로 잡아 볼까?

3. 영아가 직접 비눗방울을 불어 보며 탐색한다.
- ○○도 비눗방울 불어 볼까?
- 후~~하면서 불어 봐.
- ○○처럼 귀여운 비눗방울이다!
- 세게 불어보자! 선생님이 도와 줄게.
- ○○가 분 비눗방울이 위로 훨훨 날아간다.
- 비눗방울 만지니까 어때? 차가워?
- ○○ 볼처럼 보드라운 비눗방울이 정말 예쁘다.

〈날아라 날아라! 동글동글 비눗방울아!〉

참고사항

· 비눗방울의 모양과 움직임을 다양한 언어로 들려준다.

나뭇잎으로 만든 왕관

활동목표

· 나뭇잎을 탐색한다.

· 나뭇잎으로 즐겁게 왕관을 만들어 본다.

표준보육과정 요소

· 자연탐구 – 과학적 탐구하기 – 주변 자연에 관심 가지기

· 예술경험 – 예술 감상하기 – 아름다움 경험하기

활동자료 : 두꺼운 도화지로 만든 머리띠, 양면테이프, 나뭇잎

활동방법

1. 밖에 나가 나뭇잎을 탐색한다.

- ○○야, 이게 뭘까? 만져 보자. 어때? 부드럽지?
- 이건 나뭇잎이야. 다시 한 번 살살 만져 보자.
- 나뭇잎이 무슨 색일까? 초록색, 연두색, 풀색, 진한 녹색 여러 색깔의 나뭇잎이 있구나.
- 부드러운 예쁜 나뭇잎이 많기도 하다!

2. 나뭇잎을 수집해서 왕관을 만든다.

- 여기 나뭇잎이 많이 있지?
- 나뭇잎으로 왕관을 만들 거야. 선생님한테 나뭇잎 하나씩 주세요.
- (영아랑 나뭇잎을 함께 붙이며) 어디에 붙여 볼까? 와! 여기에 나뭇잎이 붙었네!
- 또 어디에 붙여 볼까? ○○이가 붙여 볼까?

3. 나뭇잎 왕관을 써 본다.
- ○○가 열심히 나뭇잎 붙인 왕관을 써 보자!
- 와! 정말 멋있다! 거울에 가서 한번 보자!
- ○○이가 왕처럼 보인다. 선생님도 써 볼까? 어때?

〈초록잎으로 만든 멋진 나뭇잎 왕관〉

참고사항

· 머리띠에 미리 양면테이프를 붙여 놓고 영아가 원하는 나뭇잎을 스스로 붙여 볼 수 있도록 한다.

젖병으로 그린 그림

활동목표

· 물감으로 무늬를 만들어 본다.

· 소근육을 조절해서 젖병을 짜 본다.

표준보육과정 요소

· 예술경험 – 예술적 표현하기 – 단순한 미술 경험하기

· 신체운동 – 신체조절과 기본운동하기 – 소근육 조절하기

활동자료 : 쓰지 않는 젖병 여러 개, 물감, 물, 큰 종이

활동방법

1. 젖병을 보며 이야기 나눈다.

- ○○야! 이게 뭐지? 어떻게 하는 거야?
- 그치? 입에 물고 쪽쪽 우유 먹는 거지?
- 젖병을 보니까 위가 요렇게 생겼네.
- 손으로 만져 볼래?

2. 물감이 담긴 젖병을 흔들거나 털어서 그림을 그려 본다.

- 여기 뭐가 있지?
- 물감이 젖병에 담겨 있지? 어떤 색깔의 물감이 있는지 잘 보자.
- 노란색, 파란색, 빨간색이 있구나.
- 종이에 대고 흔들어 볼까?
- 털어 보기도 해 보자!

- 젖꼭지를 꾹꾹 짜거나 눌러 보자.

3. 그림을 보면서 이야기 나눈다.
- ○○야. 네가 그린 그림이 어때?
- 그림이 정말 멋지지? 우리 ○○가 열심히 했어. 잘 했어!

〈젖병으로 그림을 그려요〉

참고사항

· 1세 후반기 활동으로 적합하고 젖병을 입에 넣지 않도록 조심한다.
· 바닥에 큰 종이를 깔고 자유롭게 젖병을 짜면서 그림을 그려 보도록 한다.

재미난 표정놀이

활동목표

· 다양한 표정을 지어 보이며 감정을 느껴 본다.
· 표정과 관련된 단어를 듣고 따라해 본다.

표준보육과정 요소

· 의사소통 - 말하기 - 표정, 몸짓, 말소리로 말하기
· 사회관계 – 나와 다른 사람의 감정 알기 – 나의 감정을 나타내기

활동자료 : 거울

활동방법

1. 거울을 보면서 이야기 나눈다.
- 거울을 잘 보자. ○○가 어디에 있나?
- 거울 속에 이 귀여운 아기가 누구지?
- 거울을 보면서 함빡 웃어 보자!
- 선생님도 활짝 웃어 볼게.

2. 다양한 표정을 지어 본다.
- ○○야. 선생님 표정을 잘 봐봐. 어떤 표정이지? 그래. 아주 행복한 표정이지?
- ○○도 해 볼까? 선생님처럼 해 볼까? 와! 웃는 표정이 정말 귀엽다.
- 이번엔 화난 표정해 볼까?
- ○○도 정말 화난 거 같다.
- (우는 표정을 하며) 선생님 지금 어때? 그래. 너무 슬프다. 선생님 쓰다듬어 줘.

- ○○가 쓰다듬어 주니까 기분이 이렇게 좋아졌어.
- 또 어떤 표정을 지어 볼까?
- 와! ○○이가 무슨 표정을 짓는 걸까?
- 거울 보여줄게. ○○이가 얼마나 다양한 표정을 잘 짓는지 직접 봐봐.
- ○○는 어쩜 이렇게 다양한 표정을 잘 지을까?

<다양한 표정을 지어 봐요>

참고사항

· 영아가 자신이 지은 표정을 거울을 통해 볼 수 있도록 한다.

밖에는 뭐가 있을까?

활동목표

· 자연 속의 다양한 색과 모양에 관심을 갖는다.

· 자연을 느끼고 경험한다.

표준보육과정 요소

· 예술경험 – 아름다움 찾아보기 – 예술적 요소에 호기심 가지기

· 자연탐구 – 과학적 탐구하기 – 주변 자연에 관심 가지기

활동자료 : 다양한 자연물

활동방법

1. 산책을 하며 자연을 느껴 보자.

- 와! 밖에 나오니까 기분이 정말 좋다. ○○이도 자연이 좋아?
- ○○이가 자연에 나오니까 행복해요?
- 풀밭위에서 신나게 달리는구나!
- 자연 안에는 무엇이 있을까?

2. 땅 위에 난 잎을 살펴본다.

- 여기에 있는 게 뭐지?
- 귀여운 잎이 나 있네. 손으로 살살 만져 보자.
- ○○처럼 귀엽네.
- '예쁜 잎아, 잘 자라라'라고 해 주자.

3. 나무의 구멍을 탐색한다.
- ○○야. 이건 뭘까? 나무에 동굴이 있네.
- 동굴이 무슨 모양이지?
- 한번 들여다 보자. 정말 커다란 나무에 동굴이 있는게 신기하다.
- 동그란 동굴이 멋지지? 손으로 만져 봐봐.
- 이 나무 동굴에는 누가 살까? 다람쥐? 아니면 개미?
- 여기 사는 동물한테 뭐라고 얘기해 줄까? '안녕!' 해 줄까?

〈자연에서 내가 발견했어요!〉

참고사항

· 영아가 스스로 자연을 발견할 수 있도록 충분한 시간과 기회를 준다.
· 자연에 위험한 요소가 없는지 미리 잘 살펴본다.

동물 친구로 변신!!

활동목표

· 동물 이름과 특징을 알고 표현한다.
· 책에 관심을 갖고 즐겁게 본다.

표준보육과정 요소

· 의사소통 - 읽기 - 그림책과 환경 인쇄물에 관심 가지기
· 예술경험 - 예술적 표현하기 - 모방 행동 즐기기

활동자료 : 동물 가족 표정놀이책

활동방법

1. 책을 보면서 어떤 동물이 있는지 이야기해 본다.
- 와! 이건 어떤 책이지?
- 책에 어떤 동물이 있니?
- ○○이가 동물을 많이 알고 있구나.

2. 동물을 소리나 몸으로 표현해 본다.
- ○○야. 닭은 어떤 소리를 낼까? 또 어떻게 걸어 다닐까?

- 돼지는 어떤 소리를 낼까? 돼지코도 해 볼까?
- 선생님이 어떤 동물 흉내를 내나 잘 봐봐. (강아지 흉내를 내며) 어떤 동물이지?
- ○○이가 잘 보고 잘 듣는구나.

3. 책에 얼굴을 내밀며 동물 흉내를 내어 본다.
- ○○야. 여기에 얼굴을 내밀어 보자.
- 거울 보여 줄게. 어떤 동물이지?
- 소리도 함께 내어 보자.
- 동물과 똑같네!
- 선생님이 사진도 찍어 줄게.

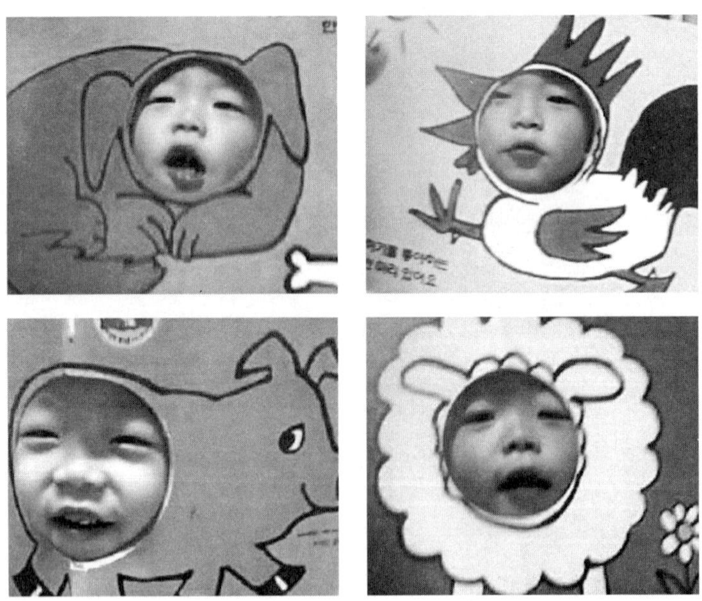

〈동물 친구가 되어 봐요〉

참고사항

· 영아의 사진을 찍어 함께 보면서 이야기 나누도록 한다.
· 다양한 동물 표정을 지어 볼 수 있다.

변기에 앉고 싶어요

활동목표

· 배변 의사를 표현할 수 있다.

· 다양한 모양과 촉감을 느낀다.

표준보육과정 요소

· 기본생활 - 건강하게 생활하기 - 건강한 일상생활하기

· 신체운동 - 감각과 신체 인식하기 - 감각기관으로 탐색하기

활동자료 : 다양한 모양과 촉감의 변기교구, 영아 팬티

활동방법

1. 기저귀를 벗고 팬티를 입는다.

- ○○야. 금방 쉬했으니까 기저귀 벗자.
- 기저귀 대신 예쁜 팬티 입을까?
- 팬티에 무슨 그림이 그려져 있지?
- ○○ 팬티가 정말 귀엽고 예쁘다.
- ○○이가 팬티 입으니까 형님 같다. 이제 아기 아닌 것 같은데?

2. 변기 모양 교구를 살펴본다.

- 와! 이건 뭐지? 응가하는 변기 모양이다!
- 변기에 뭐가 있니?
- 한번 만져 보자. 느낌이 어때? 좋아요?
- 푹신푹신하구나. 여기는 말랑말랑하다.

- ○○이는 어떤 게 좋아? 맘에 드는 게 뭐니?

3. 맘에 드는 변기 모양 교구에 앉는다.
- ○○이 좋아하는 변기 모양에 앉아 보자.
- 여기에 앉으려면 팬티를 벗어야 해.
- 푹신한 변기에 앉아 볼까?
- 곰 인형 변기 어디 있지? 곰 인형 변기에 앉아 보자!
- 이번엔 호랑이 변기에 앉아 볼까? 어흥 어흥!
- 예쁜 색 꽃 변기에 앉아 보자. 자, 응가 끙~~

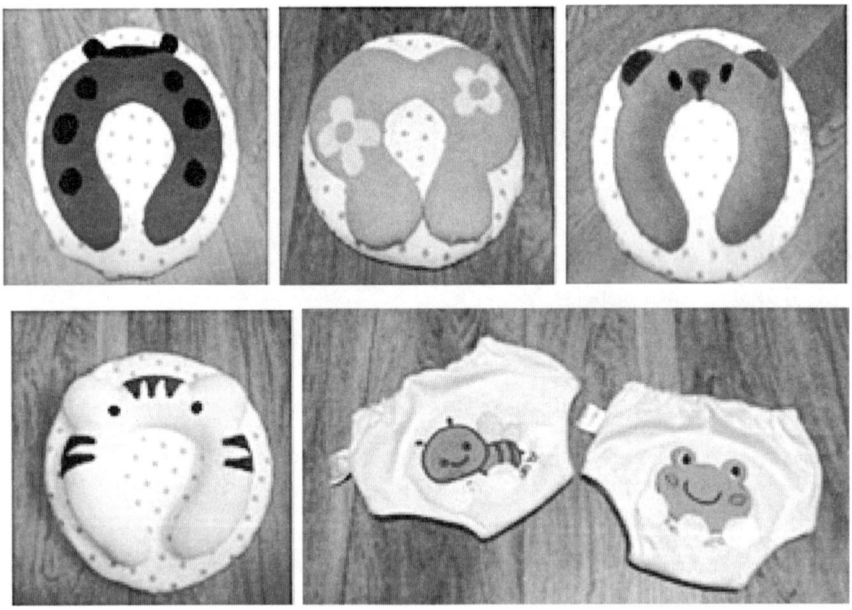

〈동물모양 변기에 앉아 봐요〉

참고사항

· 변기에 친해질 수 있도록 영아가 좋아하는 모양이나 동물 모양의 변기 교구를 마련한다.

멋진 손자국 그림

활동목표

· 자유로운 미술활동을 통해 유쾌한 감정을 느낀다.
· 즐겁게 선과 색을 경험한다.

표준보육과정 요소

· 기본생활 – 건강하게 생활하기 – 건강한 일상생활하기
· 예술경험 – 예술적 표현하기 – 단순한 미술경험하기

활동자료 : 지퍼백, 헤어젤, 색소가루, 테이프(지퍼백에 헤어젤과 색소 가루를 넣고 손으로 잘 문질러 색깔 지퍼백을 만든 후 입구 부분을 테이프로 잘 붙인다)

활동방법

1. 색깔 지퍼백을 살펴본다.
- ○○야. 비닐백 안에 무엇이 있니?
- 만져 보자. 어떤 느낌이지?
- 물렁물렁, 보들보들한 느낌이구나.
- 어떤 색깔이 있니?

2. 손바닥이나 손가락으로 자유롭게 색깔 지퍼백을 탐색한다.
- 손바닥으로 비벼 보자.
- 또 손바닥으로 눌러 볼까? 어떤 모양이 생겼지?
- 손가락으로도 해 보자.
- 손바닥 길이 만들어졌네! 여기 쭉 길이 생겼다!

- ○○가 해 보고 싶은 대로 해 보세요.
- 어떤 느낌이 드니?

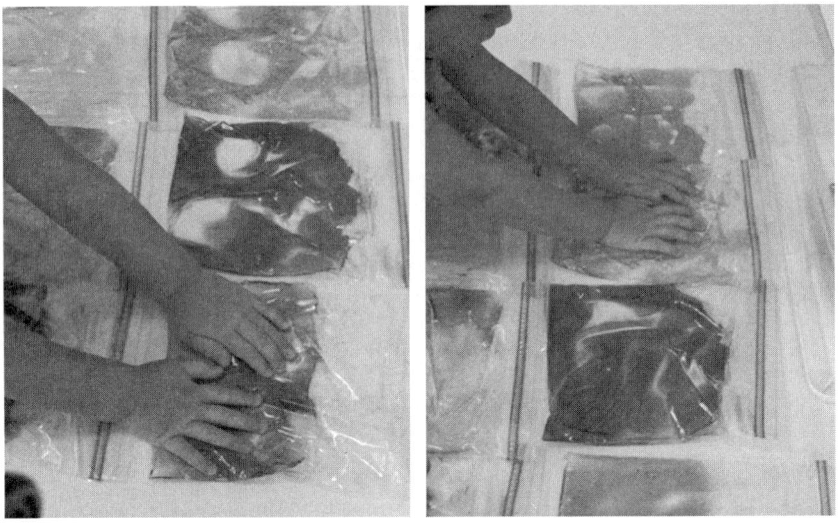

〈예쁜 자국이 만들어져요〉

참고사항

· 지퍼백 안에 공기가 많이 들어가지 않도록 한다.

3. 2세 발달 특성에 따른 교육활동

주물럭 주물럭 밀가루 점토놀이

활동목표

· 소근육을 사용하여 자유롭게 반죽놀이를 해 본다.

· 반죽으로 다양한 모양을 만들어 본다.

표준보육과정 요소

· 신체운동 – 신체조절과 기본운동하기 – 소근육 조절하기

· 예술경험 – 예술적 표현하기 – 자발적으로 미술활동하기

활동자료 : 밀가루, 밀가루 점토

활동방법

1. 밀가루를 탐색한다.

- 여기 밀가루가 있어.
- 밀가루를 만져 보니까 어때? 부드럽지?
- 하얀색 밀가루가 너무 곱다.
- 손으로 비벼 보자. 밀가루가 눈처럼 내리네.
- 이 밀가루로 국수나 빵을 만들어.

2. 밀가루 점토로 자유롭게 반죽놀이 해본다.

- 밀가루 점토다! 손으로 주물럭주물럭해 보자.
- 기분이 좋아? 밀가루 점토 만지니까 신나는 표정이네.
- 손으로 동글동글
- 뚝뚝 뜯어 볼까?
- 길게 길게 뱀처럼 만들어 보자.
- 뱀처럼 만들어서 동그랗게 만들 수도 있구나.

3. 영아가 원하는 것을 교사와 함께 만들어 본다.

- 선생님은 밀가루 점토로 수염 만들어 볼게. (얼굴에 얹으며) 어때? 할아버지 수염 같지?
- ○○는 뭐 만들고 싶어? 선생님이랑 함께 만들어 보자.
- 돼지코 만들려면 어떻게 해야 할까? 콧구멍을 뭐로 뚫어 볼까?
- 밀가루 점토 신발이 멋진데! ○○ 생각이 정말 좋다.

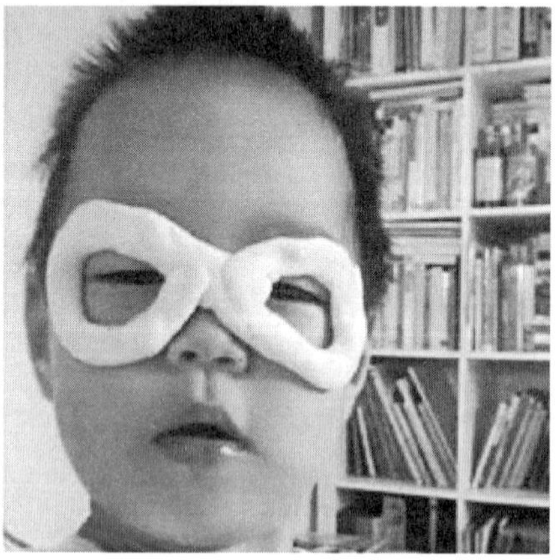

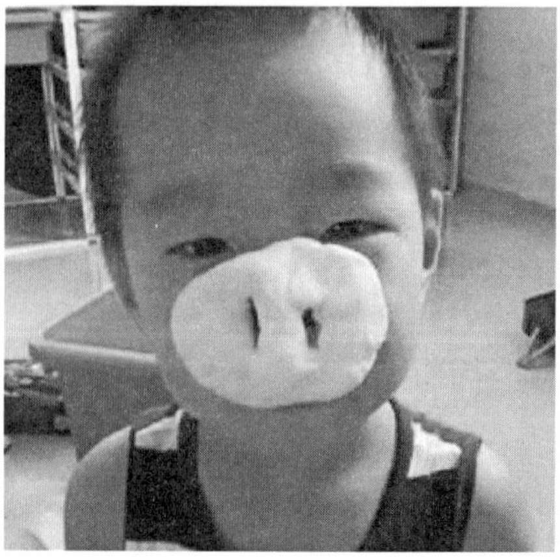

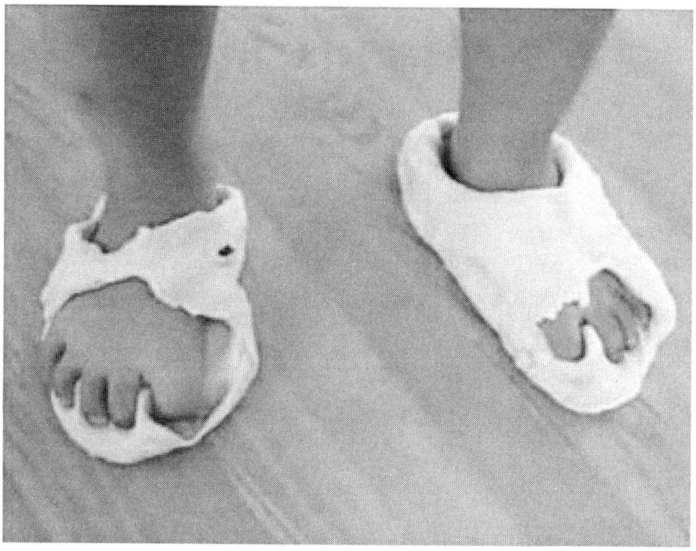

〈밀가루 점토로 만들었어요〉

참고사항

· 영아가 마음껏 반죽을 가지고 놀이할 수 있는 기회를 많이 준다.

끼리끼리 모여라

활동목표

· 주변의 사물을 탐색하여 색의 차이를 느껴 본다.
· 다양한 일상용품에 관심을 갖는다.

표준보육과정 요소

· 자연탐구 – 수학적 탐구하기 – 차이에 관심 가지기
· 자연탐구 – 과학적 탐구하기 – 물체와 물질 탐색하기

활동자료 : 다양한 일상용품 및 사물(단추, 작은 인형, 크레파스, 작은 블록, 자연물 등) 색쟁반

활동방법

1. 여러 가지 사물을 보며 이야기 나눈다.
- 이 바구니에 뭐가 있는지 살펴보자.
- 어떤 게 있니? 하나씩 꺼내서 선생님 주세요.
- 이건 무슨 모양이지? 동그란 단추구나.
- 여기에서 빨간색 블록 주세요.
- 노란색 인형도 있는데 찾아 볼까?

2. 사물을 색에 따라 나눠 본다.
- 이 중에 빨간색만 골라 보자.
- ○○가 빨간색을 잘 골라 주었다. 잘했어.

- 빨간색 물건을 여기 색깔 접시 중에 어디에 놓아 볼까?
- 여기 빨간색 접시에 놓아 보자.
- 이번엔 노란색도 모아 보자.
- 접시에 어디에 놓을까?

3. 바깥놀이에서 놀이바구니를 같은 색깔끼리 모아 본다.
- ○○아! 여기 바구니가 무슨 색이니?
- 같은 색끼리 모아 볼까?
- ○○가 정말 열심히 하는구나!

〈색깔이 같은 것 끼리 나눠 봐요〉

참고사항

· 색깔 접시는 영아의 수준에 따라 색의 개수를 정해서 활동한다.
· 주변에서 다양한 색깔을 찾아보는 놀이를 함께 해 본다.

노란 물 예쁜 물

활동목표

· 꽃의 색깔을 살펴보고 관심을 갖는다.
· 색을 나타내는 단어를 사용해 본다.

표준보육과정 요소

· 자연탐구 – 과학적 탐구하기 – 주변 동식물에 관심 가지기
· 의사소통 – 말하기 – 낱말과 간단한 문장으로 말하기

활동자료 : 노란 꽃

활동방법

1. 노란 꽃을 살펴보며 이야기 나눈다.
- 여기에 예쁜 꽃이 있다. 어떻게 생긴 꽃이지?
- 무슨 색깔의 꽃이야?
- 냄새도 맡아 볼까?
- 흠~ 어떤 냄새가 나지?
- 노랑 노랑 예쁜 꽃이 여기 있구나.

2. 꽃을 손에 비벼서 물을 내어 본다.
- 여기 노란 꽃을 손등에 문질러 줄게.
- 손에 뭐가 묻었어?
- 노란 예쁜 색이 묻었다.

- 진한 노란색이네!
- 냄새도 나니? 어떤 냄새야?
- '노랑노랑 노란꽃 예쁜 노란꽃' 해 보자. 선생님 따라해 봐.

3. 꽃의 노란 물을 종이에 칠해 본다.
- ○○야. 종이에 칠해 볼까?
- 노란색깔이 종이에 묻었다. 어때? 예쁘지?
- 노란색 병아리 같네!

〈노란 꽃을 비비면 노란 예쁜 물이 나와요〉

참고사항

· 영아가 손에 묻히기를 꺼려하면 교사가 시범을 보일 수 있다.

혼자서 할 수 있어요

활동목표

· 영아 스스로 변기를 사용하는 연습을 한다.
· 간단한 약속을 지킬 수 있다.

표준보육 과정 요소

· 기본생활 – 건강하게 생활하기 – 건강한 일상생활하기
· 사회관계 – 더불어 생활하기 – 사회적 가치를 알기

활동자료 : 변기, 그림판(낮잠 자는 모습, 변기에서 배변하는 모습의 그림)

활동방법

1. 낮잠을 자고 일어난 영아에게 소변을 보고 오도록 이야기한다.
- ○○이 일어났구나. 잘 잤니?
- 낮잠을 자고 일어났으니까 쉬 하고 올까?

2. 화장실에서 영아가 스스로 바지와 팬티를 내리고 소변을 볼 수 있게 도와준다.
- ○○가 혼자서 옷을 벗어 보자.
- 그렇지. 바지부터 벗고 또 그 다음은?
- ○○가 혼자서 변기 앞에 서 볼까?
- ○○가 다 큰형님 같구나. 혼자서도 잘하네!

3. 소변을 보고 난 후 변기의 물을 잘 내려 본다.
- 쉬를 한 다음에는 어떻게 해야 할까?"
- 물을 어떻게 내리지?
- 옷은 어떻게 입을까?
- ○○는 혼자서도 정말 잘한다.
- 다음에도 또 이렇게 해 보자.

3. 영아가 낮잠 자고 일어나서 스스로 변기에 소변을 본 것을 격려한다.
- ○○가 스스로 변기에 쉬를 했지?
- 이젠 기저귀도 안하고 선생님이 많이 도와지 않아도 스스로 쉬를 할 수 있네!

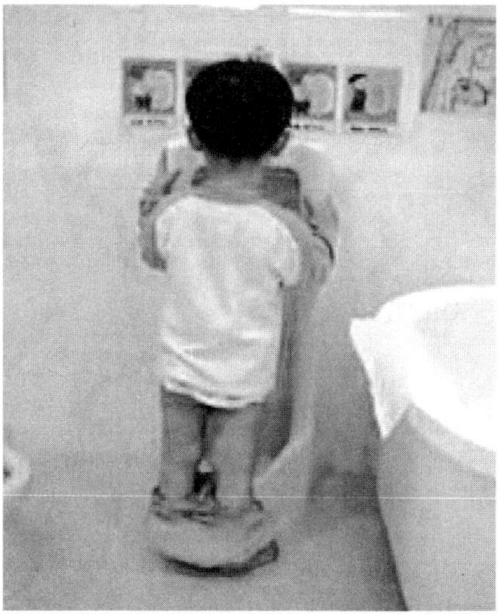

〈혼자서 할 수 있어요〉

참고사항

· 영아가 성취감을 가질 수 있도록 적극적인 칭찬과 격려를 한다.

비비고 문지르고!

활동목표

· 감각적인 소재로 자유롭게 미술활동을 한다.
· 손 끝에 느껴지는 다양한 감촉을 경험한다.

표준보육과정 요소

· 예술경험 – 예술적 표현하기 – 자발적으로 미술활동하기
· 신체운동 – 감각과 신체인식하기 – 감각기관 활용하기

활동자료 : 조리퐁 과자, 떠 먹는 요구르트, 큰쟁반

활동방법

1. 과자를 먹으면 이야기 나눈다.
- 맛있는 과자다! 어떤 맛이 날까?
- 음! 달콤하고 바삭바삭하네.
- 하나 집어서 선생님 줄래?
- ○○가 주니까 정말 맛있다.
- 동글동글 작은 과자가 아주 맛있다.

2. 요구르트를 먹는다.
- 이건 또 뭘까?
- 요구르트는 어떤 맛이야?
- ○○가 숟가락으로 먹을 수 있네. 잘 했어

3. 과자와 요구르트를 섞어 손으로 비비며 모양을 만들어 본다.
- ○○야. 과자를 한 웅큼 집어서 여기 쟁반에 놓자.
- 이제 요구르트를 쟁반에 부어 보자.
- 손으로 비벼 볼까?
- ○○이 손으로 비비니 동그란 모양이 생겼네.
- 과자를 골고루 비벼 보자. 느낌이 어떠니? 재밌고 신나니?
- 과자와 요구르트로 멋진 그림이 그려졌네.

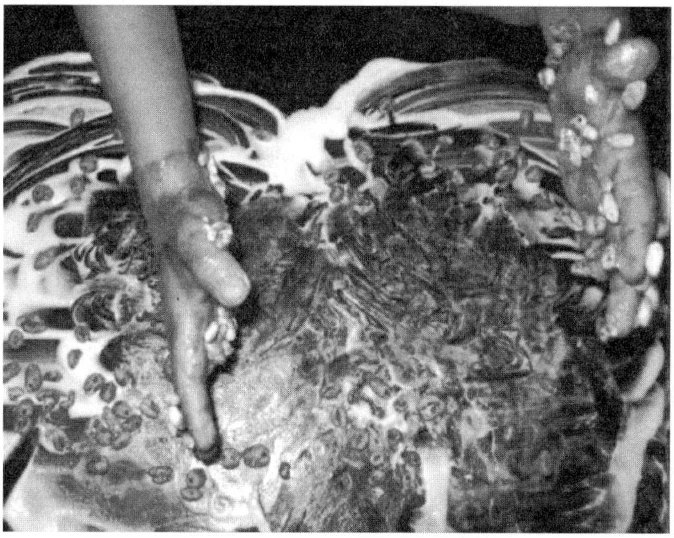

〈비비고 문지르는 느낌이 좋아요〉

참고사항

· 활동하기 전 영아가 손을 깨끗이 씻을 수 있도록 돕는다.

거미가 끌려와요

활동목표

· 활동을 하면서 경험한 것을 문장으로 말한다.
· 자석을 활용하여 반복적으로 탐색한다.

표준보육과정 요소

· 의사소통 - 말하기 - 낱말과 간단한 문장으로 말하기
· 자연탐구 - 탐구하는 태도 기르기 - 반복적 탐색 즐기기

활동자료 : 열쇠, 모루, 꼬마 주스 병뚜껑, 페트병 거미놀이 교구(작은 페트병, 모루, 털실) 자석막대

활동방법

1. 자석에 쇠로 된 물건을 붙여 본다.
- 이게 뭐지? 이건 자석이야.
- 자석을 여기에 갖다 대어 보자. 어떻게 됐어?
- 자석에 열쇠가 붙었네. 또 뭘 붙여 볼까?
- 자석에 모루도 붙고 뚜껑도 붙네. 신기하다.

2. 페트병 거미놀이 교구로 활동을 해 본다.
- 여기 페트병 안에 뭐가 있니?
- 거미가 대롱대롱 거미줄에 있네.
- 자석을 갖다 대어 보자. 어떻게 되었니?

- 자석에 거미가 달라 붙네.
- 자석이 거미를 끌어당겼어. 그렇지?

3. 반복적으로 탐색활동 한다.
- ○○아! 자석을 이리저리 움직여 봐봐.
- 거미가 어떻게 되었니? 자석을 따라 거미가 움직이는구나.
- 자석을 살짝 병에서 떼면 어떻게 될까? 한번 해 보자.
- 거미 안에 쇠가 있으니까 자석에 붙는구나.

<거미가 자석에 끌려와요>

참고사항

· 영아와 함께 페트병 거미놀이 교구를 만들어도 좋다.

강문희(2004). 아동발달, 교문사.

강문희 외 5인(1997). 영유아발달, 양서원.

강봉규(1992). 발달심리학, 정훈출판사.

고광욱 · 유안진 · 이순형(1983). 육아, 한국방송대학출판부.

곽금주(2002). 아동 심리평가와 검사, 학지사.

곽노의(1995). 영아발달, 서원출판사.

곽영숙(2006). J. J Rousseau의 Emile에 나타난 자연주의 교육이론. 경상대 교육대학원 석사학위논문.

김경옥 · 이경열 · 조진형(2004). 영유아기 발달, 전국보육교사교육원대학협의회, 양서원.

김경중 외(1998). 아동발달심리, 학지사.

김일옥 · 양은영 · 이자형(2000). 서울 · 경기지역 신생아의 수면/활동 양상에 관한 연구, 부모 · 자녀 건강학회지, 3(2), 41-48.

김광웅 · 박성연(1995). 아버지의 역할과 아동발달, 이화여자대학교 출판부.

김광웅 · 방은령(1992). 아동발달, 형설출판사.

김성희 외(1998). 유아발달, 교육과학사.

김아영(1997). 교육심리학, 학문사.

김영숙 · 이경화(1999). 정신건강, 교육과학사.

김영희 역(1998). 아동의 부적응 행동에 관한 이해와 대처, 서울장애자종합복지관.

김일옥 외(2005). 아동안전관리, 양서원.
김정신(2000). 아버지의 양육태도와 양육참여도에 따른 유아의 친사회적 행동, 이화여자대학교 대학원 석사학위 청구논문.
김정희 · 김현주 · 정인숙(1997). 아동발달심리, 동문사.
김행자(1986). 유아심리학, 교문사.
김향자 외 6인(1998). 12~24개월 영아를 위한 교육활동의 이론과 실제, 동문사.
김향자 외 6인(1998). 출생~12개월 영아를 위한 교육활동의 이론과 실제, 동문사.
김 현(2008). 영아의 언어 능력과 제반 변인에 관한 연구, 전남대학교 대학원 박사학위논문.
김희경 · 이정숙(1993). 문제아 임상심리학, 교문사.
노명환(1990). 읽기의 개념과 읽기지도의 문제점, 교육한글, 3호, 한글학회.
노희연(2002). 영아의 놀이행동 이해, 중앙대학교 대학원 석사학위논문.
대한가정학회 편저(1990). 아동학 · 가족학, 교문사.
민영순(1990). 교육심리학신강, 문음사.
박성연 · 도현심(1999). 아동발달, 동문사.
박재빈 · 박병태(1981). 한국의 영아사망력, 한국인구보건연구원.
박아청(1998). 자기의 탐색, 교육과학사.
박영신 역(1995). 아동사고의 발달, 미리내.
박창일(1996). 신체 발달 진단과 지도방법 : 아동발달진단과 지도방법, 추계학술대회 개론 pp. 3-20.
백운학 역(1993). 아동발달의 제이론, 교육과학사.
서봉연(1988). 발달이론, 중앙적성출판부.
서봉연 · 송명자(1992). 인지발달, 중앙적성출판사.
서봉연 · 이순병(1989). 발달심리학, 중앙적성출판사.
서영숙 · 이재연 · 성영혜 · 김광웅(1990). 아동교육심리, 숙명여대출판부.
성영혜 외(1999). 영유아 발달의 이론과 실제, 동문사.
성영혜(1992). 아동사회학, 문음사.
성영혜 · 윤석희 · 이경화(1994). 부모교육, 문음사.
송명자(1995). 발달심리학, 학지사.
송명자 · 이순병 역(1988). 아동의 언어와 사고, 중앙적성출판사.
송성자(1987). 가족관계와 치료, 홍익재.
안영진 편저(1997). 영유아 발달총서, 정일.
옥선화 · 정민자(1992). 결혼과 가족, 하우.
유아교육전서 3(1983). 바람직한 생활습관, 배영사.
유아교육전서 4(1983). 좋은 성품과 사회성, 배영사.
유안진(1987). 인간발달 신강, 문음사.

유애열(1999). 올바른 보육은 요람에서부터 : 영아기의 의사소통 능력, 삼성복지재단 제7회 학술대회 자료집.

유효순(1992). 아동발달, 창지사.

육아정책개발센터(2008). 0세 보육프로그램, 보건복지가족부.

윤운성 · 정정옥(1998). 영아, 유아, 아동 발달심리, 교육아카데미.

윤진 · 김인경 역(1992). 아동기와 사회, 중앙적성출판사.

윤호중(1983). 토마스 바니 역, 태아는 알고 있다, 홍익사.

이경우(1998). 총체적 언어, 창지사.

이경화(1995). 유아언어교육, 상조사.

이경화(2003). 유아용 통합창의성 검사, 세종영재교육연구원.

이경화 · 고진영(2003). 유아용 자아개념 검사, 세종영재교육연구원, 학지사.

이경화 · 김연진(2004). 부모교육, 학지사.

이경화 · 박숙희(2004). 유아영재교육, 동문사.

이경화 · 최병연 · 박숙희 역(2004). 창의성 계발과 교육, 학지사.

이경화 · 최병연 · 박숙희 역(2005). 영재교육, 박학사.

이경희 · 이경화(1996). 아동발달과 양육, 형설출판사.

이기숙 외(2008). 아동건강 간호학 I .수문사.

이기숙 외 3인(2006). 영유아를위한 안전교육과 응급조치. 양서원.

이배근 외(1997). 아동복지 편람, 아산복지재단.

______(1997). 현대사회와 아동, 도서출판 소화.

이숙재(1993). 유아를 위한 놀이의 이론과 실제, 창지사.

이숙재 · 박인숙(1992). 언어교육의 이론과 실제, 창지사.

이연섭 · 강문희(1987). 유아의 언어발달, 창지사.

이영 · 조연순 역(1997). 아동의 세계, 양서원.

______.(1988). 영유아발달, 양서원.

______(1993). 아동의 세계, 우서원.

이영석(1997). 유아교육론, 형설출판사.

이은해(1985). 아동 연구방법, 교문사.

______(1996). 아동발달의 평가와 측정, 교문사.

이은화 · 김태련(1987). 첫아기 2년간, 창지사.

이은화 · 조은진 역(1995). 교육 현장에서 본 아동발달 연구, 이대출판부.

이재연(1988). 아동발달, 문음사.

이진희 · 손원경 · 안효적 역(2006). 놀이발달 유아교육, 아카데미프레스

이창우 외(1974). K-WISC 실시요강, 배영사.

이태영(2000). 유아를 위한 사회적 유능감 증진 프로그램의 구성 및 효과, 서울여자대학교.

이화자 · 이영은 · 김영혜 · 백경선 · 정향미 · 박혜선(2000).영아의 수면 및 활동 양상에 관한 연구, 부모 · 자녀 건강학회지, 3(1), 60-72.

이현경(2003). 걸음마기 영아의 실외놀이 프로그램 개발연구, 중앙대학교 대학원 박사학위논문.

이현호(1997). 영아 · 교사가 애착 안정성에 따른 사회적 놀이 참여 행동연구, 건국대학교 교육대학원 석사학위 청구논문.

장영희(1987). 영아의 사회적 행동에 대한 연구 : 어머니 및 또래와의 관계를 중심으로, 이화여자대학교 대학원 박사학위논문.

정세정(2013). 자연놀이 경험이 영아의 운동능력 발달과 정서조절 능력에 미치는 영향, 석사학위논문. 인천대학교 교육대학원.

장휘숙(1996). 아동심리학, 박영사.

전문식 · 이영석(1987). 삐아제와 유아교육, 형설출판사.

전문식 · 제석봉 역(1986). 아동발달심리학, 학문사.

정명숙 역(1999). 인지발달, 나남출판.

정옥분(2002).아동발달의 이해, 학지사.

______(2003). 아동발달의 이해, 학지사.

______(2004). 영유아발달의 이해, 학지사.

정종권(19%). 교육세대를 위한 소학선, 배영사.

조결자 · 송지호 · 유일영 · 박인숙 · 박은숙 · 김미원 · 김희순 · 신희선(1998). 가족 중심의 아동간호학, 현문사.

조명한(1988). 한국아동의 언어획득 연구 : 책략모형, 서울대학교출판부.

조복희(1987). 유아발달과 지도, 교문사.

조복희(1995). 아동발달의 이해, 교육과학사.

______(1999). 아동발달, 교육과학사.

조복희 · 정옥분 · 유가효(1997). 인간발달, 교문사.

조성연 외 공저(2006). 영유아보육의 이해, 학지사.

조연순 · 이영역(1997). 영유아발달, 양서원.

주정일(1979). 아동발달학, 교문사.

중앙일보. 건강핫뉴스. 신생아 100명 중 1.8명이 기형아. 2003. 10

최한순(1995). 아버지의 자녀양육 참여도와 유아의 사회적 능력과의 관계, 이화여자대학교 대학원 석사학위 청구논문.

한국인간발달학회 편저 (1996). 유아심리, 중앙적성출판사.

한순옥 역(1983). 아동의 성장과 발달, 백록출판사.

한순옥(1992). 아동의 성장발달과 양육, 우서원.

한영자 외(2003). 영아사망 사산 원인 및 위험요인 분석, 한국보건사회 연구원, 재인용 : Pollock, Daniel A. McGee Daniel L. & Rodriguez J. G.(1988). Death due to Injury

Epidemiology and Control Center for environmental Health. Injury Control. 37(ss-1): 13-19.

허란주 역(1994). 심리이론과 여성의 발달, 철학과 현실사.

허봉열 역(1989). 미르상, 후르델룸의 탄생의 신비, 김영사.

홍영헌(1992). 새부모교육, 학문사.

홍윤경(2004).영아의 보육시설 초기적응 지도에 관한 연구, 인하대학교 교육대학원 석사 학위 논문.

황의명 · 박찬옥(1999). 유아를 위한 감성교육 프로그램, 양서원.

황해익(2004). 아동연구 방법, 정민사.

American Academy of Pediatrics(1994). The role of the pediatrician in violence prevention. Pediatrics, 94(4). pp. 577-651.

Arend, R., Gove, F. L., & Sroufe, L. A.(1979). Continuity of individual adaptation from infancy to kindergarten : A predictive study of ego-resiliency and curiosity in preschoolers. Child Development, 50, 950-959.

Armstrong, T.(1994). Multiple intelligences in the classroom. Alexandria, V.A.: Association for Supervision and Curriculum Development.

Bachmann, M., London, L., Barron P.(1996). Infant mortality rate inequality in the Western Cape province of South Africa, International Journal of Epidemiology. Vol. 25. No. 5.

Bagwell, C. L., Newcomb, A. F., & Bukowski, W. M.(1998). Preadolescent friendship and peer rejection as predictors of adult adjustment. Child Development, 69, 140-153.

Bandura, A., Ross, D., Ross, S. A.(1963). Vicarious reinforcement and imitative, learning, Journal of Abnormal and Social Psychology, 67.

Beaty, J. J., & Pratt, L.(2003). Early literacy in preschool and kindergarten. NJ: Merrill Prentice-Hall.

Bee, H.(1981). The Developing Child(3rd ed.). New York : Harper and Row.

Bell, R. Q., Champman, M.(1986). Child effects in studies using experimental or brief longitudinal approaches to socialization. Developmental Psychology, 22, pp. 1353-1354.

Benedict, H.(1979). Early lexical development: comprehension and production. Journal of Child Language, 6(2), 183-200.

Berelson, B.(1952). Content Analysis in Communication Research, New York : The Pres of Glencoe.

Berlyne, D. E. (1969). Laughter. humor and play. In G. Lindzey & E. Aronson(Eds). The Handbook of social psychology. 3 (pp. 795-852). Reading. MA: Adding-Wesley.

Bialystok, E.(1991). Metalinguistic dimensions of bilingual language proficiency. In E. Bialystok (Ed.). Language processing in bilingual children. Cambridge, UK : Cambridge, University Press.

Black, K. J., Puckett M. B.(1996). The Young Child : Development from Prebirth Through Age Eight. Second ed., A Simon & Schuster Company, Englewood Cliffs, New Jersey.

Boivin, M., & Hymel, S.(1997). Peer experiences and social self-perceptions : A sequential model. Developmental Psychology, 33, 135-145.

Bowlby, J.(1973). Attachment and loss. Vol. 2. Separation : Anxiety and anger. New York : Basic Books.

Bruner, J. S.(1966). Toward a Theory of Instruction, New York : Norton.

Bryan, J. H., Sonnefeld, J., Creenberg, F.(1981). Children' s and parents' views about integration tactics. Learning Disability Quarterly, 4, pp. 170-179.

Capute, A. J., Shapiro BK, Palmer FB, Ross A, Wachtel RC. Clin Pediatr (Phila). (1985). Dec; 24(12): 671-5.

Chess, S., Thomas, A.(1987). Origins and Evolution of Behavior Disorders from Infancy to Early Adult Life. Cambridge, M.A. : Harvard University Press.

Cillessen, A. H. N., & Bukowski, W. M.(2000). Recent advances in the measurement of acceptance and rejection in the peer system. San Francisco : Jossey-Bass.

Cole, M., Cole, S. R.(1996). The Development of Children, (3rd ed.). New York : W. H. Freeman and Company.

Creasey, G., Jarvis, P., & Berk, L.(1998). Play and social competence. In O. Saracho and B. Spodek (Eds.), Multiple perspectives on play in early childhood education (pp. 116-143). Albany, NY: State University of New York Press.

Crick, N. R., & Ladd, G. W.(1993). Children' s perceptions of their peer experiences : Attributions, loneliness, social anxiety, and social avoidance. Developmental Psychology, 29, 244-254.

Damon, W(1988). The Moral Child. New York : Cambridge University Press.

Dekovi, M., & Gerris, J. R. M.(1994). Developmental analysis of social cognitive and behavioral differences between popular and rejected children. Journal of Applied Developmental Psychology, 15, 367-386.

Dodge, K. A., McClaskey, C. L., & Feldman E.(1985). A situational approach to the assessment of social competence in children. Journal of Consulting and Clinical

Psychology, 53, 344-353.

Erickson, E. H.(1963). Childhood and Society (2nd ed.). New York : W. W. Norton.

Eveleth, P. B., Tanner, J. M.(1990). Worldwide Variation in Human Growth, (2nd ed.). Cambridge : Cambridge University Press.

Freud, S.(1965). New introductory lectures on psychoanalysis (J. Strachey, Trans.). New York : W. W. Norton(Original work published 1933).

Furman, W., Bierman, K. L.(1984). Children s conceptions of friendship : A multimethod study of developmental changes. Developmental Psychology, 20.

Garbarini, J., Kostelny, K., Dubrow, N.(1991). No Place to be a Child : Growing up in a War Zone. Lexington, M.A. : Lexington Press.

Gardner, H.(1983). Frames of mind : The theory If multiple intelligences. New York : Basic Books.

Gesell, A., Ames, L. B.(1947) The infant' s reaction to his mirror image. Journal of Genetic Psychology. 70. 155-175.

Ginsburg, K. R. (2007). The importance of play in promoting healthy child development and maintaining strong parent-child bonds. American Academy of Pediatrics, 119(1).

Gordon, A. M., Browne, K. W.(1985). Beginnings and Beyond, Albany, New York : Delmar.

Grace, K., Shores, E. F., Brown, M., Arnold, F. D., Graves, S. B., Jambor, T., Neill, M. (1991). The Portfolio and its Use, Little Rock : Southern Early Childhood Association.

Hakuta, K., & Diaz, R. M.(1985). The relationship between degree of bilingualism and cognitive ability : A critical discussion and some new longitudinal data. In K. E. Nelson (Ed.). Children's language (Vol. 5). Hillsdale, NJ : Erlbaum.

Hamre, B. K., & Pianta, R. C.(2001). Early teacher-child relationships and the trajectory of children' s school outcomes through eighth grade. Child Development, 72, 625-638.

Hart, C. H., Yang, C., Nelson, L. J., Robinson, C. C., Olsen, J. A., Nelson, D. A., Porter, C. L., Jin, S., Olsen, S. F., & Wu, P.(2000). Peer acceptance in early childhood and subtypes of socially withdrawn behaviour in China, Russia, and the United States. International Journal of Behavioral Development, 24, 73-81.

Hartup, W. W., & Overhauser, S. (1991). Friendships. In R. M. Lemer, A. C. Petersen, & J. Brooks-Gunn(Eds). Encyclopedia of adolescence(Vol. 1). New York : Garland.

Howes, C., & Matheson, C. C.(1992). Sequences in the development of competent play

with peers : Social and social pretend play. Developmental Psychology, 28, 961-974.

Hughes. F. P. (1991). Children, play and development. Allyl and Bacon, Inc

Kaler, S. R., & Kopp, C. B.(1990). Compliance and comprehension in very young toddlers. Child Development, 61, 1997-2003.

Kerlinger, F. N.(1973). Foundations of Behavioral Research, 2nd ed., New York : Holt, Rinehart and Winston.

Kobak, R. R., Cole, H. E., Ferenz-Gillies, R., & Fleming, W. S.(1993). Attachment and emotion regulation during motherteen problem-solving : A control theory analysis. Child Development, 64, 231-245.

Kochanska, G., & Murray, K. T.(2000). Mother-child mutually responsive orientation and conscience development : From toddler to early school age. Child Development, 71, 417-431.

Kohlberg, L.(1981). The Philosophy of Moral Development, New York : Harper and Row.

Kwon, S. H.(2004). Neurological examination after the newborn period until 3years of age. Korean Journal of Pediatrics, 47(11), 1142-1148.

Ladd, G. W., Buhs, E, S., & Seid, M.(2000). Children' s initial sentiments about kindergarten : Is school liking an antecedent of early classroom participation and achievement ? Merrill-Palmer. Quarterly, 46, 255-279.

Lave, J., Wenger, E.(1991). Situated Learning : Legitimate Peripheral Practice, New York : Cambridge University Press.

Lever, J.(1978). Sex differences in the complexity of children s play and games. American Sociologist Review, 43.

Meichenbaum, D., Burland, S., Gruson, L., Cameron, R.(1985). Metacognitive assesement, In S. Yussen(Ed.). The Growth of Reflection in Children, Orlando, FL : Academic Press.

Menuk, P., Language development : Knowledge and use. Glenview, IL. : Scott, Foresman. Yawkey, T., Johnson, J. E.(1988). Integrative Processes and Socialization : Early to Middle Childhood. Hillsdale, N.J. : Erlbaum.

Michael Cole, Sheila R. Cole(1996). The Development of Children, W. H. Freeman and Company, New York.

Moskowitz, B. A.(1978). The acquisition of language, Scientific American, 239.

Mosleller, F.(1995). The Tennessee Study of Class Size in the Early School Grades. Future of Children, 5(2).

Nelson, C. A., & Lucinan, M.(2001). Handbook of Developmental Cognitive Neuroscience. Cambridge. M.A.: The MIT Press.

Ornitz, E. M., & Ritvo, E. R. Perceptual inconstancy in early infantile autism. Archives of General Psychiatry, 1968, 18, 76-98.

Owens, R. E.(2007). 언어발달. 이승복 · 이희란(공역). 서울: 시그마프레스. (2001년 원저 발간).

Palinscar, A. S., Brown, A. L.(1984). Reciprocal teaching of comprehension fostering and monitoring activities, Cognition and Instruction, 1.

Park, Y. A.(1985). A comparative study on the growth & developmental status of premature and full term infants during the first 3 years. Journal of Korean Academy of Nursing, 15(3), 62-73.

Parker, J. G., & Asher, S. R.(1987). Peer relations and later personal adjustment : Are low-accepted children at risk? Psychological Bulletin, 102, 357-389.

Parkhurst, J. T., & Asher, S. R.(1992). Peer rejection in middle school : Subgroup differences in behavior, loneliness, and interpersonal concerns. Developmental Psychology, 28, 231-241.

Parten, M.(1932). Social participation among preschool children. Journal of Abnormal and Social Psychology, 27, 243-269.

Pence, K. L., & Justice, L. M. (2010). 언어발달: 이론에서 실제까지. 김성수 · 김화수 · 이상경 · 황보명(공역). 학지사. (2008년 원저 발간).

Phillipe, P., Pake, R. O.(1981). Father and Mother speech to preliguistic infant. Unpublished Manuscript, Urbana, Illinois.

Rodkin, P. C., Farmer, T. W., Pearl, R., & Van Acker, R.(2000). Resolving the debate over birth order, family size, and intelligence. American Psychologist, 55, 599-612.

Rothbart M. K., & Bates, J. E.(1998). Temperament. In N. Eisenberg(Ed.). Handbook of child psychology : Vol. 3. Social, emotional, and personality development(5th ed., pp. 105-176). New York : Wiley.

Rubin, K. H., Coplan, R. J., Fox, N. A., & Calkins, S.(1995). Emotionality, emotion regulation, and pre-schoolers' social adaptation. Development and Psychopathology, 7, 49-62.

Selman, R. L.(1981). The child as a friendship philosopher In S. Asher, J. Gotman(Eds.). The Development of Children s Friendship, Cambridge : Cambridge University Press.

Siegler, R. S.(1983). Information processing approach to development. In W. Kesson(ed.). Handbook of Child Psychology : Vol. 1, History, theory and methods(4th ed., pp.

129-211). New York : Wiley.

Smilansky, S.(1968). The effect of sociodramatic play on disadvantaged preschool children, N.Y. : Wiley.

Sperry, R.(1970). Perception in the absence of enocortical commissures. In Perception and its disorders. Research Publication, Vol. 48, New York : Association for Research in Nervous and Mental Disease.

Sternberg, R. J.(1985). Beyond IQ : A triarchic theory of human intelligence. Cambridge : Cambridge University Press.

Stone, L. J., Smith, H. T., Murphy, L. B.(1973). The Competent Infant : Research and Commentary. New York : Basic Books.

Timmer, S. G., Eccles, J., O Brien, K.(1988). How children use time, In F. Juster & F. Stafford(Eds). Time, Goods and well-being, Ann Arbor, MI : Institute for Social Research, University of Michigan.

Vanghan, B., Mckay R. J., Behman, R.(1979). Nelson, Textbook of Pediatrics(11th ed.). Philadelphia : Saunders.

Vaughn, B. E., Kopp, C. B., & Krakow, J. B.(1984). The emergence and consolidation of self-control from eighteen to thirty months of age : Normative trends and individual differences. Child Development, 55, 990-1004.

Walberg, H. J.(1986). Synthesis of research on teaching In M. C. Wittrock(Ed.). Handbook of research on teaching (3rd ed., pp. 214-229). New York : Macmillan.

Waters, E., Wippman, J., & Sroufe, L. A.(1979). Attachment, positive affect, and competence in the peer group : Two studies in construct validation. Child Development, 50, 821-829.

Wolfe, D. A., Korsch, B.(1994). Witnessing domestic violence during childhood and adolescence, Implications for pediatric practice, Pediatrics, 4(4) (Supp. A, part 2 of 2). pp. 594-599.

Woodward, L. J., & Fergusson, D. M.(1999a). Childhood peer relationship problems and psychosocial adjustment in late adolescence. Journal of Abnormal Child Psychology, 27, e87.

Woolfolk, A. E.(1990). Educational Psychology(4th ed.). New Jersey : Prentice-Hall.

저자 소개

✍ 김연진

숙명여자대학교 아동학과 학사
숙명여자대학교 대학원 석사
숙명여자대학교 대학원 이학 박사
영국 Kingsway College 수학
現: 상지영서대학 유아교육과 교수
저서: 아동복지(공저, 동문사, 1997) / 부모교육의 이론과 실제(공저, 동문사, 2003)
영유아발달의 이론과 실제(공저, 동문사, 1999) / 보육학개론(공저, 동문사, 2004)
유아교육개론(공저, 창지사, 2004)

✍ 이경화

숙명여자 대학교 독어독문학 학사
숙명여자 대학교 교육학과 교육심리학 석사
숙명여자대학교 대학원 교육심리학 박사
George Washington University Psychology 연구
現: 숭실대학교 인문대학 평생교육학과 교수 / 세종영재교육연구원장
저서: 영재교육(공저, 박학사, 2005) / 유아영재 교육(공저, 동문사, 2004)
창의성 계발과 교육(공저, 학지사, 2004) 외 다수

✍ 김지혜

중앙대학교 유아교육과 학사
중앙대학교 교육대학원 유아교육 석사
중앙대학교 일반대학원 문학박사
前: 의명유치원 교사/ 배화여자대학교 겸임교수/ 숭의여자대학교 조교수
現: 상지영서대학교 유아교육과 조교수
저서: 삶의 가치와 아름다움을 찾아가는 유아과학 교육(공저, 학지사, 2010)
탐구 영역 멘토링 시리즈 '삶의 가치를 배우는 과학교육'(공저, 다음세대, 2011)
탐구영역 멘토링 시리즈 '알차고 맛나게 과학영역 운영하기'(공저, 다음 세대, 2011)

영아발달의 이해

초판발행 2014년 2월 25일
3판발행 2015년 2월 25일

저 자 김연진 · 이경화 · 김지혜
발행인 김현태
발행처 태영출판사

2015. 2.

주 소 (152-705) 서울 구로구 구로동 104-10 동남오피스텔 201호
전 화 02 · 839-3757, 839-3752
팩 스 02 · 837-3754
등 록 2005년 5월 30일 제12-421호
홈페이지 http://www.taeyeongbook.co.kr
E-mail tys2005@hanmail.net
ISBN 978-89-6302-135-5 93370
정 가 17,000원